KB176019

교육실천가를 위한
사회환경교육론

교육실천가를 위한 사회환경교육론 1

초판인쇄 2019년 7월 31일
초판발행 2019년 7월 31일

지은이 환경부 · (사)환경교육센터
펴낸이 채종준

펴낸곳 한국학술정보(주)
주소 경기도 파주시 회동길 230 (문발동)
전화 031 908 3181(대표)
팩스 031 908 3189
홈페이지 http://ebook.kstudy.com
E-mail 출판사업부 publish@kstudy.com
등록 제일산-115호(2000. 6. 19)

ISBN 978-89-268-9540-5 93330

이 책은 한국학술정보(주)와 저작자의 지적 재산으로서 무단 전재와 복제를 금합니다.
책에 대한 더 나은 생각, 끊임없는 고민, 독자를 생각하는 마음으로 보다 좋은 책을 만들어갑니다.

교육실천가를 위한
사회환경교육론

1

환경부 · (사)환경교육센터 지음

이담
Books

"우리가 걸어가면 길이 됩니다."

교육사상가와 교육실천가로 평생을 살아온 파울로 프레이리와 마일즈 호튼의 대화록은 교육에서 희망을 찾고 각자의 실천방식으로 길을 만들어 가는 사람들에게 묵직한 울림이 되었다. 세월이 흐르고 시대가 바뀌어도 교육이 희망이 되어 주리라 믿는 교육실천가들의 역할은 여전히 중요하다.

우리나라의 환경교육은 환경교사, 환경지도자, 생태안내자, 환경해설가, 환경활동가, 환경교육운동가 등 다양한 이름으로 활동해온 환경교육실천가들에 의해 길을 찾아 온 것이라 해도 과언이 아니다. 역동적인 한국사회에서 환경교육실천가들은 아름다운 자연이 있는 곳에서부터 환경문제로 고통받는 곳이나 자연에서 소외된 곳까지, 현대인들이 살아가는 곳이라면 어디서든 지속가능한 사회로 가는 희망의 씨앗을 심어왔다. 그렇게 길을 만들어왔다. 본 서는 환경교육실천가로서의 삶을 살고 있거나 그런 삶을 희망하는 사람들을 위한 안내서로 기획되었다.

환경교육은 '인간과 환경과의 관계'를 이해하고 바람직한 관계 개선을 통해, '지속가능한 사회'를 만들어가는 교육과정이자, 개인의 인식과 행동, 사회의 변화'를 추구하는 교육과정이라 할 수 있다.[1] 그리고 우리나라에서 환경교육은 제도권 교육 체계 안에서 이루어지는 '학교 환경교육'과 제도권 밖에서 이루어지는 '사회 환경교육'으로 구분해 왔다. 전자가 학교와 교사가 주도하는 환경교육을 이른다면, 후자는 민간단체나 기관, 기업, 정부, 지자체, 공공기관, 공동체나 개인 등이 주도하는 환경교육을 가리킨다. 이 가운데 본 서에서 중점적으로 다루는 사회 환경교육은 인간의 전 생애에 걸쳐 이루어진다. 또한 우리나라의 사회 환경교육은 다양한 주체가 다양한 분야에서 오랜 시간에 걸쳐 열정적으로 헌신해 온 덕분에 자발성과 역동성, 다양성과 창의성이라는 특징을 갖는다. 따라서 앞으로 환경교육실천가들은 다양한 분야와 주제, 시대적 요구를 융합적으로 다룰 수 있어야 하고, 여러 가지 기능영역 개발을 위한 적절한 교육방법을 복합적으로 다룰 수 있어야 한다. 이를 돕기 위해 집필진들은 오랜 기간 현장에서 활동하고 연구해 온 각자의 전문성을 살려 환경교육에 대한 지식과 실무를 독자들에게 고루 전달할 수 있도록 노력하였다.

우리는 전 지구적 환경 위기의 시대에 서 있다. 지나온 시간에 대한 반성

---

(1) 장미정(2011). 『환경교육운동가를 만나다』. 이담북스.

과 성찰, 자연에 대한 인간의 가치관과 태도 변화 없이는 지속가능한 미래를 기대하기 어렵다. 환경교육실천가는 그들이 만나는 사람들의 삶과 인식을 바꾸는 사람이기 이전에 자신의 삶을 바꿔가는 사람이기도 하다. 앞으로 더 많은 사람들이 환경교육실천가로 살아갈 수 있다면, 교육이 희망이 될 수 있지 않을까? 어쩌면 이 책이 점점 더 많은 사람들이 가정에서, 학교에서, 마을에서, 사회에서 조금씩 작은 변화라도 만들어 갈 수 있는 마중물이 될 수 있지 않을까? 모쪼록 더 많은 사람들이 지속가능한 미래를 위한 희망의 길을 함께 걸었으면 한다.

끝으로 본 교재는 2016년 발행된 사회환경교육지도사 3급 공통교재의 일부를 수정·보완하여 집필하였음을 밝힌다. 교재는 두 권으로 나뉘어 출판 할 예정이며, 교재를 출판하는데 동의해 주신 환경부와 편집을 맡아주신 ㈜한국학술정보에 감사를 드린다.

2019년 6월
환경부. (사)환경교육센터 저자 일동

교재 활용 가이드

1. 교재의 개관

• 각 장의 집필진은 해당 분야의 전문가들로 구성하였습니다. 각 주제 분야의 일반성에 중점을 두어 집필하였으나 일부 집필진의 개인적 견해가 반영될 수 있습니다.

• 본 교재는 환경교육 프로그램을 진행(해설)하는데 필요한 지식과 실무 수행능력을 배양할 수 있는 수준으로 개발하였습니다. 따라서 주요 독자층을 사회 환경교육 입문자와 예비환경교사, 대학생 수준으로 설정하였고, 대중성과 전문성을 동시에 고려하여 집필하였습니다.

• 교수자는 본 교재를 기초교재로 활용하되 각자의 전문성에 따라 유연하게 강의를 기획하고 진행할 수 있습니다. 다만, 표준교재 활용 차원에서 각 장별 마무리에 제시된 [핵심정리]는 강의내용에 필수적으로 포함하도록 합니다.

2. 교재 구성요소와 특징

• 본 교재는 '이론'과 '실습'이 조화되도록 개발하였습니다. '실습' 부분은 가급적 '개념-이해-기획-계획-실행-활동-유의사항-평가하기'의 실습(활동) 흐름에 맞게 구성하였으며, 분량에 구애 없이 꼭 필요한 정보만 기술하였습니다.

• 각 장의 도입 부분에는 교과목의 개요, 학습목표, 핵심개념을 제시하였습니다. 학습자는 전체 내용을 쉽게 파악할 수 있고, 교수자의 경우 자신의 강의에서 필수적으로 다뤄야 할 내용을 확인할 수 있습니다.

• 각 장의 마무리 부분에는 핵심내용을 요약하여 담았습니다. 학습자의 경우 전체 내용을 쉽게 파악할 수 있고, 교수자의 경우 자신의 강의에서 필수적으로 다뤄야 할 내용을 확인할 수 있습니다. 따라서 전체 내용을 숙지하기 전에 도입 부분의 [교육목표]와 마무리 부분의 [핵심정리] 부분을 점검하면, 수업 전후 학습목표와 학습 성취도를 확인할 수 있습니다.

• 각 장별로 꼭 필요한 개념어를 적절하게 담고자 하였으며, 어려운 개념은 별도의 설명을 포함하였습니다.

• 본문에는 각 내용을 효과적으로 설명할 수 있는 사진, 그림, 도표 등을 활용하였습니다.

• 가독성을 고려해, 참고문헌은 각 장의 마지막에 미주 형태로 제시하였고, 꼭 필요한 원어(영어)도 가급적 각주로 기술하였습니다.

• 원고의 말미에는 더 공부하고 싶은 독자들이 읽어볼 만한 추천 도서를 대중서 중심으로 제시하였고, 학습자들의 사고 확장에 도움이 될 만한 생각해 볼 거리를 제시하여 심화학습활동으로 활용될 수 있도록 하였습니다.

목차

머리말 5

교재 활용 가이드 8

제1장 환경철학 · 사회학

1. 환경철학 17

2. 환경사회학과 환경담론 41

3. 환경운동과 녹색국가 64

제2장 생태생활

1. 생태생활 89

제3장 **지속가능한 발전과 교육**

1. 지속가능한 발전과 교육·· 125

제4장 **환경교육론**

1. 환경교육론 ·· 159

2. 사회 환경교육과 환경정책 ·· 179

제5장 **환경교육자원**

1. 환경교육자원 이해 ··· 213

[실습 I] 환경교육자원 교재 · 교구 · 매체 활용 ························· 269

[실습 II] 환경교육자원 조사 계획 ··································· 289

[실습 III] 환경교육자원 조사 활동 ··································· 303

[실습 IV] 환경교육자원 활용 ··· 313

01

환경철학 · 사회학

■ **교과목 개요**

• 환경철학에 대한 기초지식과 시대적 흐름을 이해함으로써, 환경문제의 근원과 그 대안에 대해서 생각해 볼 수 있다.

• 환경문제 발생의 사회적 원인, 환경문제가 사회에 끼치는 영향, 환경문제에 대한 다양한 해법 등 환경사회학의 주요 개념, 담론, 이론, 사례 등을 다룬다.

■ **교육목표**

• 환경철학 전반에 대한 기본적 이해와 역사를 이해하고, 그 흐름 속에서 현재와 미래의 환경철학의 동향을 파악한다.

• 환경문제를 전 지구적이고 사회구조적인 문제로 인식하고 이해한다.

• 환경문제에 대한 다양한 시각과 담론의 차이와 특성을 이해한다.

• 환경문제의 복잡성과 근본적 원인을 고찰해봄으로써 사회 환경교육자로서 인식의 폭을 넓히고 사고의 깊이를 더한다.

■ **교육내용**

1. 환경철학	〈핵심개념〉 • 환경철학, 인간 중심주의, 생명 중심주의, 생태 중심주의, 공리주의, 환경정의, 미래 세대, 생태적 합리주의 〈세부목표〉 • 환경철학 전반에 대한 기본적 이해와 환경철학의 동향을 파악해 볼 수 있다. • 사회 환경교육자로서 환경문제에 대한 인식의 폭을 넓히고 사고를 확장한다.
2. 환경사회학과 환경담론	〈핵심개념〉 • 환경위기, 환경담론, 성장의 한계, 생태적 근대화, 지속가능발전 〈세부목표〉 • 환경사회학의 다양한 담론의 특징을 이해한다.
3. 환경운동과 녹색국가	〈핵심개념〉 • 반공해운동, 생태적 대안운동, 생태민주주의, 세계시민주의 〈세부목표〉 • 우리나라 환경운동의 역사와 특성을 이해한다. • 녹색국가와 생태민주주의로 전환할 수 있는 방안을 탐구한다.

1

환경철학

환경문제와 환경철학

1) 환경문제의 복잡성

환경문제는 오늘날 인류에게 가장 절실한 문제 가운데 하나이다. 환경문제는 대단히 복잡해서 그 원인을 밝히고 대안을 모색하기 위해서는 다양한 분야에서 공동 연구가 이뤄져야 한다. 예를 들어 특정 지역에 환경기초시설을 건설하는 경우에 화학, 생물학, 공학, 지질학, 의학, 사회학, 정치학, 경제학, 법학 등의 지식들뿐만 아니라 인문학적 지혜도 필요하다. 환경철학(Environmental philosophy)은 환경문제들을 근본적으로 구명하고 대안을 마련하기 위해 존재론, 인식론, 가치론 등의 기초철학과 정치·경제·사회철학 및 자연·생명·과학철학 등의 응용철학의 차원에서 탐구하는 철학의 한 분야이다.

많은 사람들은 인류의 먼 미래를 생각하기보다는 자신과 가족, 그리고 친구들에게 곧 닥치게 될 일에 관심을 갖고, 극히 일부 사람들만이 먼 미래에 있을 전 세계적 문제에 관심을 갖는다. 아래의 그림은 사람들의 관심이 어디에 있는가를 잘 보여주며, 우리들이 살아가는 목표도 이들 점 가운데 어딘가에 위치하고 있다.

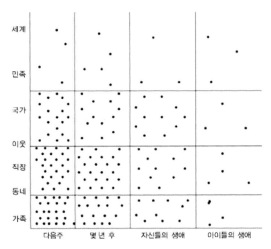

그림1. 인간의 시야

　우리는 먼 미래를 내다보면서 지구 전체를 생각하며 살기보다는 당장의 이익을 생각하며 살아간다. 개럿 하딘(Garrett Hardin)은 '공유지의 비극'에서 극단적 이기주의는 단기적 관점에서는 이득이 되지만 장기적으로는 손해가 되며, 공동체 전체의 파국을 가져올 뿐만 아니라 결국 자기 자신도 파멸을 하게 된다고 주장한다. 인간도 다른 생물 종들과 마찬가지로 공기, 물, 토양 등이 오염되고, 생태계가 파괴되고, 자원이 고갈되는 상황에서는 생명을 유지하기가 힘들다. 그렇기 때문에 환경문제는 생명체의 특성들, 지구 생태계의 조건들, 인간의 심리적 본성 등과 같은 객관적 사실들을 무시할 수는 없다. 환경문제에서 무엇이 바람직한 것이고, 무엇을 위해 살아야 하는가를 논할 때도 환경과 생태계에 대한 과학적 사실에 토대를 두지 않는다면 설득력을 잃고 만다. 환경문제의 쟁점 중에는 사실들의 불일치에 대해서는 정확한 데이터를 가지고 시시비비를 가릴 수 있고, 자연과학이나 기술공학 또는 사회과학 등의 지식을 빌려 어느 정도 해결할 수 있다.

그러나 환경문제의 쟁점 중에는 사실에 대해서는 서로 동의를 하면서도 그것을 '해야 한다/해서는 안 된다'거나 '좋다/나쁘다' 등과 같은 가치관의 측면에서 불일치하는 경우도 있다. 예를 들면 과도하게 번식한 동식물에 대해서, 어떤 이들은 모든 생명은 존엄하기 때문에 그것들을 죽여서는 안 된다고 주장하는가 하면, 다른 이들은 생태계 균형을 위해서 그것들을 어느 정도 솎아내야 한다고 주장하기도 한다. 그러한 논쟁을 해결하기 위해서는 그 갈등의 근저에 놓인 가치관과 그 근거들을 검토하는 것이 필요하다.

환경문제를 풀려면 도덕적 공감능력과 생태적 감수성을 키워서 타인과 공동체 전체를 생각하며, 인간 이외의 생명이나 자연에 대해서 배려하는 게 중요하다. 하지만 사회가 생태계 파괴, 자원고갈, 환경오염 등을 부추기는 상황이라면 개인의 도덕적 양심에만 호소하는 것은 한계가 있다. 환경문제 속에는 인간의 탐욕, 소비와 개발을 부추기는 사회구조, 착취와 확장을 중시하는 지배문화 등이 얽혀 있다. 따라서 환경문제를 근본적으로 해결하려면 동서고금의 인간과 자연에 대한 다양한 입장들, 세계를 이해하기 위한 존재론, 인식론, 가치론 등의 기초철학, 현대사회를 이해하기 위한 정치 · 경제 · 사회철학 및 자연 · 생명 · 과학철학 등의 응용철학에서 접근이 있어야 할 것이다.

2) 환경철학의 물음들

환경철학에서는 환경과 관련해서 다음과 같은 물음들을 제기하고 그 대안을 제시하려 한다.

1. 우주, 자연, 생태계 속에서 인간의 위치는 어떻게 되는가? 생명이란 무엇이며, 인간은 어떤 존재인가? 인간 생명과 다른 생명 사이에 존엄성의 차이가 있다면, 그 근거는 무엇인가? 왜 우리는 인간 이외의 다른 생명체들도 도덕적으로 고려해야 하는가? 우리가 다른 생명 종들보다 멸종위기동식물과 희귀동식물을 보호하는데 더 많은 노력을 기울이는 이유는 무엇인가?

2. 자연과 환경은 인간을 위한 자원이거나 도구에 불과한가? 아니면 자연이나 생태계 자체가 그 자체로 목적적 가치를 지니는가? 자연이 도구적 가치 이상의 가치를 지닌다면 그 근거는 무엇이고, 화폐적 가치로 따질 수 없는 심미적 가치나 생태적 가치 등은 어떻게 평가해야 하는가? 인공물을 설치하는 것보다 자연경관을 더 우위에 두어야 한다면 어떤 경우인가?

3. 특정한 자연환경을 갈아엎고 개발할 것인가, 인위적으로 손을 대서 보호관리할 것인가? 원래 있던 그대로 보전할 것인가를 결정할 경우, 가장 중요한 기준은 무엇이라야 하는가? 지구환경과 생태계의 위기가 심각할 때 효율성과 효용성의 기준은 무엇이라야 하는가?

4. 자연을 개발하거나 보전하는 과정에서 개발업체와 지역주민, 개인과 공동체, 선진국과 저개발국 사이에 이해관계가 상충할 때, 어떻게 조정하는 것이 정의로운가? 현 세대의 행복을 위해 미래 세대에게 불행을 전가해도 되는가? 미래 세대를 배려해야 한다면, 그 근거는 무엇인가?

5. 환경갈등은 세계관이나 패러다임의 대립 때문에 생기는 경우가 많은데, 인간 중심주의-생명(생태) 중심주의, 개발주의-보전주의, 경제주의-환경주의(생태주의), 지역주의-세계주의 등이 대립할 경우에 해결할 방안은 무엇인가? 서로 합리적인 비교가 가능하다면, 어떻게 가능한가, 그리고 만일 합리적인 비교가 불가능하다면 그 대안은 무엇인가?

환경철학의 주요 흐름

1) 환경철학의 갈래

환경철학은 크게 세 부류로 분류된다. 첫째는 환경윤리학으로, 인간중심적 태도를 바꾸고 인간 이외의 존재들에게도 도덕적 배려를 한다면 생태위기가 점차적으로 해결될 수도 있다는 입장이다. 둘째는 인간중심적 개혁주의로, 자원고갈, 환경오염, 생태계파괴 등과 같은 환경문제의 뿌리가 인간중심적 태도에 바탕을 둔 정치경제적 구조에 있는 것이 아니라, 무지, 탐욕, 단견 등에 기인하기 때문에, 법과 정책, 도덕적 계몽 등을 통해서 환경문제를 해결할 수 있다는 입장이다. 셋째는 급진적 생태철학으로 심층생태학, 생태여성주의, 사회생태학 등이 여기에 속한다. 그들은 지구의 생태위기를 근본적으로 해결하려면 가치관이나 세계관이 바뀌고, 개발과 성장을 부추기는 정치경제 체제와 사회구조가 바뀌어야 하며, 착취와 팽창 위주의 지배문화가 바뀌어야 한다고 주장한다.[2]

환경철학의 추세는 인간중심적 태도를 견지하면서도 환경문제를 해결할 수 있다는 확장된 인간 중심주의, 인간 이외의 개별 생명체나 생명 종들도 중요하다는 생명 중심주의, 개별 생명체나 생명 종보다는 생태계 전체의 조화와 균형을 강조하는 생태 중심주의로 나눌 수 있다.

2) 인간 중심주의 환경론

인간 중심주의에 따르면, 인간은 인간에게만 직접적인 도덕적 의무를 지니고, 나머지는 인간의 욕망을 충족시키는 데 필요한 도구적 가치만을 갖는다. 인간 중심주의 환경론의 토대가 되는 기본적 사고를 다음과 같이 요약할 수 있다.[3]

1. 인간은 자신들이 지배하고 있는 지구상의 다른 모든 피조물들과 근본적으로 다르다.
2. 인간은 자신들의 운명의 주인이다. 즉 인간은 자신들의 목표를 선택할 수 있고, 그것을 이루기 위한 것은 무엇이든지 배울 수 있다.
3. 세계는 넓다. 따라서 세계는 인간에게 무한한 기회를 제공해 준다.
4. 인류의 역사는 발전의 역사다. 어떤 문제도 다 해결책은 있기 때문에 발전을 멈출 필요는 없다.
5. 인간은 모든 문제들을 풀 수 있는데, 많은 문제들은 과학기술에 의해 풀리며, 과학기술만으로 풀리지 않는 문제들은 정치, 경제, 사회적으로 풀 수 있다.
6. 우리가 쓸 수 있는 자원이 다 떨어지면 우리들 스스로가 충당하게 될 것이고, 너무 늦기 전에 공동 노력하여 해결책을 마련할 수 있을 것이다.

이러한 생각들은 인간의 이성과 과학기술의 발전에 대한 무한한 신뢰 속에서 나온 것들이다. 그러나 유한한 지구는 인류의 과도한 욕망을 충족시키는 데는 한계가 있다. 이미 지구의 자원은 상당한 정도로 고갈되고 있고, 폐기물은 더 이상 버릴 곳이 없으며, 생태계가 심각하게 훼손되고 기후변화로 전에 없던 극심한 자연재해들이 나타나고 있다. 이는 인간이 자연의 일부라는 사실을 망각하고, 자연을 합리적으로 지배할 수 있다고 확신하면서, 자연을 무분별하게 개조해온 편협한 인간 중심주의에 한계가 있음을 보여주고 있다. 그렇기 때문에 인간 중심주의적 입장을 견지하더라도, 환경문제를 해결하려면 보다 확장된 형태의 인간 중심주의가 요구된다.

확장된 인간 중심주의는 환경문제를 풀기 위해서는 공동체에 대한 배려심을 키우고, 양극화를 줄이며, 성·인종·계층의 차별이 없는 평등사회를 만들고, 지구 생태계에 대한 지식과 생태적 감수성을 배양해야 한다는 입장이다. 다시 말해서 환경문제를 풀려면 환경과 관련한 법과 정책을 바꾸고 교육을 강화하며, 미래 세대에 대한 책무를 깨닫고 현명한 청지기처럼 자연을 관리하고, 자연자원들을 좀 더 사려 깊게 사용하고 정의롭게 분배하며, 자연의 가치를 음식물로부터 손때가 묻지 않은 아름다운 자연경관이 제공하는 심미적 즐거움에 이르기까지 확장하라는 것이다.

3) 생명 중심주의와 생태 중심주의

생명 중심주의는 모든 생명체가 내재적 가치를 가진다고 보는 입장이다. 모든 생명은 살려는 의지를 가지고 있으며, 어떤 동물은 고통과 즐거움을 느끼는 감각을 갖고 있다. 슈바이처는 모든 생명은 살려는 의지를 가진 존재들이고, 우리는 그들에게 둘러싸인 또 하나의 살려고 하는 의지를 가진 존재라고 주장한다. 그렇기 때문에 생명을 유지하고, 생명을 증진하며, 생명을 고양시키는 것을 선으로, 반대로 생명을 파괴하고, 생명에 해를 끼치며, 생명을 억압하는 것을 악으로 본다.

생명 중심주의에 따르면, 불가피한 상황이 아니라면 동물에게 고통을 가하거나 살생을 하는 것은 나쁜 일이다. 그리고 생명 중심주의자들은 인간과 별반 다를 바 없는 지능을 가진 침팬지나 돌고래 같은 동물들을 우리 안에 가두거나 인간의 즐거움을 위한 쇼에 동원하는 것은 그들에게 고통을 가하고 그들의 자유를 억압하는 것이기 때문에 그들을 자연 상태로 되돌려 주어야 한다고 주장한다. 하지만 생명 중심주의는 각 개별 생명체나 생명 종들 간에 생명 존엄성이 충돌하는 경우에 어떻게 조정해야 할지에 대한 문제가 남는다.

생태 중심주의는 "생태계는 여러 생물군집들이 물, 공기, 토양 등의 무생물적 요소를 바탕으로 태양에너지와 타 생물군집 등에서 영양분을 섭취하면서 기후 등의 물리적 환경에 적응하며 살아가는 생명유지 체계"이기 때문에 생태계 전체를 고려해야 한다는 입장이다. 대지의 윤리학자인 레오폴드(A. Leopold)는 "대지는 인간만을 위한 것이 아니라 대지 공동체 전체를 위해 있는 것이므로 인간의 역할은 대지 공동체의 정복자가 아니라 대지 공동체의 평범한 구성원이자 시민으로 바뀌어야 한다. 개체는 생명공동체의 한 구성원이므로, 어떤 것이 생명공동체의 온전성, 안전성, 아름다움을 보존하려는 경향이 있다면, 그것은 옳은 것이고, 그렇지 않을 때 그것은 잘못된 것이다."[4]라고 주장한다. 그리고 심층생태주의자인 네스(A. Naess)는 심층생태학은 인간은 자연과 다르지 않고 분리될 수도 없기 때문에 인간의 행위가 환경에 어떤 영향을 미치는 지를 평가할 때도 인간의 이해관계에 어떤 영향을 미치는 가에 국한하지 않고, 자연 전체에 어떤 결과를 미치는가를 놓고 평가해야 한다고 주장한다.

그리고 장회익에 따르면, '온생명'이란 태양-지구 계처럼 항속적인 자유에너지 원천을 그 안에 품고 있는 유일한 자족적인 생명단위인데, '낱생명'들은 온생명의 나머지 부분에 의존해 살아간다. 그는 그동안 '온생명에서 특정한 낱생명을 제외한 나머지 부분'은 '~의 환경'이 아니라, 그 낱생명의 '보생명'이라고 주장한다. 인간은 온생명에서 자기반성을 할 수 있는 유일한 낱생명이다. 온생명의 견지에서 볼 때, 인간중심적 사고에 머물러 나머지 보생명들의 안위는 무시한 채 인간의 안위만을 추구한다면 인간은 암적 존재가 될 수 있다.[5] 그렇기 때문에 그는 우리가 온생명의 일부임을 자각하면서 환경문제를 바라봐야 한다고 주장한다.

그러나 대지, 자연, 온생명 등 전체를 강조하는 생태 중심주의는 자칫하면 생태계 전체의 온전성과 안정성을 살리기 위해서 특정 개체나 종들을 희생할 수도 있다는 생태파시즘으로까지 나아갈 수 있어서 신중하게 접근해야 한다. 이를테면 생태계 전체를 지나치게 강조하다 보면, 특정 지역에 어떤 동물이 과도하게 번식한 경우 최적화될 때까지 무차별적으로 죽여도 된다는 반생명주의나 지구의 적정인구에 제한을 둬야 한다는 인간혐오주의로 나아갈 수 있다. 따라서 생태 중심주의가 생태파시즘으로 전락하지 않으려면 인간들 사이의 의무, 다른 생명체나 생명 종들, 더 나아가 생태계 전체에 대한 책무 사이에 적절한 조정과 타협이 필요하다.

환경과 생태계를 지키는 일은 생태적 감수성과 영성이 뛰어난 특별한 사람이나 투철한 소명감을 가진 환경운동가만의 몫이 아니라, 이 시대를 살아가는 모든 사람들의 몫이다. 따라서 환경철학의 이념이 아무리 고상하더라도 다수의 동의를 얻지 못해 실천되지 못한다면 효력이 없다. 그리고 환경 이념이 지나치게 높은 도덕성을 요구하는 경우에는 환경문제를 일반대중의 문제가 아니라 특별히 도덕적인 사람만의 문제로 외면하게 되어 오히려 생태위기를 악화시킬 수도 있다. 따라서 오늘날 생태위기를 극복하기 위해서는 가능한 한 일반대중들도 동의할 수 있는 설득력이 있고 실천 가능한 대안을 제시하는 게 시급하다.

인간 중심주의, 생명 중심주의, 생태 중심주의는 '인간 이외의 생명체에 대한 도덕적 지위와 인간이 생태계에서 차지하는 위치'에 대해서 근본적으로 의견을 달리하지만 '인간 이외의 다른 생명체를 보호하고 생태계를 잘 보존해야 한다.'는 동일한 결론에 도달할 수도 있다. 이를테면 확장된 인간 중심주의에서는 '인류가 지속가능하기 위해서', 생명 중심주의와 생태 중심주의에서는 '다른 생명체나 생태계가 인간의 요구와 상관없이 그 자체로 내재적 가치를 갖기 때문에' 그것들을 잘 보호하고 보전해야 한다는 주장을 펼 수도 있다는 것이다. 그럴 경우에 세 환경이념은 그 이유는 서로 달라도 '인간 이외의 다른 생명체를 보호하고 생태계를 보전해야 한다.'는 동일한 주장을 펴고 있는 셈이다.

환경문제의 주제들

1) 자연에 대한 가치평가

공리주의는 실용주의와 함께 공공정책에 많은 영향력을 행사해 왔기 때문에 환경파괴의 주범으로 지목되는 경우가 많다. 그러나 현대의 환경위기는 공리주의 윤리 자체에 문제가 있다기보다는 공리주의에 바탕을 둔 근시안적 정책에 기인하는 경우가 많다. 따라서 공리주의를 정책의 기조로 삼더라도 생태적 사실들에 대한 올바른 이해를 바탕으로 폭넓고 장기적 안목에서 정책을 세운다면 지금까지와는 전혀 다른 전략이 나올 수 있다.

다수의 행복을 추구하는 공리주의에서 어려운 문제는 '무엇이 행복이고, 누구를 위한 행복이냐'는 것이다. 따라서 환경정책에서 공리주의 원칙을 채택하더라도 무엇이 행복이고, 그 행복을 누리는 집단은 누구이며, 그 효용성을 측정하는 기간이 얼마냐에 따라, 전혀 다른 선택이 나올 수 있다. 따라서 환경정책을 세우는 경우에도 눈앞에 드러나는 좁은 의미에서의 경제적 효용뿐만 아니라 환경의 다양한 가치를 고려할 필요가 있다. 아마도 자연을 파괴하는 가장 큰 이유는 개발하는 것이 보전하는 것보다 경제적으로 이득이 많기 때문일 것이다. 그러나 개발이득과 자연이 파괴됨으로써 치르게 되는 대가를 제대로 평가하기란 쉽지 않다.

우리가 살고 있는 지구는 유한하기 때문에 자원의 절대량과 천연 환경은 줄어들긴 하지만 늘어나지 않는다. 따라서 환경문제는 장기적이고 포괄적 측면에서 평가해야 한다. 그리고 환경정책의 세계적 추세는 공간적으로는 지역적·국가적 차원에서 지구적 차원으로, 시간적으로는 당대는 물론 미래 세대에까지 그 범위가 확장되고 있다. 그러나 환경을 구성하는 영향변수가 무수히 많고, 상호 복합적으로 직·간접적 영향을 미치며, 시간의 변화에 따라 장·단기적으로 누적·상승적 영향을 미친다는 점에서 정확히 그것을 평가하기가 쉽지 않다.

그런 점에서 윌슨은 시장가격과 관광수입을 따지는 종래의 계량경제학적 접근은 야생종의 진정한 가치를 언제나 과소평가할 것이라고 비판한다. 다시 말해서 어떤 야생종도 그것이 가져올 수 있는 상업적 이익과 심리적 즐거움 모두에 대해서 전체적으로 평가된 적은 없다는 것이다. 따라서 지식이 늘게 되면 생물 종에 대한 새로운 상품적 이용과 새로운 수준의 심미적 이해가 가능할지도 모르기 때문에, 윌슨은 각각의 생물 종을 무엇과도 대체할 수 없는 인류의 자원으로 취급하여 그 비용이 감당할 수 없을 만큼 높지만 않다면 후세를 위해서 보전하는 것이 바람직하다고 주장한다.[6]

그리고 자연의 가치는 인간의 유용성의 측면에서 평가되는 도구적 가치 이외에도 비도구적 가치, 즉 상징적, 미학적, 문화적 가치 등과 같이 어떤 대상 그 자체가 지니는 본래적 가치와 인간의 가치평가와는 무관하게 그 자체로 갖는 내재적 가치가 있다. 자연의 심미적 가치도 인간에게 미적 경탄을 불러일으킨다는 점에서 인간의 행복과 관련해서 반드시 필요한 가치이다. 자연이 훼손되는 가장 큰 이유 중에 하나는 자연의 비도구적 가치들을 도외시함으로써 자연의 가치가 정당하게 평가되지 못하기 때문이다. 따라서 자연의 도구적 가치뿐만 아니라 비도구적 가치들도 함께 평가되어야 하고, 필요하다면 그들 사이에 우선순위를 정할 필요도 있다.

그리고 지금까지 손익계산에 포함되지 않던 환경의 비도구적 가치들도 경제적 가치 속에 포함시켜서 개발과 보전의 손익을 따져볼 필요가 있다. 물론 비도구적 환경의 가치를 화폐적 가치로 환산할 때는 자연의 유일성, 자원의 유한성, 환경위기의 심각성, 생태계의 연관성 등을 고려해서 다양한 각도에서 신중하게 평가되어야 할 것이다.

2) 공리주의와 환경정의

다수의 행복을 추구하는 공리주의에서 어려운 문제는 도덕 공동체의 범위를 어디까지 포함시키느냐는 것이다. 문제가 되고 있는 정책으로 말미암아 영향을 받는 '다수' 내지는 '전체'라 하더라도 여전히 그 범위는 모호하다. 왜냐하면 거기에는 현 세대의 인간, 미래 세대까지를 포함한 인간, 즐거움과 고통을 느낄 수 있는 존재, 생명을 가진 모든 존재, 물리적 자연까지를 포함한 전체 생태계 등으로 얼마든지 확장될 여지가 있기 때문이다.

분배적 정의의 관점에서 볼 때, 개발이익(환경이 훼손됨으로써 생기는 손해)과 환경 보전이익(개발하지 못함으로써 생기는 손해) 사이의 비대칭이 개발을 부채질하고 환경오염을 부추기는 면이 적지 않다. 상품을 생산하고 소비하는 과정에서, 기업에서는 이윤을 남기고 소비자는 편의를 누림으로써 이익을 얻고 있다. 그들은 환경을 훼손함으로써 이익을 얻는 자들이 거기에 대한 대가를 정당하게 지불하지 않고 공동체나 피해 당사자가 지불하는 외부비용 또는 사회적 비용에 무임승차하는 경우가 있다. 반면에 불특정 다수의 대중들은 자원고갈, 환경파괴, 환경오염이라는 대가를 치르게 된다. 따라서 환경 보전과 개발을 통해서 얻어지는 이해관계가 분배적 정의의 측면에서 제대로 할당된다면 무분별한 개발로 인한 자원낭비와 환경파괴는 많이 시정될 것이다.

다수의 행복을 위한 환경정책일지라도 만일 그 정책으로 말미암아 희생되는 소수가 있다면, 그 정책은 정당성을 잃게 된다. 그리고 공동체 전체의 입장에서 볼 때 다수의 행복이 보장되더라도, 희생되는 구성원들에게는 도덕 공동체라는 소속감이 사라져서 공동체 전체의 유대감이 깨지게 된다. 그런 점에서 롤즈는 "다수가 누릴 보다 큰 이익을 위해서 소수에게 희생을 강요해도 좋다는 것을 정의는 용납할 수 없다."면서, 공리주의는 정의의 측면에서 보완되어야 한다는 것을 주장한다.

예를 들어 환경을 개발하거나 보전함으로써 공동체 전체의 차원에서는 이익이 되겠지만 개인이나 특정 집단에게 불이익이 돌아가는 경우에는 환경정의의 차원에서 조정할 필요가 있다. 따라서 공동체 전체가 이득을 보더라도, 그로 인해 어느 한 개인 내지는 집단이 불이익을 당하는 경우, 공동체 전체가 고통을 함께 분담해야 한다.

국제적으로 문제가 되고 있는 남미나 동남아의 열대림의 경우도 이와 유사하게 생각해 볼 수 있다. 인류 전체를 위해서 열대림을 보전해야 하는 경우에, 열대림을 소유한 국가는 열대림을 개발하지 못함으로써 경제적 손실을 입게 된다. 만일 진정으로 열대림이 인류 전체를 위해서 필요한 것이라면, 인류 공동의 기금을 마련하거나 열대림 국가에 경제적 지원을 해서라도 인류 공동 자원으로 관리해야 한다.

3) 미래 세대에 대한 배려

공리주의적 입장에서 환경문제를 논하는 경우에 우리는 현 세대만을 도덕 공동체로 삼는 경우가 있다. 인류가 멸종되지 않는 한, 세대 간에 단절이 있을 수 없기 때문에 미래 세대도 배려해야 한다. 롤스톤 3세는 생명을 강에 비유하면서, 강물이 중력에 의해 상류에서 하류로 흐르듯이, 생명의 흐름도 내적 생명력에 의해 흘러가며, 또한 마땅히 계속 흘러가야 한다고 주장한다.[8] 그리고 요나스는 미래 세대에 대한 윤리는 권리에 바탕을 두기보다는 책임에 바탕을 둬야 한다고 주장한다.[9] 미래 세대의 창시자인 현 세대는 미래 세대의 권리를 미리 예견적으로 존중해야 할 특별한 책임이 있다. 미래 세대는 현 세대와 함께 인류 도덕 공동체의 일원이며, 인류가 존재하기 위해서는 미래 세대도 존재해야 한다.

미래 세대도 현 세대와 마찬가지로 고통을 피하고 즐거움을 추구할 것이다. 그런 점에서 환경문제, 즉 보전이냐 개발이냐 하는 문제는 세대 간의 분배적 정의의 문제이기도 하다. 미래 세대도 우리와 마찬가지로 살아가기 위해서는 깨끗한 물과 공기, 그리고 적당한 기후 등 쾌적한 자연환경에서 살기를 원할 것이고, 유독물질과 질병으로부터 보호가 필요할 것이다.

공리주의의 기본 전략은 가능한 한 행복의 양을 늘리고 불행을 줄이는 것이다. 우리는 행복을 추구하기 이전에 우선 고통부터 피해야 한다. 행복의 기준은 주관적 요소가 강해서 우리가 늘려야 할 행복이 무엇인지는 애매모호하다. 반면에 우리가 피해야 할 고통이 무엇인지는 비교적 명료하다. 따라서 공리주의 분배정의의 원칙을 미래 세대까지 적용하기 위해 두 가지 전략을 생각해볼 수 있다. "최대다수의 최대행복"이라는 원칙을 택하는 '적극적 공리주의'와 "최대다수의 최소고통"이라는 원칙을 택하는 '소극적 공리주의'로 나누자는 것이다. 그럴 경우 현 세대에 대해서는 '복지총량의 극대화'라는 적극적 공리주의 분배정의의 원칙을 적용하고, 미래 세대에 대해서는 '고통총량의 극소화'라는 소극적 공리주의 분배정의의 원칙을 적용하는 것이 바람직하다.

그러나 "현 세대의 행복을 극대화한다."는 적극적 공리주의 분배정의의 원칙과 "미래 세대의 고통을 극소화한다."는 소극적 공리주의 분배정의의 원칙 사이에 상충되는 경우도 있을 수 있다. 그 경우에 우리는 소박하긴 하지만, 다음과 같은 추론을 통해서 우선순위를 정할 수 있을 것이다. 만일 현 세대보다는 미래 세대를 더 중시하는 경향이 있으며, 행복을 추구하는 것보다 고통을 피하는 게 더 시급하다면, 현 세대의 행복이 미래 세대의 행복보다 중요하지만, 미래 세대의 고통을 피하는 것이 현 세대의 행복을 추구하는 것보다 중요하다.

미래 세대도 현 세대와 함께하는 도덕 공동체라고 한다면, 현 세대의 행복의 극대화를 위해서 미래 세대의 고통을 요구하는 것은 옳지 못하다. 따라서 어떤 정책이 현 세대의 행복을 극대화시켜 줄지라도 그로 말미암아 미래 세대에게 엄청난 고통을 가져다주는 게 확실하다면, 그것은 세대 간의 공리주의 분배정의의 원칙에 어긋나는 것이다. 다시 말해서 공리주의적 관점에서 보더라도 "만일 어떤 정책이 미래 세대의 환경을 심각하게 악화시킬 것이 예상된다면 행해져서는 안 된다."는 것이다.

4) 다른 생명체와 생태계에 대한 고려

자연은 모든 생명체의 존재기반이다. 그리고 생명이 지속적으로 살아가기 위해서는 모든 점에서 최적의 조건이 필요하다. 자연의 일부로서의 인간은 환경과 생태계의 변화에 직접적인 영향을 받을 수밖에 없다. 한편 생태계적 위치에서 볼 때 인간은 그 어느 생물 종보다도 더 예민한 생태계적 의존성을 지니고 살아갈 수밖에 없다. 인간은 공기, 물, 토양이 조금만 오염되어도 다른 생명체들보다 훨씬 더 치명적일 수 있다.

오늘날 자원고갈, 환경오염, 생태계파괴 등으로 생명체의 존재기반인 지구환경이 급속히 변하고 있고, 그러한 변화는 인류의 존속 자체를 위협하고 있다. 편협한 인간 중심주의 입장에서 본다면 다른 생명 종의 존립과 관계없이 인간 종은 건재한 것 같아 보인다. 그러나 시공간적으로 조금만 확장시켜본다면, 인간이 살아가려면 다른 생명체에게 상호의존적인데도, 그것을 부정하고 인간만 잘 살면 된다는 편협한 인간 중심주의는 자기모순을 범하는 것이 된다. 따라서 인간이 잘 살기 위해서라도 다른 종들이 건강하게 존립해야 한다.

따라서 인간 중심주의 입장을 취하더라도, 다음과 같은 이유 때문에 다른 생명체를 보호하고 생태계를 보전해야 할 도덕적 책임이 있다. 첫째, 인간은 다른 생명이 거의 살지 않는 생태계보다는 생물 종 다양성이 풍부한 곳에서 더 높은 삶의 질을 유지할 수 있기 때문에 다른 생명체를 잘 보호해야 한다. 둘째, 인간은 다른 어떤 동물보다 깨끗한 공기와 물을 마시고, 오염되지 않은 땅에서 생산된 음식을 먹어야 살아갈 수 있기 때문에 환경을 잘 보전해야 한다. 셋째, 생태계에 이상이 있을 때 인간의 안위에도 문제가 생기기 때문에 인간의 행복을 위해서라도 생태계를 잘 관리할 필요가 있다. 넷째, 지구상에서 인간만이 공동체와 생태계를 의식하고 책임을 질 수 있는 존재이기 때문에 자연을 보호하고 보전해야 할 도덕적 책무가 있다.

생명 중심주의나 생태 중심주의에서는 인간 이외의 다른 생명체나 생태계도 그 나름의 고유한 가치를 갖기 때문에 도덕적 권리를 갖는다고 주장한다. 다시 말해서 인간 이외의 생명체와 생태계가 인간의 가치 평가와는 상관없이 그 자체의 내재적 가치가 있고 보호받을 도덕적 권리가 있다는 것이다. 생명 중심주의는 모든 생명체가 내재적 가치를 가지고 있기 때문에 보호되어야 한다고 주장한다. 동물해방론자인 싱어는 지능의 높고 낮음, 합리적 사고능력, 언어능력에 관계없이, 고통이나 즐거움을 겪는 존재는 고통을 주어서는 안 되기 때문에 도덕적 고려의 대상을 동물에까지 확대할 것을 주장한다.[10] 그러한 주장은 인간중심적인 입장에서 볼 때 인간 이외의 종까지도 도덕적 배려의 대상이 되어야 한다는 점에서 과격하다고 비판할 수 있으나, 일부 생명 중심주의자나 생태 중심주의자들 입장에서는 지나치게 보수적 입장이라고 비판할 수도 있다.

불교에서는 모든 생명체는 살려는 욕망을 가지고 있기 때문에 살생을 해서는 안 된다 하고, 슈바이처는 생명을 유지하고 증진하고 고양시키는 것을 선으로, 반대로 생명을 파괴하고 해를 끼치고 억압하는 것을 악으로 본다. 하지만 우리는 생명을 유지하기 위해서 다른 생명을 먹거나 죽이지 않을 수 없다. 의사는 세균을 죽일 수밖에 없고, 도축업자는 가축을 죽일 수밖에 없다. 그런 점에서 불교나 슈바이처의 사상은 개별 상황에 적용할 수 있는 규칙이 아니라, 현재 우리의 인격을 나타내 주는 태도이다. 훌륭한 인격을 갖춘 사람은 생명의 내재적 가치를 존중하며, 자신이 살기 위해서 어쩔 수 없이 다른 생명을 해치거나 죽이는 경우에 채무의식을 느끼면서 행한다. 그러한 태도는 생명을 함부로, 아무런 느낌도 없이, 연민 없이 살상하는 것을 막아 준다.

도덕적 주체가 되려면 그 나름의 이해관계를 가진 존재라야 한다. 그 기준에 따르자면 모든 살아 있는 유기체와 그 집단들은 도덕적 주체가 되지만, 땅, 물, 공기 등과 같은 무기물들은 도덕적 주체가 되지 못한다. 그럼에도 불구하고 테일러는 우리는 대지를 오염시키지 말아야 할 의무가 있다고 본다.[11] 우리는 강 자체에 대해서는 아무런 의무도 없지만, 강에 사는 물고기들과 수중생물들을 보살펴야 할 의무는 있기 때문에 강을 오염시켜서는 안 된다는 것이다. 도덕적 행위자인 인간은 뭇 생명체를 도덕적으로 배려해야 할 직접적 책임이 있으며, 무생물인 자연을 보호해야 할 간접적 책임이 있다는 것이다.

그러나 모든 생명체, 더 나아가 생태계의 모든 구성원들을 동등하게 대우하는 것은 현실적으로 불가능하다. 생태계는 전체적으로는 공생관계이고 협력관계이나 어느 한 부분만 떼어서 본다면 먹이그물을 이루는 경우가 많다. 그렇기 때문에 도덕적 고려의 대상을 생태계 전체로 확대하더라도 생태계의 각 구성원들을 동등하게 고려할 수는 없다.

생태 중심주의자들처럼 생태계 보전의 이유가 오로지 다른 생명체에 대한 배려 때문이라면, 인간 이외의 생명체에 대한 도덕적 배려가 불필요하다고 보는 인간 중심주의자들에겐 생태계를 보전해야 할 이유가 없게 된다. 그러나 생태계가 중층적 시스템을 이루고 있기 때문에, 순전히 인간의 이익만을 추구하게 된다면 생태계의 파국이라는 비극을 면치 못할 것이다. 따라서 인간중심적 관점을 취하더라도 폭넓고 장기적 안목에서 생태계를 관리해야 할 것이다. 인류가 지속가능하기 위해서는 생태계가 보전되어야 한다. 따라서 생태계 보전의 책무는 생태 중심주의자들뿐만 아니라 인간 중심주의자들에게도 있다. 생태계 보전은 모든 인간의 책무이다.

생태적 합리주의를 향하여

생태적 요인을 고려하지 않은 합리주의가 환경과 생태위기를 불러왔고, 그로 말미암아 인류의 지속가능성이 심각하게 우려되고 있다. 오늘날 우리가 처한 이러한 생태적 사실들이 인간의 행위규범을 도출하는 강력한 근거가 되지 않을 수 없다. 특히 인류의 지속가능성을 염두에 둔다면, 효용성, 생산성, 합리성 등을 논의하는 경우에 반드시 생태적 사실이 반영되어야 할 것이다.

'생태적 합리주의'란 인류가 지속가능하기 위해서는 생태적 요인까지를 고려한 합리적 선택을 해야 한다는 입장이다. 생태적 합리주의가 설득력을 가지려면 환경관, 효용성, 생산성, 합리성 등에 대한 보다 구체적 기준들을 제시할 필요가 있다. 짧은 시간에 많은 것을 생산해낸다는 것은 역으로 생각하면 짧은 시간에 많은 자원과 에너지를 소비하고 많은 폐기물을 배출한다는 뜻이기도 하다. 따라서 우리가 쓸 수 있는 자원이 유한하다면, 짧은 시간에 많은 것을 생산해내는 것이 생산성이 높다는 생각은 재고되어야 한다.

인류의 가장 큰 화두는 하나뿐인 지구에서 어떻게 제한된 자원과 공간을 효율적으로 이용하면서 살아갈 것인가 하는 것이다. 생태적 합리주의 입장에서 본다면 동일한 것을 생산해내는 데 자원과 에너지가 적게 들어갈수록 생산성이 높다는 것이다. 쓸 수 있는 자원과 에너지가 유한하다면, 재생 불가능한 자원을 최소한으로 사용하고 재생 가능한 자원도 생태계에 심각한 타격을 주지 않는 범위에서 사용함으로써 자연의 생산력과 인간의 소비 사이의 괴리를 최소화하는 게 바람직하다.

살아 있는 모든 것은 호흡하고, 영양을 섭취하고 배설하면서 살아간다. 그리고 모든 생명체는 있음-없음, 채움-비움, 빠름-느림, 일-쉼 등을 유연하게 넘나들면서 생명을 유지한다. 지금까지의 지배적 합리주의는 '있음, 채움, 빠름' 등은 좋고 옳고 바람직한 것이고, 반면에 '없음, 비움, 느림' 등은 나쁘고 잘못되고 바람직하지 못한 것으로 간주한다. 하여 자연을 저 그대로 놓아두질 못하고 인위적으로 개조해왔다. 하지만 우리는 여기서 "있음이 이롭게 되는 까닭은 없음의 쓰임새 때문이다(故有之以爲利, 無之以爲用)"라는 노자의 말에 주목해볼 필요가 있다. 생명이 유지되기 위해서는 '있음, 채움, 빠름' 못지않게 '없음, 비움, 느림' 등이 필요하며, '인위적인 것' 못지않게 '인간의 손길이 닿지 않는 자연'이 중요하다.

생태적 합리주의는 그동안 도외시 했던 '없음, 비움, 느림, 자연' 등의 가치를 중시하며, '인간의 손길이 닿지 않는 저 그대로의 자연'을 소중히 여긴다. '있음, 채움, 빠름, 인공' 등의 효용성을 강조하는 경제를 '채움 경제'라 한다면, '없음, 비움, 느림, 자연' 등의 효용성을 중시하는 경제를 '비움 경제'라 할 수 있다. 인위적 시설이 넘쳐나는 데 반해 야생적 자연은 사라지고 있는 현실을 감안한다면, 앞으로는 생태적 합리주의를 선도할 '비움 경제'가 새로운 경제의 핵심이 될 것이다.

인간이 과학기술과 계산에 의한 계획을 통해 자연을 합리적으로 지배할 수 있다는 생각은 자연 자원이 풍부하게 남아있을 때는 합리적이었지만, 폭발적 인구증가, 과학기술의 발달, 고도의 경제성장 등으로 자원이 고갈되어 생태계가 파괴되는 등 오히려 비합리성이 심화되는 결과를 낳게 되었다. 따라서 생태위기를 해결하기 위해서는 확장된 합리주의로서의 생태적 합리주의가 필요하다.

복잡한 생태계를 선형적 인과관계로 예측하고 개조하게 되면 생태적 비합리성이 심화된다. 그리고 빨리 생산하고 빨리 소비함으로써 많은 이윤을 추구하는 산업체제는 유한한 자원을 빨리 소모시키므로 인류의 지속가능성에 비춰볼 때 비합리적이다. 지배적 합리주의는 자연에 대한 충분한 이해 없이 자연을 지배하려다 실패하였다. 자연을 거대한 기계로 이해하고, 편협한 인간 중심주의에 입각하여 마구잡이식으로 개발하게 되면서, 자연은 생명체의 안식처로서의 기능을 잃게 된 것이다.

더 이상 자연과 생태계의 파괴를 방치할 경우, 현 세대의 삶의 질이 악화되는 것은 물론이고 미래 세대의 생존 자체가 위험한 상황에 직면할 것이다. 오늘날 인류가 처한 자원고갈, 환경오염, 생태계파괴, 기후변화 등의 상황을 고려한다면, 이성의 합리적 측면을 인정하면서도 지배적 합리주의의 한계를 넘어서는 생태적 합리주의가 요구된다.

1 우주, 자연, 생태계 속에서 인간의 위치는 어떻게 되는가? 인간 생명과 다른 생명 사이에 존엄성의 차이가 있다면 어떤 차이가 있고, 그 근거는 무엇인지에 대해 토론해 보자.

2 자연과 환경은 인간을 위한 자원이거나 도구에 불과한가? 자연이 도구적 가치 이상의 가치를 지닌다면 그 근거는 무엇이고, 화폐적 가치로 따질 수 없는 심미적 가치나 생태적 가치는 어떻게 평가해야 할지에 대해서 토론해 보자.

3 특정한 자연환경을 갈아엎고 개발할 것인가, 인위적으로 손을 대서 보호 관리할 것인가, 원래 있던 그대로 보전할 것인가? 지구환경과 생태계의 위기가 없을 때와 위기가 심각할 때 효율성과 효용성의 기준은 어떻게 달라지는지 토론해 보자.

4 자연을 개발하거나 보전하는 과정에서 환경갈등이 있을 경우, 다수에게는 이득이지만 소수에게는 손해를 가져 온다면 그들 사이에 이해관계는 어떻게 조정할 것인가? 선진국과 개발도상국 사이에 어떻게 환경정의를 이룰 것인가? 현 세대의 행복을 위해 미래 세대에게 불행을 전가해선 안 되는 이유는 무엇인가?

5 환경갈등은 세계관이나 패러다임의 대립 때문에 생기는 경우가 많다. 인간 중심주의-생명(생태) 중심주의, 경제(개발)주의-환경(보전)주의 등이 대립할 경우에 그것을 조정하거나 해결할 방안은 무엇인지에 대해 토론해 보자.

추천 도서

▶ J.R. 데자르뎅, 김명식 옮김(1999). 『환경윤리: 환경윤리의 이론과 쟁점』. 자작나무.
▶ 길일방(2005). 『환경윤리의 쟁점』. 서광사.
▶ 유정길(2013). 『생태사회와 녹색불교』. 아름다운인연.
▶ 장회익(2014) 『삶과 온생명』. 현암사.

환경철학

1 환경철학(Environmental philosophy)은 환경문제들을 근본적으로 규명하고 대안을 마련하기 위해 존재론, 인식론, 가치론 등의 기초철학과 정치 · 경제 · 사회철학 및 자연 · 생명 · 과학철학 등의 응용철학의 차원에서 탐구하는 철학의 한 분야이다.

2 환경철학은 인간중심적 태도를 바꾸고 인간 이외의 존재들에게도 도덕적 배려를 한다면 생태위기가 점차적으로 해결될 수도 있다는 환경윤리학, 법과 정책, 교육과 도덕적 계몽 등을 통해서 환경문제를 해결할 수 있다는 인간중심적 개혁주의, 생태위기를 해결하기 위해서는 사회가 근본적으로 바뀌든지 패러다임 전환이 일어나는 길밖에 없다는 급진적 생태철학 등이 있다.

3 환경철학의 흐름은 인간중심적 태도를 견지하면서 환경문제를 해결할 수 있다는 확장된 인간 중심주의, 인간만이 아니라 다른 생명체나 생명 종들도 중요하다는 생명 중심주의, 개별생명체나 생명 종보다는 생태계 전체의 조화와 균형을 강조하는 생태 중심주의 등으로 나뉜다. 확장된 인간 중심주의는 환경문제를 풀기 위해서는 양극화를 줄이고 평등 사회가 되고, 지구 생태계에 대한 지식과 생태적 감수성을 배양해야 하는데, 이를 위해 환경관련 법과 정책을 바꾸고 교육을 강화하며, 현명한 청지기처럼 자연을 관리하고, 자연의 다양한 가치들을 고려해야 한다고 주장한다. 생명 중심주의는 모든 생명체가 내재적 가치를 가지고, 살려는 의지를 가지고 있기 때문에 생명을 유지하고, 생명을 증진하며, 생명을 고양시켜야 하며, 반대로 생명을 파괴하고, 생명에 해를 끼치며, 생명을 억압하는 것을 악이라고 본다. 생태 중심주의는 생태계 전체의 온전성과 안전성을 중시해야하며, 인간의 행위가 환경에 어떤 영향을 미치는 지를 평가할 때도 자연 전체에 어떤 결과를 미치는가를 놓고 평가해야 한다고 본다.

4 자연의 가치는 인간의 유용성의 측면에서 평가되는 도구적 가치 이외에도 비도구적 가치가 있다. 자연이 훼손되는 가장 큰 이유 중의 하나는 자연의 상징적, 미학적, 문화적 가치 등과 같은 본래적 가치와 인간의 가치평가와는 무관하게 그 자체로 갖는 내재적 가치를 도외시하기 때문이다. 따라서 자연의 도구적 가치뿐만 아니라 비도구적 가치들도 함께 평가되어야 한다.

5 다수의 행복을 위한 환경정책일지라도 그 정책으로 말미암아 희생되는 소수가 있다면 정의롭지 못하다. 환경을 개발하거나 보전함으로써 공동체 전체의 차원에서는 이익이 되겠지만 개인이나 특정 집단에게 불이익이 돌아가는 경우에는 환경정의의 차원에서 조정할 필요가 있다. 따라서 공동체 전체가 이득을 보더라도, 그로 인해 어느 한 개인 내지는 집단이 불이익을 당하는 경우, 공동체 전체가 고통을 함께 분담해야 한다.

6 현 세대의 행복의 극대화를 위해서 미래 세대의 고통을 요구하는 것은 옳지 못하다. 어떤 정책이 현 세대의 행복을 극대화시켜 줄지라도 그로 말미암아 미래 세대에게 엄청난 고통을 가져올 것이 예상된다면 행해져서는 안 된다.

7 생태적 합리주의란 인류가 지속가능하기 위해서는 생태적 요인까지를 고려한 합리적 선택을 해야 한다는 입장이다. 생태적 요인을 고려하지 않은 합리주의가 환경과 생태위기를 불러왔고, 그로 말미암아 인류의 지속가능성이 심각하게 우려되는 게 사실이다. 인류의 지속가능성을 염두에 둔다면, 효용성, 생산성, 합리성 등을 논의하는 경우에 반드시 생태적 사실이 반영되어야 할 것이다.

참고문헌

1. 메도우즈 외. 김승한 옮김(1972). 『인류의 위기(로마클럽보고서)』. 삼성문화재단.
2. Zimmerman, M.E.(2005). Environmental Philosophy, Prentice Hall; Englewood Cliffs.
3. Devall, B. & Sessions, G.(1985). Deep Ecology, Gibbs Smith, Publisher; Salt Lake City.
4. Zimmerman, M.E.(2005). Environmental Philosophy, Prentice Hall; Englewood Cliffs.
5. 장회익(2014). 『삶과 온생명』. 현암사.
6. 에드워드 윌슨. 황현숙 옮김(1996). 『생명의 다양성』. 까치.
7. Rawls, J. (1973). A Theory of Justice. The Belknap Press of Harvard University; Massachusetts.
8. Holmes Rolston III(1981). "The River of Life: Past, Present, and Future", in Earnest Partridge, Responsibilities to Future Generations.
9. 한스 요나스. 이진우 옮김(1994). 『책임의 원칙』. 서광사.
10. Zimmerman, M.E.(2005). Environmental Philosophy. Prentice Hall; Englewood Cliffs.
11. Taylor, P. W. (1986). Respect for Nature. Princeton University Press; Princeton.

2

환경사회학과 환경담론

환경문제와 환경담론

1) 환경문제

우리는 미세먼지, 기후변화 같은 환경문제를 거의 매일 접하며 살아가고 있다. 20세기에는 공장 굴뚝의 검은 연기가 발전의 상징으로 여겨졌지만, 지금은 그 검은 연기 때문에 많은 사람이 서서히 병들어간다는 것을 모르는 이들은 거의 없다.

인류는 산업혁명 이후 화석연료를 대규모로 사용하며 대량생산, 대량소비, 대량폐기의 시대를 열었다. 우리나라도 1960년대 이후 빠르게 공업화를 추진했고 그 결과, 공기와 물이 오염되고 쓰레기로 몸살을 앓기 시작했다. 소득은 비약적으로 높아졌으나 이와 함께 환경악화를 감수해야만 했다. 1980년대 이후 대기, 수질오염, 폐기물, 자연 파괴와 같은 문제가 우리의 삶을 위협하는 중요한 사회문제로 떠올랐다. 이뿐만 아니라 1990년대 이후에는 기후변화라는 지구 전체의 엄청난 위기가 눈앞에 다가왔다. 인간이 만든 온실가스로 인해 우리는 관측 이래 가장 더운 기후를 경험하고 있으며 앞으로 100년도 안 되는 시기 동안 무려 3℃ 이상의 기온 상승이 예상되고 있다. 이렇게 되면 기상이변이 자주 일어나고 식량 생산이 감소하며, 전염병이 확산될 뿐만 아니라 생물의 급격한 멸종이 일어날 것으로 과학자들은 예상하고 있다. 그런데 이것은 먼 미래의 일이 아니라 현재 이미 일어나고 있는 일들이다.

산업혁명 이후 200여 년 동안 선진국 사람들은 자연을 착취함으로써 물질적인 풍요를 누릴 수 있었다. 그러나 선진국, 저개발국 할 것 없이 가난한 사람들은 배고픔과 폭력 그리고 환경오염으로 고통스런 삶을 이어가야 했다. 공업화에 바탕을 둔 자본주의가 전 지구로 퍼져나가면서 한국과 같은 일부 국가들은 뒤늦게 경제성장을 이루는 데 성공했지만 불평등과 환경파괴라는 대가를 치러야만 했다.

21세기에는 지난 200여 년간 유지된 공업 자본주의가 기후변화, 자원고갈, 부채경제와 같은 문제에 부딪혀 더 이상 공업 자본주의를 지탱할 수 없다는 경고가 이어지고 있다. 기술개발 덕분에 환경오염을 줄이면서 풍요와 복지를 마음껏 누릴 수 있다는 장밋빛 미래를 믿는 사람들은 점차 줄어들고 있다. 이제 환경문제를 시급히 해결하지 않고서는 우리의 생존과 존엄을 지킬 수 없다. 왜냐하면 하나뿐인 지구는 수많은 사람들의 욕망을 충족시키기에는 너무 작고, 한번 망가지면 온전히 회복하기 매우 힘든 행성이기 때문이다.

2) 환경문제의 원인

환경문제는 왜 생기는 것일까? 첫째는 인구 증가가 환경파괴의 원인이다. 맬서스(Thomas Robert Malthus)는 1798년 발표한 『인구론』에서 인구는 기하급수적으로 증가하지만 식량은 산술급수적으로 증가하기 때문에 빈곤과 악덕, 전쟁이 불가피하다고 진단했다. 1960년대에는 폴 얼릭(Paul Ehrlich), 개릿 하딘(Garrett Hardin) 같은 신 맬서스주의자(Neo-Malthusian)들이 인구폭발을 막지 않으면 지구는 위기에 처할 것이라고 예상했다. 특히 하딘은 지구라는 승선인원이 한정된 행성을 지키기 위해서는 강력한 선장, 즉 선진국 엘리트들이 저개발국의 인구증가를 강력히 억제해야 한다고 주장하기도 했다.[1]

그러나 이에 대한 반론도 만만치 않았다. 배리 카머너(Barry Commoner)는 환경에 미치는 영향은 인구, 풍요, 기술과 같은 세 가지 변수에 의해 결정된다고 보았다. 인구 자체가 중요한 것이 아니라 한 사람이 얼마나 많은 자원을 소비하는지, 그리고 생산과정에서 어떤 기술을 사용하는지가 중요하다는 것이다. 그의 주장에 따르면 미국에서 어린이 한 명이 태어나면 아프리카 어린이 수십 명이 태어나는 것과 비슷한 환경문제를 일으킨다는 것이다. 이와 같이 자원소비의 양과 질이 환경문제를 결정짓는 중요한 요인이다.

다음으로 어떤 기술로 생산과 소비를 하는가에 따라 환경문제의 특성이 달라진다. 어떤 차는 1ℓ의 휘발유로 30km를 가는데 어떤 차는 10km도 달리지 못한다. 같은 양의 전기를 생산하는 데 석탄, 석유, 원자력, 풍력, 태양광 등 어떤 에너지원을 쓰는가에 따라 환경에 미치는 영향은 달라진다. 만약 우리가 환경에 미치는 영향을 최소로 줄이면서 인류의 복지를 최대로 늘릴 수 있는 기술을 사용할 수 있다면 환경에 미치는 생산과 소비의 영향을 어느 정도 줄일 수 있을 것이다. 그러나 소비와 인구가 지속적으로 증가한다면 이러한 기술의 효과는 상쇄된다.

인구, 풍요, 기술은 모두 환경에 미치는 중요한 요인들이다. 그러나 이것들은 그 사회의 문화와 제도에 의해 영향을 받는다. 자본주의, 산업주의와 같은 구조적인 요인들이 환경에 어떤 영향을 미칠까?

제임스 오코너(James O'Connor)나 존 벨라미 포스터(John Bellamy Foster) 같은

생태마르크스주의자들은 자본주의가 환경위기의 근본적인 원인이라고 진단한다. 포스터는 환경위기의 원인을 인간 본성이나 근대성, 산업주의와 같은 것으로 돌리는 데 반대한다. 그는 자본이라는 형태로 부를 축적하는 일을 사회의 지상목표로 삼는 자본주의 체제의 팽창논리가 환경위기의 근본 원인이라고 진단한다.[2]

그러나 근대의 환경문제의 근본적인 원인은 산업혁명 이후 화석연료와 기계에 바탕을 둔 산업주의라고 보는 사람들도 많다. 우리나라 최대의 생활협동조합인 한살림의 한살림 선언은 산업문명이 생명을 파괴하는 주된 원인이라고 진단한다. "산업문명은 생명소외의 체제이고 반인간적일 뿐만 아니라 반생태적인 문명이다."[3] 산업주의가 근본적인 원인이라고 보는 사람들은 대안적인 생태적 문명이나 문화, 그리고 생활양식을 확산시키거나 새로운 정치 경제체제를 만들어서 근본적인 전환을 해야 한다고 주장한다.

자본주의, 산업주의와 같은 사회체제는 모두 환경위기의 구조적인 원인이라고 볼 수 있는데, 어떤 사회체제를 주된 원인으로 보는가에 따라 해결책도 달라진다. 현대의 환경위기는 구조적이고 장기적인 위기이므로 어느하나의 해결책으로 한꺼번에 해결하기는 매우 어렵다. 그럼 이제 다양한 환경담론들이 환경위기의 원인을 어떻게 보고 어떤 해결책을 제시하는지 살펴보자.

3) 환경사회학

환경문제는 누가 일으키는가? 앞에서 보았듯이 사람들이 이런저런 활동을 하면서 환경은 점차 오염되어왔다. 다시 말하면 사람들이 사회를 이루어 자연과 상호작용을 하면서 일으키는 것이 환경문제다. 이와 같이 사회가 자연과의 관계 속에서 일으키는 여러 가지 문제들을 연구하는 것이 환경사회학이다.

사회학자들이 환경사회학을 연구하게 된 것은 환경문제가 중요한 사회 문제로 부각되었기 때문이다. 환경문제는 날이 갈수록 심각해져서 인간 이외의 자연과 미래 세대의 삶뿐만 아니라 자연에 기대어 사는 현세대 인류의 삶을 위태롭게 하며 이로 인해 계급 간, 국가 간, 세대 간 갈등이 심해지고 있다. 자연이 주는 맑은 물과 공기, 숲과 바다가 없으면 인간은 하루도 살 수 없지만, 인간은 이를 무시하고 기술을 이용하여 자연을 지배하고 개조해 왔다. 이렇게 환경과 자연이 인간을 위해 존재하며 지배와 착취의 대상이라고 보는 가치관을 인류 중심주의(anthropocentrism)라고 부른다. 인류 중심주의의 관점에서 보면 인간은 다른 모든 생물보다 우월할 뿐만 아니라 생물물리적 한계를 뛰어넘을 수 있는 예외적인 존재다. 그러나 20세기 중반 이후 환경문제가 심각해지면서 이런 지배적인 가치관과 달리 인간도 여러 생물 종 가운데 하나이고 지구 생태계 한계 안에서 생태적 균형을 유지하는 데 기여해야 한다는 생각이 확산되기 시작했다.

이런 시대정신 속에서 탄생한 것이 환경사회학이다. 환경사회학은 인간 집단으로 이루어진 사회가 자연과 어떤 관계를 맺으며 함께 진화하는지를 연구하는 학문이다. 다시 말하면 인간의 집단적인 활동이 환경에 어떤 영향을 미치고 그것이 다시 사회에 어떤 영향을 미치는지 분석하고 해석한다. 환경사회학의 연구주제는 환경운동, 환경·에너지 정책, 환경의식, 환경교육 등 다양하다.

환경 담론[4]

환경문제는 보는 이의 눈에 따라 전혀 다르게 보인다. 어떤 이에게는 환경문제는 기술개발로 쉽게 해결할 수 있는 문제로 보이지만 어떤 이에게는 생존이 걸린 위기상황으로 느껴진다. 여기에서 우리는 환경을 '문제'로 인식하는 다양한 환경담론들을 살펴본다.[1] 여기서 담론은 우리가 현실을 해석하고 진단할 뿐만 아니라 실천하게 만들어 주는 이야기의 묶음을 말한다.

먼저 환경문제를 중요한 사회문제로 인식하지 않고 지속적인 성장이 가능하다고 보는 성장주의 담론과 환경문제를 인류의 생존이 걸린 문제로 보는 생존주의 담론을 살펴본다. 다음으로 환경문제를 해결하기 위해 어떻게 해야 하는가에 대한 담론들 가운데, 사회구조를 근본적으로 바꾸지 않고 기존의 정책이나 제도를 개선해서 환경문제를 해결할 수 있다고 보는 문제해결 담론을 살펴본다. 다음으로 공업 중심의 자본주의 경제를 개혁하여 생태적으로 전환할 수 있다고 보는 지속가능성 담론에 대해 이야기한 후, 마지막으로 성장과 공업 중심의 의식과 생활양식 또는 경제사회구조를 근본적으로 전환해야 한다고 보는 녹색 급진주의 담론을 살펴본다.

1) 성장주의 : 경제성장만이 살 길이다

성장주의자들은 인류가 행복과 복지를 누리려면 경제성장을 지속해야 하고 그것이 가능하다고 본다.[2] 대부분의 정부는 일정한 수준의 경제성장을 이루는 것을 첫 번째 책무로 여긴다. 경제성장을 통해서만 고용, 복지, 행복이 증가한다고 보는 것이다. 이들은 자원고갈과 환경문제는 성장의 부산물일 뿐이며 이는 기술개발을 통해 얼마든지 해결할 수 있다고 본다. 성장주

---

(1) 여기서 환경담론은 존 드라이제크의 2013년 개정판의 분류를 따랐다.

(2) 존 드라이제크는 성장주의자들을 그리스 신화의 불의 신의 이미지를 이용하여 프로메테우스주의자(Promethean)라고 부른다.

의자들 가운데에는 기후변화와 같은 문제는 실재하지 않거나 자연 현상일 뿐이라고 보는 사람들도 적지 않다. 그러나 이들의 주장은 기후변화로 인해 지구 생태계가 급속히 변화하고, 석유 매장량이 갈수록 줄어들면서 석유가격이 요동을 치는 상황에서 설득력이 약해지고 있다.

2) 생존주의(Survivalism) : 지구는 한계가 있다

생존주의자들은 오늘날의 환경위기는 인류의 생존을 위태롭게 할 만큼 심각하기 때문에 인구를 줄이거나 증가속도를 억제해야 하고 자원 사용을 줄여야 한다고 주장한다. 개릿 하딘(Garrett Hardin)은 1968년의 "공유지의 비극(Tragedy of commons)"이라는 유명한 논문에서 가상의 마을 목장을 예로 들면서 마을 사람들이 모두 공유하고 있는 목장에 몇몇 사람들이 자기만의 이익을 위해 더 많은 소를 풀어 놓으면 결국 목초지가 파괴되어 모두가 피해를 보게 된다고 이야기한다. 그는 이 우화를 한계가 분명한 지구에서 인구증가를 강력하게 억제해야 한다는 주장을 정당화하는 논리로 사용했다. 그는 공유지의 비극을 막기 위해서는 '상호강제'가 필요하다고 말하는데 이는 결국 권위주의를 동원해서라도 저개발국의 인구증가를 억제해야 한다는 주장으로 이어진다.[5] 실제 중세에서 많은 공유지는 마을공동체에 의해서 잘 관리되었지만 자유주의자들은 '공유지는 관리되기 어렵다'는 논거로 하딘의 논문을 자주 인용했다.

1972년에 발간된 『성장의 한계(Limits to Growth)』는 지구 전체의 자원, 인구, 공업화, 식량공급, 오염 등 다섯 가지 변수가 향후 약 100년 이후 어떻게 변할지 컴퓨터 시뮬레이션을 통해 예측한 결과를 보여주었다. 메도우즈(Donella Meadows)와 그 동료들은 당시의 속도로 경제성장을 지속한다면 100년 안에 자원부족, 오염심화 등의 문제로 성장은 한계에 다다르고 식량공급도 줄어들어 인구가 줄어들 것이라고 예측했다. 이들은 2004년 발간한 30주년 기념 개정판[6]에서 자신들의 예측은 틀리지 않았으며 더 빠른 정책변화가 필요하다고 주장했다.

1972년 『성장의 한계』가 발표되었을 때에는 성장주의자들과 사회주의자들 가운데 반론을 제기하는 이들이 많았지만 2007년 이후의 유엔 기후변화에 관한 국가 간 패널(IPCC)의 보고서에 대해서는 폭넓은 공감대가 이루어지고 있다. IPCC는 2007년 노벨평화상을 받기도 했다. IPCC의 보고서들(4차 2007년: 5차 2013-14년)은 인간이 만든 온실가스 때문에 기후변화가 발생하고 있고 이를 획기적으로 줄이지 않는 한 이번 세기 안에 지구의 많은 생물이 멸종되고 기상이변으로 인해 식량생산이 줄어들며, 해수면이 상승하고, 전염병이 발생하여 회복할 수 없는 피해를 일으킬 것이라고 전망한다.

성장주의자들과 생존주의자들이 보는 지구의 모습은 전혀 다르다. 한쪽은 지구를 인류의 번영을 위한 무한한 자원의 보고로 보는 반면, 다른 한쪽은 자원과 오염정화능력의 한계가 분명한 행성으로 본다. 시간이 갈수록 지구가 유한하다는 데 많은 사람들이 동의하고 있다. 생존주의자들의 담론은 환경문제를 지구적인 차원에서 생각하게 만드는 데 크게 기여했지만, 이를 해결하기 위한 정책, 제도, 정치에 대해 설득력 있는 해답을 제공하지는 못했다.

3) '환경문제 해결' 담론 : 환경문제는 기존제도를 개혁하면 해결할 수 있다

많은 사람들은 현재의 사회제도와 구조를 근본적으로 고치지 않고 약간의 제도개혁을 통해서 환경문제를 해결할 수 있다고 보거나 그렇게 하기를 바란다. 이들은 전문가(행정적 합리주의)나 시장(market: 경제적 합리주의)에 맡기면 문제가 쉽게 해결될 것으로 보기도 한다. 또 어떤 이들은 시민들의 민주적인 참여(민주적 실용주의)를 통해 환경문제를 해결할 수 있다고 생각한다.

• 행정적 합리주의 : 환경전문가에게 맡겨라

행정적 합리주의는 환경문제를 해결하는 데에는 시민, 생산자, 소비자보다는 전문가나 관료의 역할이 더 중요하고 효율적이라고 보는 담론이다. 이 담론의 지지자들은 환경전문가와 관리자에게 환경문제를 해결하라고 맡기면 일이 잘 풀릴 것이라고 생각한다. 실제로 1980년대 이후 우리나라 환경행정이 본격적으로 발전하기 시작했을 때, 대기오염을 덜 일으키는 연료를 공급하도록 정책을 바꾸거나, 수질오염을 줄이기 위해 강력한 규제정책을 펴서 공기와 물이 다소 맑아지는 성과를 이루기도 했다. 그러나 이런 개선은 뚜렷한 한계를 갖고 있다. 화력발전소나 자동차에서 많이 나오는 미세먼지 증가, 기후변화와 같은 환경위험을 줄이는 데 환경전문가와 관리자들은 힘을 발휘하지 못하고 있다.

이와 같이 전문가와 관리자에게 문제해결을 맡길 때 생기는 문제는 무엇일까? 전문가와 관리자들은 전체적이고 통합적으로 문제를 해결하기 어렵다. 예를 들면 쓰레기 문제를 담당하는 관리자는 소각을 선호하지만 이 경우 대기오염이라는 또 다른 환경문제를 낳을 수밖에 없다. 또한 좋은 제도를 만들어도 현장에서는 제대로 실행되지 못하는 경우도 많다. 경제성장을 위해 환경을 희생해야 한다고 주장하는 사람이 많아질 경우 환경행정을 제대로 펼칠 수 없다. 이런 문제 때문에 행정적 합리주의는 겉으로 보면 합리적인 것 같지만 실제로 환경문제를 해결하는 데에는 한계가 많다.

• 경제적 합리주의 : 시장에 맡겨라

경제적 합리주의 담론을 지지하는 사람들은 환경문제를 해결하기 위해서 시장(market)을 이용해야 한다고 본다. 1970년대 중반 이후 선진국 경제의 성장이 둔화되고 정부의 효율성에 대해 의문이 제기되는 가운데 신자유주의 흐름이 활발해지면서 환경문제도 시장 기제를 통해 해결해야 한다는 담론이 발전하게 되었다. 이 담론을 극단적으로 옹호하는 사람들은 환경도 사유화하면 문제가 해결된다고 주장한다. 그러나 실제로 공기나 강과 같은 공유재(commons)는 보통사람들의 접근을 배제하기 어려울 뿐만 아니라 우리 삶을 이용하기 위한 기본 바탕이기 때문에 이들의 주장은 현실에서는 거의 영향력을 발휘하지 못한다.

그렇지만 환경을 오염시키는 행위에 대하여 정부가 세금이나 부과금을 물리고 환경을 지키는 행위에 대해 보조금을 주는 정책은 다양한 형태로 시행되고 있다. 독일, 네덜란드, 덴마크 등 일부 선진국에서는 이런 정책을 적극적으로 추진하고 있다. 우리나라에서도 쓰레기 종량제, 배출부담금, 폐기물예치금, 저공해자동차 보조금 지원제도 등 다양한 정책이 시행되고 있다.

경제적 합리주의는 환경정책의 중심이라기보다는 주변이다. 이 담론의 지지자들은 사람을 경제적 이익을 위해서만 움직이는 이기적인 존재로 바라본다. 환경문제에 대해 책임을 느끼고, 자연과 공감하는 시민들은 이 담론 속에 없다. 시장에 모든 것을 맡긴다면 우리의 산과 강, 공기는 경제적 이익을 위해 환경을 최대로 이용하려는 이기주의자들에 의해 회복하기 힘들만큼 파괴될 것이다.

• 민주적 실용주의 : 시민에게 맡겨라

행정적 합리주의와 경제적 합리주의에 한계가 분명하다면 민주적인 제도는 환경문제 해결에 얼마나 효과적일까? 사람들이 환경문제에 대해 토론하고 숙의(deliberation)할 때 문제가 더 쉽게 해결된다고 보는 담론이 민주적 실용주의(Democratic Pragmatism)이다. 사람들은 이기적이기 때문에 환경문제를 해결하기 위해서는 정부가 강력한 권위와 권력을 갖고 오염자들을 감시하고 처벌해야 한다고 보는 이들이 많다. 그러나 이렇게 보면 시민들의 자발적인 참여와 토론의 기회는 사라지고 생태 권위주의나 독재가 등장할 수도 있다. 그런데 이런 체제는 사람들의 자유를 억압할 뿐만 아니라 장기적으로 동의를 얻기 어렵기 때문에 지탱하기는 어려울 것이다. '명령과 통제'에만 의존하는 권위주의는 기업이나 시민들의 참여를 이끌어내기도 어렵다. 이런 문제를 해결하기 위해 대안적 분쟁해결, 공론조사, 합의 회의 등 다양한 형태의 참여적인 숙의방법이 도입되었다.

우리나라에서는 2017년 문재인 정부가 신고리 5, 6호기 건설 문제를 해결하기 위해 공론화위원회를 구성하여 시민들이 참여하는 공론조사를 실시했다. 공론조사 결과를 존중하여 정부는 신고리 5, 6호기 공사를 재개하기로 결정했다. 이 사례는 정치인이나 관료, 전문가가 권력을 독점하는 것이 아니라 시민들이 정치과정에 참여하여 정책을 결정했다는 점에서 중요한 의미를 갖는다.

민주적 실용주의는 시민들의 참여와 토론을 바탕으로 환경문제를 해결하려고 하기 때문에 정치적으로 올바를 뿐만 아니라 장기적으로 지속가능한 담론이다. 그러나 시민들이 경제성장과 개인적 이익에 매몰되어 미래세대와 자연의 중요성을 낮게 평가한다면 현세대만을 위한 실용주의에 머무를 수도 있다.

4) 지속가능성 : 지속가능한 발전과 생태적 근대화

지속가능한 발전과 생태적 근대화 담론의 지지자들은 경제성장을 지속하면서 환경을 보전할 수 있으며, 경제성장과 환경파괴의 악순환의 고리를 끊을 수 있다고 본다.

• 지속가능한 발전 : 미래 세대도 함께 누리는 발전

1987년에 유엔 환경과 발전에 관한 세계위원회(브룬트란트 위원회)가 『우리 공동의 미래』라는 보고서를 발표하면서 지속가능한 발전은 세계적으로 관심을 집중시키는 담론이 되었다. 이 보고서에서는 지속가능한 발전을 "미래 세대가 스스로의 필요(needs)를 충족시킬 수 있는 능력을 침해하지 않으면서 현 세대의 필요를 충족시키는 발전"으로 정의했다. 다시 말하면 이 보고서는 지구 생태계의 수용능력(carrying capacity)의 한계를 인정하면서 현 세대뿐만 아니라 미래 세대의 필요와 권리를 고려해야 한다는 세대 간의 형평성 문제를 제기한 것이다. 이 담론의 지지자들은 위에서 본 생존주의 담론과 달리 '성장의 한계'가 아니라 환경문제를 해결하기 위해서 성장이 필요하다고 본다. 지속가능한 발전의 지지자들은 현대의 산업 자본주의 체제를 부정하지 않으면서 경제, 사회, 환경의 균형적인 발전을 추구한다.

1992년에 브라질의 리우 데 자네이루에서 열린 '환경과 발전에 관한 유엔회의' 이후 지속가능한 발전은 세계적인 정치 담론이 되었다. 우리나라에서는 2000년 지속가능발전위원회가 출범하며 정부 관료와 기업, 시민 사회 대표 등이 참여하여 지속가능발전을 위한 정책을 제안했다. 다른 한편 1990년대 중반 이후 여러 지역에서 지방자치단체와 시민사회 대표가 참여하여 '지방의제 21'을 구성했으며, 민과 관이 함께 지역의 지속가능한 발전을 위해 다양한 사업을 벌이기도 했다.

지속가능한 발전 담론은 누구도 부정하기 어려운 정치적으로 올바른 담론이다. 이 담론은 경제성장을 부정하지 않으면서 환경문제와 빈곤 문제를 함께 해결할 수 있다는 희망을 담고 있다. 그러나 전 세계적으로 불평등과 지구 환경위기가 심화되고 있는 상황에서, 발전의 의미를 다시 정의하고 이를 지탱가능하게 하기 위해서는 더 많은 연구와 실천이 따라야 할 것이다.

• 생태적 근대화(현대화)⁽³⁾ : 경제성장과 환경보호의 조화

많은 사람들은 쾌적한 환경 속에서 경제적인 풍요를 누리면서 살고 싶어 한다. 생태적 근대화 담론의 지지자들은 산업 자본주의 정치경제를 환경적으로 좀 더 건전한 수준으로 재구성해야 하고, 그리 할 수 있다고 본다. 선진국 가운데에서는 핀란드, 독일, 일본, 네덜란드, 노르웨이, 스웨덴, 스위스 등의 국가들이 그런 나라로 꼽힌다. 생태적 근대화론자들은 환경친화적 기술개발, 환경정책과 제도의 개선, 시민들의 환경운동 등을 통해 경제성장과 환경오염의 악순환을 끊을 수 있다고 말한다.

생태적 근대화 담론은 녹색성장 담론과도 유사하다. 이명박 정부는 기후변화를 막기 위해서 '녹색성장'을 해야 한다고 주장하면서 온실가스 배출 국가목표를 제시하고 이산화탄소 배출권 거래제를 도입하기도 했으나 한국에서 생태적 근대화가 이루어지고 있다고 평가하기는 어렵다.

생태적 근대화 담론은 선진국들이 앞선 기술과 제도를 바탕으로 경제적 복지를 누리면서도 환경을 보전하는 사례들을 바탕으로 발달했다. 환경 선진국이 자국의 환경을 보전할 수 있는 것은 일본의 경우처럼 오염산업을 해외로 수출하고 상품을 수입하기 때문이라는 비판도 적지 않다. 생태적 근대화 담론의 지지자들이 근대의 문제점들을 좀 더 근본적으로 검토하지 않는다면 산업 자본주의의 틀에 갇혀 환경문제는 해결하지 못하고 경제성장만

---

(3) modernization은 시대적 개념으로 근대화로 번역하기도 하지만 '지금 동시대'라는 의미도 있기 때문에 현대화라고 부르기도 한다.

을 정당화했다는 비판을 받을 것이다.

5) 녹색 급진주의 : 생태사회적 의식과 구조의 전환

앞에서 우리가 본 문제해결, 지속가능성 담론의 지지자들은 모두 현대의 산업 자본주의 체제 안에서 제도개혁이나 기술개발로 환경문제를 해결할 수 있다고 본다. 생존주의자들은 한계 때문에 성장이 더 이상 불가능하다고 보지만 어떻게 산업주의를 넘어설지에 대해서는 뚜렷한 해답을 내놓지 못하고 있다. 이제 우리가 보게 될 녹색 급진주의자들은 사람들의 의식이나 정치를 바꾸어서 새로운 사회체제를 만들어야 환경문제도 해결하고 사람들과 자연도 조화롭게 살아갈 수 있다고 본다.

• 의식과 삶의 전환 : 산업주의의 삶의 양식과 의식을 바꾸어라

환경문제가 현대 문명의 근본적인 문제에서 비롯된 것이라면 현대 문명의 기본적인 전제에 대해 의문을 던지고 새로운 의식을 발전시켜야만 할 것이다. 이런 생각에 바탕을 둔 담론들은 어떤 것들이 있을까?

– 심층 생태론 : 모든 생물은 원칙적으로 평등하다

심층 생태론(Deep ecology)의 주창자인 아느 내스(Arne Naess, 1973)는 산업사회의 문제를 점진적으로 개혁해서 환경문제를 해결하려는 시도를 "천박한 (shallow)" 생태운동이라고 비판하면서 심오한, 다시 말하면 심층적인 생태운동을 벌여야 한다고 주장했다. 그는 원칙적으로 모든 생물 종은 평등하다고 주장하면서 인류 중심주의에 반대했다.[7] 심층 생태론은 환경을 바라보는 관점에 큰 변화를 일으켰지만 환경위기의 원인을 인간 자체로 돌려 극단적인 인간혐오로 흐르기도 했다.

교육실천가를 위한 사회환경교육론 1

- 에코 페미니즘 : 환경파괴의 원인은 가부장주의다

에코 페미니즘(Eco feminism)의 지지자들은 환경위기의 원인이 가부장주의라고 본다. 여성과 자연을 지배하는 가부장주의로 인해 인간과 자연, 남성과 여성의 조화로운 관계가 깨졌다는 것이다. 에코 페미니스트 가운데에는 아이를 낳을 수 있는 여성의 생물학적 특성이 자연과 생태에 더 가깝다고 보는 이들도 있다. 이들은 '어머니 자연(mother nature)'이라는 말을 즐겨 쓰며 여신의 신화를 강조하기도 한다. 인도의 반다나 시바(Vandana Shiva)는 제1세계의 과학과 기술이 제3세계 여성의 삶을 파괴하는 현장을 알리고 이에 반대하는 운동을 벌이기도 했다.

- 생명사상 : 생명을 살리는 문명을 만들자

1980년대 이후 우리나라에서는 환경문제의 근본 원인이 산업문명 때문이라고 보고 문명과 생활을 근본적으로 바꾸어야 한다는 담론이 나타나기 시작했다. 1989년에 발표된 한살림 선언은 이러한 생각을 잘 보여준다.

> "오늘날 인류는 진화냐 파멸이냐 하는 분기점에 서 있다. 진화는 인간에게 선택의 자유를 허락하고 있다. 문명의 전환기는 인간에게 새로운 각성과 결단으로써 잃어버린 생명과 정신을 되찾을 것을 요구하고 있다. 이제야말로 우리는 기존의 세계관과 가치관에서 벗어나 우리의 행동을 의식적으로 변화시켜야 할 때이다. 그러기 위해서 우리는 인류의 진화과정에 축적된 문화유산에서 우리의 진로를 현명하게 결정할 지혜를 찾아내 활용해야 하겠다. 특히 동학사상은 이러한 상황에 처해있는 우리에게 지혜와 희망을 줄 것이다."

한살림 선언은 동학사상을 현대적으로 재해석하면서 생명을 하나하나의 개체 생명이 아니라 우주의 생명들의 연결망으로 본다. 산업문명 때문에 위기에 처한 생명을 살리기 위해서는 먹을거리, 사회적 관계망, 정신을 모두 새롭게 바꾸고 살려야 한다는 것이다.

생명사상은 서구의 생태주의 철학은 물론 동학사상, 노장철학, 불교철학과 결합하여 대안적인 사상으로 발전해 왔다. 이러한 사상적 흐름은 귀농운동, 공동체운동, 마을만들기운동, 생협운동, 지역화폐운동 등 다양한 생태적인 대안운동의 발전에 크고 작은 영향을 미쳤다. 이뿐만 아니라 우리 사회에서 산업주의에 대한 대안으로서의 새로운 문화와 가치를 확산시키는 데 중요한 기여를 하고 있다.

사람들의 의식과 생활양식을 바꾸는 일은 매우 중요하다. 사람이 바뀌지 않으면 세상을 바꿀 수 없기 때문이다. 그런 면에서 기존의 인류, 남성, 산업생산, 상품소비 중심의 세계관과 생활양식을 바꾸는 일은 반드시 필요하다. 그러나 개인들의 의식과 생활양식이 아무리 바뀐다 하더라도 산업 자본주의의 구조 자체가 변하지 않으면 우리 인간과 지구 생태계는 그 거대한 쳇바퀴 속에서 빠져나올 수 없을 것이다.

• 정치의 전환 : 정치와 사회구조를 바꾸어야 한다

환경문제를 근원적으로 해결하려면 정치를 통해 사회를 바꾸어야 한다고 보는 사람들은 다양한 담론을 발전시켜 왔다. 어떤 이들은 국가 중심의 위계 체제를 공동체 중심의 사회로 바꾸어야 한다고 주장하고 어떤 이들은 정당을 통해 사회제도와 정책을 바꾸어야 한다고 주장한다.

- 사회생태론(Social ecology) : 자유로운 지역자치로 불평등과 환경파괴를 끝내자

머레이 북친(Murray Bookchin)은 심층 생태론자들이 '자연 대 인간'이라는 틀로 세상을 보면서 인간이 모든 문제의 근원이라고 보는 것을 비판했다. 그는 인류가 발전시켜 온 과학과 이성을 부정하고 낭만주의로 돌아가는 것에 대해서 반대했다. '자연을 이용하기 위해서는 노예, 농노, 노동자라는 형태로 인간을 이용하는 것이 필요하다'는 관념이 오랫동안 지배해 왔다고 그는 본다. 그는 잔혹한 자연이라는 신화가 피착취자에 대한 착취자의 잔혹함을 정당화하기 위해 만들어졌다고 말한다. 그는 인간의 자연 지배는 인간의 인간 지배에 바탕을 두고 있다고 본다. 따라서 환경위기를 근본적으로 극복하기 위해서는 위계적인 지배체제와 국가 체제를 극복하고 자유로운 지역자치(libertarian municipalism)를 실현해야 한다고 주장한다.[9]

오늘날과 같이 국가가 경제와 사회에 중요한 영향을 미치는 세상에서 북친의 주장은 비현실적이라는 비판을 받는다. 그럼에도 자연에 대한 인간의 지배를 멈추기 위해서는 인간에 대한 인간의 지배 문제를 해결해야 하고 지역과 공동체의 자치 역량을 키워야 한다는 그의 주장은 현대인의 상상력을 자극한다.

- 녹색당 : 정치를 바꾸어 환경위기를 극복하자[10]

녹색당은 환경문제를 정치 체제의 변화를 통해 풀고자 하는 하나의 사회, 정치운동이다. 세계 최초의 녹색당은 1972년에 호주와 뉴질랜드에서 결성되었다. 유럽과 호주, 뉴질랜드 등 여러 나라에서 녹색당은 의회에 진출하거나 연립정부의 형태로 집권한 역사를 갖고 있다. 독일 녹색당은 1980년에 창당한 이후로 1983년 총선에서 5.6%의 표를 얻어 연방하원에 진출했

고, 1998년부터 2005년까지는 사회민주당(사민당)과 함께 연립정부를 구성해 집권하기도 했다. 독일 녹색당은 다양한 환경정책을 진전시켰을 뿐만 아니라 2002년에는 원자력 발전을 단계적으로 줄여나가 2021년까지 원전을 완전히 폐쇄한다는 정책을 확정하는 데 성공했다. 2005년에 집권한 메르켈 내각은 2010년에 원전 폐쇄정책을 고쳐 원전가동기간을 늘렸지만, 2011년 후쿠시마 원전 사고로 인해 다시 원전 폐쇄정책을 유지하기로 했다. 한국에서는 후쿠시마 원전사고를 계기로 2012년에 녹색당이 창당되어 활동하고 있다.

환경담론과 지속가능한 사회

우리는 지금까지 환경위기의 특성과 다양한 환경담론들을 살펴보았다. 21세기 현대는 지금까지 지구와 인류가 겪었던 세상과는 완전히 다른 세상이다. 137억 년 우주의 역사 속에서 지구에 태어나 살게 된 인류는 자연에 적응하며 진화해왔다. 그런데 이제 인류의 집단적인 행위가 지구의 생태 시스템을 바꾸는 새로운 시대가 되었다. 그래서 인류세(anthropocene)라는 새로운 지질시대에 이미 진입했다고 보는 학자들도 많다.

이런 상황 속에서 산업주의적인 경제성장이 가능할 뿐만 아니라 바람직하다고 보는 성장주의자들이 여전히 주류를 이루고 있지만 생존주의자들은 지구의 한계를 꾸준히 경고해 왔다. 행정 관료나 전문가, 시장, 시민들에게 맡기면 사회구조를 근본적으로 바꾸지 않아도 환경문제를 해결할 수 있다는 담론들도 널리 퍼져 있다. 1980년대 이후에는 지속가능발전이나 생태적 근대화 담론이 확산되어 지구의 한계 논의를 넘어서 경제성장의 질을 바꾸면 성장과 환경의 조화를 이룰 수 있다는 담론도 인기를 얻었다. 그러나 문제를 좀 더 근본적으로 진단하는 이들은 한편으로 인류가 중심이라는 생각과 풍요만을 추구하는 삶의 양식을 바꾸고 다른 한편으로 경제성장에 몰입하는 정치를 생태적으로 전환해야만 한다고 본다.

현실에서 이런 담론들은 오늘도 우리의 삶에 영향을 미치고 있다. 분명한 것은 우리가 문제의 근본원인을 제대로 진단하고 적절한 해결책을 찾아야만 현 세대와 미래 세대가 좀 더 행복하고 좋은 삶을 살아가며 인간과 자연이 조화를 이룰 수 있다는 점이다. 남에게 맡기거나 자포자기에 빠지지 않고 내가 지금 여기에서 작은 실천을 하고 그 에너지를 다른 이들과 나누어 우리의 사회구조를 마을과 국가, 그리고 지구에서 바꾸어 나갈 때 세상은 좀 더 평화롭게 바뀔 것이다.

1 환경문제의 원인은 매우 다양하다. 환경문제의 구체적이고 직접적인 원인과 구조적인 원인을 구분해 보자.

2 환경문제를 해결하기 위해서 무엇을 어떻게 해야 할지를 이야기해 보자. 개인적으로 할 수 있는 일과 지역, 국가, 지구 차원에서 할 수 있거나 해야 할 일을 나누어서 생각해 보자.

추천 도서

▶ 드라이제크, 존. 정승진 옮김(2005). 『지구환경정치학 담론』. 에코리브르. Dryzek, John S. 2013. The Politics of the Earth: Environmental Discourses. Oxford: Oxford University Press.

▶ 문순홍(2006). 『생태학의 담론』. 아르케.

▶ 장일순(2009). 『나락 한 알 속의 우주』. 녹색평론사.

환경사회학과 환경담론

1 환경문제의 원인으로는 인구증가, 대량생산과 대량소비, 환경을 파괴하는 기술 등을 들수 있다. 환경문제의 사회구조적인 원인으로는 산업혁명 이후 현대의 지배적인 제도로 자리 잡은 산업주의와 자본주의를 들 수 있다.

2 환경사회학은 인간집단으로 이루어진 사회가 자연과 어떤 관계를 맺으며 함께 진화하는 지를 연구하는 학문이다.

3 환경문제는 어떤 관점에서 보는가에 따라 전혀 다른 문제로 인식된다. 환경문제의 현실 을 해석하고 진단할 뿐만 아니라 실천하게 만들어주는 이야기의 묶음을 환경담론이라고 한다.

4 성장주의자들은 인류가 행복과 복지를 누리려면 경제성장을 지속해야 하고 그것이 가능 하다고 본다. 반면에 생존주의자들은 지구는 한계가 있기 때문에 지속적인 성장은 불가 능하다고 주장한다.

5 행정적 합리주의를 지지하는 사람들은 전문가의 역할을 강조하면서, 위계적인 관료제가 효율적으로 환경문제를 해결할 수 있다고 본다. 경제적 합리주의 담론을 지지하는 사람 들은 환경문제를 해결하기 위해서 시장(market)을 이용해야 한다고 본다. 민주적 실용주 의 담론을 지지하는 사람들은 사람들이 환경 문제에 대해 토론하고 숙의(deliberation) 할 때 문제가 더 쉽게 해결된다고 본다.

6 지속가능한 발전 담론의 지지자들은 지구의 한계를 인정하면서 미래 세대와 함께 잘 살 수 있는 발전을 지향한다. 이들은 경제, 환경, 사회 세 축의 균형 잡힌 발전을 추구한다.

생태적 현대화 담론의 지지자들은 기술발전, 사회제도 개혁 등을 통해 경제성장과 환경파괴의 악순환의 고리를 끊을 수 있다고 본다.

7 녹색 급진주의 담론은 생태사회적 의식을 발전시키거나 사회구조를 근본적으로 바꾸어야 환경문제를 해결할 수 있다고 본다. 심층 생태론자들은 모든 생물은 원칙적으로 평등하다고 주장하면서 생태 중심주의 가치를 주창했다. 에코 페미니즘은 환경파괴의 원인을 가부장주의로 보고 여성의 돌봄의 가치를 회복해야 한다고 본다. 한국의 생명사상은 현대의 산업문명을 '죽임의 문명'으로 보고 생명을 살리는 문명으로 전환해야 한다는 담론이다. 사회생태론은 환경문제를 해결하기 위해서는 인간에 대한 인간의 지배, 즉 불평등한 위계제를 극복하고 자유로운 지역자치를 발전시켜야 한다는 담론이다. 세계 여러 곳에서 녹색당과 녹색정치 세력들이 정치를 바꾸어서 환경위기를 극복하려는 활동을 벌이고 있다.

참고문헌

1. 구도완(2012). "환경문제" 『한국사회문제』. 한국방송통신대학교출판부.
2. 포스터, 존 벨라미. 추선영 옮김(2007). 『생태계의 파괴자 자본주의』. 책갈피.
3, 8. 한살림 모임(1990). "한살림 선언". 『한살림』. 한살림.
4. 드라이제크, 존. 정승진 옮김(2005). 『지구환경정치학 담론』. 에코리브르.
5. Hardin, G(1968). "The Tragedy of the Commons" Science. 162 (3859): 1243-1248.
6. 메도즈, 도넬라 H. 외. 김병순 옮김(2012). 『성장의 한계: 30주년 기념 개정판』. 갈라파고스.
7. Naess, Arne(1973). "The Shallow and the Deep, Long-range Ecology Movement: A Summary" Inquiry 16: 95-100.
9. 북친, 머레이. 박홍규 옮김(1998). 『사회생태주의란 무엇인가』. 민음사.
10. 대화문화아카데미 바람과물연구소(2013). 『녹색당과 녹색정치』. 아르케.

3

—

환경운동과 녹색국가

환경운동이란 무엇인가?

환경이 오염되면 모든 생명은 아프기 마련이다. 환경문제가 생기면 사람들은 환경을 되살리기 위해 서로 힘을 합치기도 하고, 오염을 일으킨 가해자들을 찾아 책임을 묻기도 한다. 그런데 말 못하는 인간 이외의 생물들은 속수무책으로 고통을 받아들이다가 죽음을 맞거나 멸종위기에 처하기도 하고 끝내 멸종에 이르기도 한다. 환경문제가 생기면 사람들은 자기들의 생명과 건강을 지키기 위해 일어나거나 아직 태어나지 않은 미래 세대와 말 못하는 자연을 위해 함께 힘을 합치기도 한다. 이와 같이 환경문제를 해결하기 위해 사람들이 함께 모여 지속적으로 벌이는 활동이 바로 환경운동이다.

현대적인 환경문제에 대응하기 위한 환경운동은 1950년대 이후 일어나기 시작했다. 일본에서는 1950년대 큐슈 구마모토 현에 있는 미나마타라는 작은 어촌 마을에서 미나마타병이라는 괴질이 발생하면서 사람들이 환경문제의 심각성을 인식하기 시작했다. 신일본질소라는 공장은 수은이 함유된 폐수를 오랫동안 바다로 배출했는데, 그 수은이 농축된 물고기를 먹은 사람들이 중추신경계에 심각한 문제를 일으키는 괴질에 걸리게 되었다. 수백 명의 사람들이 이 병으로 사망했고 수천 명의 환자가 발생했다. 1959년 구마모토 대학 의대는 이 병이 수은 때문이라고 발표했지만 정부는 1968년에 가서야 이를 인정했고 이 때문에 환자의 수는 더욱 늘어났다. 일본에서는 미나마타병을 비롯하여, 여러 가지 공해병이 발생했고 이 때문에 1960년대에 환경운동이 활발히 일어났다.

미국에서는 1962년 레이첼 카슨(Rachel Carson)이 쓴 『침묵의 봄(Silent Spring)』이라는 책이 출판된 뒤, 환경운동이 크게 활발해졌다. 카슨은 이 책에서 당시에 해충을 구제하는 놀라운 화학물질로 여겨졌던 DDT가 자연생태계를 오염시켜 새가 울지 않는 '침묵의 봄'이 올 것이라고 경고했다. 1970년 4월에는 미국 전역에서 '지구의 날' 행사가 열려 시민들이 거리로 나와 지구를 지키자는 캠페인을 벌이기도 했다.

우리나라에서는 1960년대 공업화가 급속히 진행되면서 대기와 수질 등 환경오염이 심각해졌고, 이에 따라 환경운동이 일어나기 시작했다. 1967년부터 울산에서는 대기오염으로 인한 농작물 피해가 잇달아 일어나 울산 삼산평야의 농민들이 집단적으로 오염공장으로 몰려가 피해보상을 요구했다. 1970년대 말에는 전남 여천군 낙포리에서 남해화학으로 인한 농작물 피해가 발생하자 농민들은 피해보상과 이주 대책을 요구하기도 했다. 1985년에는 경남 온산 지역에서 중금속 오염으로 인한 '온산병'이 집단으로 발병했다는 주장이 제기되어 큰 사회문제가 되었다. 이렇게 공단 주변지역에서 산발적으로 일어나던 환경운동은 1987년 민주화 이후 급속히 발전했다.[1]

한국 환경운동

우리나라 환경운동은 공해 피해에 대한 주민운동에서 시작해서 반공해운동(공해추방운동)으로 발전했다가 오늘날 시민 환경운동과 생태적 대안운동으로 다양하게 전개되고 있다. 우리나라에서 환경운동이 어떻게 발전해 왔는지 살펴본 후 앞으로 우리가 무엇을 어떻게 해야 할지 생각해 보자.

1) 반공해운동: 민중의 삶을 해치는 공해를 추방하자

• 1960년대 이후 공업화와 환경문제

1961년 5.16 쿠데타로 집권한 국가재건최고회의 박정희 의장은 1962년 2월 3일, 울산공업단지 기공식에서 "공업 생산의 검은 연기가 대기 속에 뻗어 나가는 그날엔 국가 민족의 희망과 발전이 눈앞에 도래하였음을 알 수 있는 것입니다."라고 연설했다. 이 연설문은 지금도 울산 공업탑에 새겨져 있다. 이렇게 정부가 강력하게 공업화를 추진하면서 공단 주변의 공기와 물이 오염되고 농작물이 죽고 사람들이 병드는 일이 일어나기 시작했다.

• 반공해운동조직

공업화로 인한 환경문제가 이곳저곳에서 일어나자 피해주민들은 피해보상이나 이주를 요구하였지만, 그들의 요구가 어느 정도 해결되면 다시 삶의 현장으로 돌아가곤 했다. 그러나 1980년대 이후 반공해운동조직이 생기면서 이전과는 달리 지속적이고 전문적인 환경운동이 발전하기 시작했다. 1982년에 진보적인 기독교 성직자들을 중심으로 만들어진 한국공해문제연구소(공문연)는 공해문제를 전문적으로 연구하고 이를 해결하기 위한 운동을 벌인 우리나라 최초의 전문 환경운동조직이다. 이 연구소는 환경문제에 대

교육실천가를 위한 사회환경교육론 1

한 연구, 조사, 교육 등의 활동을 벌이며 '공해'에 대한 사람들의 인식변화와 피해자들에 대한 지원을 위해 노력했다.

이 시기에는 환경문제라는 말보다 공해라는 말이 더 많이 쓰였다. 이 당시 반공해운동 또는 공해추방운동을 벌이던 사람들은 공해라는 말을 쓰면 가해자(오염자)와 피해자의 구분이 분명히 드러나지만, 환경이라는 말을 쓰면 가해자의 책임이 모호해진다고 생각했다. 그러나 1990년대 들어서면서 '환경문제를 해결하기 위해서는 우리 모두 생활양식을 바꾸어야 한다.'는 생각으로 바뀌게 되었고 이와 함께 환경이라는 말이 더 널리 쓰이게 되었다.

1986년에는 크리스천 아카데미(현재 대화문화 아카데미) 등에서 사회문제와 공해문제를 공부한 서진옥을 비롯한 주부들이 생활 속에서 스스로 환경문제를 해결하기 위해 공해반대시민운동협의회(공민협)를 만들었다. 다른 한편 1980년대 대학을 다니던 청년들 중에는 공해문제의 원인을 경제적 독점, 정치적 억압과 분단에서 찾고 민중이 중심이 되는 민주화를 통해서만 이 문제를 해결할 수 있다고 보는 이들이 적지 않았다. 이들은 1987년 공해추방운동청년협의회(공청협)를 만들어 본격적으로 활동하기 시작했다. 1988년에는 공민협과 공청협, 그리고 공해문제연구소에서 일하던 최열 등이 모여 새롭게 공해추방운동연합(공추련)이라는 단체를 창립했다. 공추련은 1993년에 환경운동연합으로 확대하여 재창립할 때까지 우리나라에서 환경문제를 대중에게 알리고, 피해자들을 돕기 위해 많은 일을 했다.

• 온산병

반공해운동의 대표적인 사례는 1985년에 전국적인 사회문제로 관심을 모은 온산병 사건이다. 울산 공단의 남쪽에 있는 온산에는 1970년대 중반부터 비철금속을 주축으로 하는 공단이 조성되기 시작했다. 그런데 이 공단은 주민들을 모두 이주시키지 않은 채, 집이나 학교 바로 옆에 공장을 짓는 식으로 조성되었다. 1978년부터 공장이 가동되기 시작하자 1982년부터 어업피해가 발생하기 시작했고, 신경통, 피부병 등의 증세를 호소하는 환자들이 집단적으로 발생하기 시작했다. 주민들은 피해보상과 집단이주를 지속적으로 요구하며 주민운동을 벌였으나 이들의 요구는 제대로 받아들여지지 않았다. 그러던 중 1985년 1월에 한국일보와 동아일보에 "온산 공단 주변 주민 5백여 명 이타이이타이병 증세"라는 제목의 기사가 크게 실리게 되었다. 공문연은 이 기사가 보도되는 데 크게 기여했고 이후 주민들을 지원하며 정부의 적극적인 조사와 대책을 요구하는 활동을 벌여나갔다. 정부는 그해 4월 '이 병이 공해병은 아니지만 주민 요구에 따라 집단이주를 추진한다.'고 발표했다. 결국 온산병 환자들은 뿔뿔이 흩어져 피해자 조직도 만들어지지 않았고, 병의 원인도 규명되지 않았다.

이 운동은 공해 피해를 입은 주민들이 주체가 되고 전문 환경운동조직이 이들을 지원하여 전국적인 관심을 모은 운동사례이다. 비록 정책의 변화를 이끌어내지는 못했지만 우리나라에도 공해병이 발생할 수 있다는 경각심을 불러 일으켰다는 점에서 이후의 환경정책과 운동의 발전에 기여했다고 평가할 수 있다.

2) 시민환경운동: 시민이 힘을 모아 환경문제를 해결하자

- 흐름과 특성

1987년 민주화운동에 성공한 후 사람들은 정치적 억압을 이겨내고 자유롭게 자신의 생각을 말하며 정치와 사회의 주인 노릇을 할 수 있다는 자신감을 갖게 되었다. 억눌려 있던 목소리와 욕구는 노동운동, 농민운동, 그리고 시민운동으로 폭발하게 되었다. 민주화의 과정은 매우 느리고, 고통스러

윘으며 전진과 후퇴가 반복되었지만, 이 과정에서 새롭게 등장한 시민운동 단체들은 좀 더 자유롭고 공평하며 자연과 조화로운 세상을 만들기 위해 노력했다.

이런 흐름 속에서 환경오염 피해자들을 지원하며 자연을 지키기 위한 시민환경운동조직들이 1990년대 이후 생겨나기 시작했다. 1993년에는 공추련과 지역의 7개 반공해운동조직들이 연합해서 환경운동연합을 창립했고, 1994년에는 배달환경연구소와 푸른 한반도 되찾기 시민의 모임, 대한녹색당 창당준비위원회가 연합해서 녹색연합을 창립했다.

시민환경운동 단체들은 공개적으로 회원들을 모집하고 이들의 힘을 바탕으로 언론을 이용하여 시민들의 여론을 움직이고 이를 통해 정부와 기업의 정책과 시민들의 생활양식을 바꾸는 운동을 벌이기 시작했다. 정치적으로 자유로워진 상황에서 환경문제라는 이슈를 중심으로 활동하는 현실적인 환경운동이 자리 잡게 되었다.

시민환경운동단체들은 1992년 브라질 리우 데 자네이루에서 열린 유엔환경개발회의에서 채택된 '지속가능한 발전'이라는 담론을 적극적으로 사용하고, 자연, 녹색과 같은 담론도 즐겨 쓰기 시작했다. 이념적으로 시민환경운동은 평등을 위한 급진적 변혁이 아니라 현실의 제도적 틀을 개혁하면서 환경적으로 지속가능한 사회를 만드는 방향을 지향하고 있다.[2]

• 주요 활동과 사례

시민환경운동은 다양한 이슈를 제기하고 이에 대한 운동을 벌여 왔다. 첫째 수질오염, 대기오염, 폐기물 등 생활환경 개선운동, 둘째 갯벌, 산 등 생물의 서식지와 야생 동식물을 보호하기 위한 자연환경 보전운동, 셋째 기후변화와 같은 전 지구적인 환경문제를 해결하기 위한 시민교육, 시민참여, 정책개혁 활동, 넷째 원자력발전을 중단하고 재생가능 에너지를 늘리기 위한 에너지 전환운동, 다섯째 국가의 정책, 계획, 입법에 대한 감시와 대안 제시 활동 등이 시민환경운동의 주된 운동 분야다.[3]

　이런 다양한 활동 가운데 눈에 띄는 것은 정부가 주도한 대형 개발 사업에 대한 반대운동이다. 우리나라는 1960년대 이후 국가 주도로 급속한 경제성장을 추진하는 과정에서 도로, 철도, 댐, 간척, 하천 개발 등을 통해 국토를 개조하는 데 많은 자원을 투입했다. 1980년대까지는 환경에 대한 낮은 인식과 정치적 억압 때문에 이에 대한 반대운동이 잘 조직되지 않았지만 1990년대 이후에는 그렇지 않았다. 예를 들면 1990년에는 안면도, 1994년에는 굴업도, 2003년과 2004년에는 부안에서 핵 폐기장 반대운동이 격렬하게 일어났다. 이 운동들은 원자력 발전의 위험에서 벗어나 좀 더 안전하고 지속가능한 사회를 만들기 위해 지역주민과 시민환경운동조직들이 힘을 합친 운동이다.

　이외에도 동강댐 반대운동, 새만금 간척사업 반대운동, 4대강사업 반대운동 등 정부의 대규모 토목사업에 대한 반대운동들을 통해 자연에 기대어 사는 농민과 어민은 물론 미래 세대와 인간 이외의 생명을 지키기 위해 많은 사람들이 노력해 왔다. 이런 운동들은 동강댐 반대운동을 제외하고는 운동의 직접적인 목표를 이루는 데는 실패했지만, 사람들이 자연의 소중함을 인식할 수 있도록 하는 데에는 성공했다고 평가할 수 있다.

3) 생태적 대안운동: 사람과 자연을 함께 살리는 다른 삶을 살아보자

　• 흐름과 특성

　환경문제는 잘못된 정치나 정책 때문에 생긴 것이기 때문에 이것들을 환경친화적으로 개혁하면 해결될 것이라고 보는 사람들이 적지 않다. 우리가 앞에서 본 '문제해결' 담론의 지지자들이 그런 사람들이다. 그런데 환경문제는 이보다 더 근본적인 문제이기 때문에 우리의 삶의 방식과 공업 중심의 문명을 바꾸지 않으면 안 된다고 보는 이들이 있다. 우리나라에서는 1980년대 이후 이런 움직임이 점점 큰 흐름을 이루어가고 있다. 이런 흐름은 생명운동, 협동운동, 생명평화운동, 마을만들기운동, 공동체운동 등 다양한 형태로 발전해 왔다. 이런 흐름들은 자연과 조화를 이루면서 국가, 자본, 산업 중심의 체계를 넘어서려는 목표를 지향하므로 '생태적 대안운동'이라고 부를 수 있다.

• 한살림

생태적 대안운동은 1970년대 말부터 원주에서 싹튼 생명운동에서 시작되었다고 볼 수 있다. 원주에서 민주화운동을 지원하며 이끌던 장일순과 그를 존경하던 박재일, 김지하 등은 민주화운동도 중요하지만 사람과 자연을 살리는 운동, 생명을 살리는 운동을 해야 한다는 인식을 1980년 전후부터 갖기 시작했다. 이들은 농약에 찌든 땅과 농민을 살리기 위해서는 유기농산물을 생산하고 이를 도시인들에게 직접 공급해서 농민과 도시인 모두를 살려야 한다고 생각했다. 이런 생각으로 박재일과 그 동료들은 1985년에 원주 소비자협동조합을 만들었고, 1986년에는 서울 제기동에 '한살림농산'이라는 쌀가게를 열었다. 이것이 오늘날 60만 조합원이 활동하고 있는 한살림 생협의 시작이다. 1989년에는 장일순, 김지하, 최혜성, 김민기 등이 참여한 한살림 모임이 한살림 선언이라는 역사적인 문건을 발표했다. 한살림 선언은 산업문명에 기초한 기계론적 세계관이 생명 소외와 환경오염을 일으키는 죽음의 틀이라고 규정하고 생명의 본래 질서를 회복해야 한다고 주장했다.

한살림은 먹을거리 오염에 대한 사람들의 불안이 높아지는 상황에서 믿을 수 있는 농산물을 공급할 뿐만 아니라 상호부조의 정신과 문화를 만들어 내는 생명운동의 성공 사례라고 할 수 있다. 한살림은 2011년 후쿠시마 원전 사고 이후에는 원자력발전에 반대하는 탈핵운동에도 적극 참여하고 있다.

• 마을에서 세상을 바꾸는 사람들: 홍성군 홍동면과 원주 사례
우리나라는 국가와 대기업의 힘이 매우 커서 이들로부터 독립해 생태적이며 지속가능한 삶을 살아가기가 매우 어렵다. 특히 1997년 금융위기 이후에는 사회운동의 힘이 약해지고, 기업의 영향력이 매우 커져서 국가와 기업의 테두리 안에 있는 사람들 가운데 일부는 삶이 나아졌지만 많은 사람들은 경쟁과 불안, 실업으로 고통 받고 있다. 고용 없는 성장 혹은 저성장이 구조화된 상황에서 정부와 기업은 환경을 파괴해서라도 경제성장률을 끌어 올려 사람들의 불만을 잠재우려고 하고 있다. 이런 상황에서 경제성장과 경제적 풍요만을 위해 질주하는 산업 자본주의와는 다른 생태적 대안을 모색하는 이들이 늘어나고 있다.

충남 홍성군 홍동면에는 문당리 사람들을 중심으로 지역에서 환경친화적으로 농사를 지으며 지속가능한 삶을 살아가는 사람들이 늘어나고 있다. 지역을 살리는 일꾼을 키워온 풀무학교 졸업생들과 대안적인 삶을 찾아 농촌으로 내려온 사람들이 힘을 합쳐 개방적이면서 생태적, 경제적으로 지속가능한 공동체를 만드는 실험을 계속하고 있다.

앞에서 보았듯이 원주에서는 사람들의 협동을 통해 호혜적인 삶을 되살리려는 운동이 꾸준히 발전해 왔다. 원주 협동 운동은 1965년 천주교 원주교구가 만들어진 이듬해인 1966년으로 거슬러 올라간다. 원주교구의 초대교구장인 지학순 주교와 장일순은 고리대금으로부터 농민들과 영세 상인들

을 보호하고 자본주의 모순 속에서 사람답게 사는 공동체를 만들고자 하는데 뜻을 같이했고, 이는 1972년 원주밝음신용협동조합의 창립으로 이어졌다. 이 시기 장일순을 비롯한 협동조합 운동가들은 남한강 대홍수 재해대책 사업을 이끌었고, 저임금 고물가 구조에 시달리는 광산지역 노동자를 위한 신용협동조합 운동과 소비자협동조합 운동을 전개하며 협동조합 운동을 강원 권역으로 확대했다. 이러한 경험들은 지역민들에게 협동조합 운동에 대한 신뢰를 심어주어 이후에 원주에서 협동조합 운동이 대중화될 수 있게 하는 기반이 되었다.

1980년대 이후 새로운 형태의 운동을 모색하던 원주의 운동가들은 '생명'과 '살림'이라는 근본적인 문제에 관심을 집중했고, 구체적인 운동 형태로 유기농산물 직거래 활동을 하는 협동조합 운동을 모색하기 시작했다.[4] 이것이 앞에서 본 한살림으로 발전했다. 1990년대 말부터 2000년대 초에 걸쳐 젊은 운동가들이 지역에서 활동을 시작하면서 협동조합 간의 협동을 통해 지역을 새롭게 바꾸어내자는 논의가 활발하게 이루어졌다. 이들은 개별 협동조합이 벽을 치고 자기조직만을 위해서 일을 하면 기업과 크게 다르지 않으며, 외부의 위기에 대처하기 위해서도 개별 협동조합 차원의 대응을 넘어 협동조합들 간의 연대가 필요하다는 생각을 하게 되었다. 이렇게 하여 2002년 협동조합들 간의 협력으로 원주의료생협이 만들어졌다. 이런 힘을 바탕으로 2003년 6월 원주밝음신협, 원주한살림, 원주생협 등 8개의 단체들이 모여 '원주협동조합운동협의회'를 창립하였다. 2009년 7월, 협동조합 운동협의회는 협동조합뿐 아니라 지역의 다양한 사회적 경제 조직들을 포괄하고자 '원주협동사회경제네트워크'로 명칭을 변경하였다. 이후 원주의 다양한 사회적 경제 조직들은 협동사회경제네트워크를 중심으로 '협동조합 지역사회'를 장기적 목표로 내걸고 협력하고 있다.

4) 환경운동의 영향: 환경운동은 무엇을 바꾸었나?

환경운동은 우리 사회에 어떤 영향을 미쳤을까? 환경운동이 발전한 덕분에 환경문제는 개선되었을까? 만약 환경운동이 매우 성공적이어서 환경문제가 개선되어 환경운동단체들이 할 일이 없어졌다면 이보다 좋은 일이 또 있겠는가? 그럼 여기에서 환경운동의 영향을 살펴보자.

첫째, 환경은 개선되었는가? 우리나라 환경의 질은 일부 개선되었지만 대기질, 수질, 원자력발전, 기후변화 등 여러 가지 문제들이 여전히 매우 심각한 수준이다. 예를 들면 김대중 정부 시대에 시작한 천연가스 버스 보급 사업으로 대도시의 대기질이 다소 개선되는 경향을 보이지만, 미세먼지와 초미세먼지와 같은 오염물질이 여전히 호흡기 건강을 위협하고 있다. 가습기 살균제로 인한 사망 사고, 석면 오염 문제, 4대강사업으로 인한 녹조 문제 등 다양한 환경문제가 발생했다. 이뿐만 아니라 우리나라의 온실가스 배출 증가세는 꺾이지 않고 있으며, 기후변화로 인한 가뭄과 홍수의 빈발과 기온 상승 문제가 우리의 안전을 위협하고 있다. 요약하면 경제성장에 따른 환경투자의 증가와 환경정책의 개선으로 일부 환경문제는 나아졌지만, 4대강사업, 새만금사업 등 자연생태계를 파괴하는 사업과 산업 성장 중심의 경제정책으로 인해 우리의 환경 상태는 매우 위험한 상황에 있다.

둘째, 환경운동은 우리 사회의 민주주의 발전에 기여했는가? 환경운동은 정부나 기업이 의사결정을 할 때 환경을 고려하고 시민들의 참여를 허용하는 방향으로 전환하는 데 기여했다. 1987년 이후 2000년대 초에 이르는 시기 동안 시민환경운동은 회원 수, 회비수입 등이 증가하는 경향을 보였다. 이런 과정 속에서 1991년의 낙동강 페놀오염사고, 1992년의 리우 환경 회의 같은 사건을 경험한 정부와 기업은 환경문제를 해결하는 과정에서 시민사회단체의 참여를 확대했다.

교육실천가를 위한 사회환경교육론 1

셋째로, 정부의 정책은 환경친화적으로 개선되었는가? 1990년대부터 2000년대 초에 이르는 시기 동안 정부는 쓰레기 종량제, 수질보전을 위한 수변구역, 오염총량관리제도, 물 수요관리정책, 수도권 대기오염대책 등 사전예방적인 환경정책을 수립하고 집행했다. 그러나 이런 개선에도 경제성장에 제약을 줄 수 있는 환경정책들은 '규제완화'라는 이름으로 지속적으로 약화되었다.

넷째로, 사람들의 환경의식은 어떻게 바뀌었을까? 환경문제를 매우 심각하게 생각하는 사람의 비율은 1982년 17.2%에서 1992년 27.3%로 높아졌고, 1997년 42.2%까지 높아졌다가 2000년 37.2%로 다소 낮아지고 2008년 조사에서는 15.9%로 떨어졌다.[5] 환경보호와 경제성장 가운데 무엇을 우선해야 하는가 하는 질문에 대해 환경보호를 우선해야 한다는 사람의 비율은 1987년에 2.8%였으나 1992년에는 51.5%로 올라갔다가 2006년에는 32.0%로 다소 떨어졌다.

이런 자료들을 보면 1980년대에는 환경의식이 낮았지만 1990년대 들어 매우 높아졌다가 2000년대 들어 낮아지는 경향을 알 수 있다. 1997년 경제위기 이후 일자리가 줄어들고 경제성장률이 낮아지는 상황에서 사람들은 환경문제를 여전히 중요하게 생각하지만 그에 대한 관심은 줄어들고 있다고 해석할 수 있다.

환경운동은 이런 의식의 흐름 속에서 1990년대 크게 발전했다가 2000년대 중반 이후 그 영향력이 다소 약화되었다. 환경운동은 여러 환경 이슈를 대중매체를 통해 적극적으로 제기하면서 시민들이 환경문제에 대해 인식하고 지속적인 관심을 유지하는 데 기여했다고 평가할 수 있다.

다섯째, 환경운동은 한국 시민사회의 형성과 발전에 어떤 영향을 미쳤을까? 환경운동연합, 녹색연합, 한살림 등 시민환경운동과 생태적 대안운동

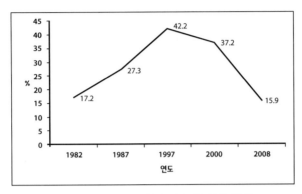

그림1. 환경의식의 변화: '환경문제가 매우 심각' 비율.[6,7]

조직들은 창립 후 20여 년이 지나는 동안 지속적으로 후원하고 참여하는 시민들이나 조합원의 힘을 바탕으로 독립적인 시민사회를 형성하게 되었다. 1987년 민주화 이후 우리 사회에 이런 조직들이 시민들의 지지를 받으며 지속적으로 환경운동을 벌이고 있다는 사실 자체가 중요한 사회적 성과라고 볼 수 있다. 이런 조직들이 오랫동안 활동하면서 조직 자체의 토대가 튼튼해졌을 뿐만 아니라 여기서 활동한 운동가들이 전문성을 갖고 우리 사회에서 환경과 생명을 살리기 위한 다양한 운동을 하고 있다.

종합적으로 볼 때, 환경운동은 사람들의 환경의식을 높이고 유지시키는데 기여했을 뿐만 아니라 자연에 대한 관점과 인식을 변화시켰다. 정치와 정책과정을 민주화하는 데에도 중요한 역할을 했다. 이런 상황에서 지역에서 독립적이고 자립적인 공동체를 만드는 다양한 실험을 하고 있는 생태적 대안운동도 발전하고 있다. 이 움직임은 우리 사회의 다양성과 지속가능성을 높이는 데 중요한 기여를 하고 있지만 사회구조 전체를 정의롭고 지속가능한 사회로 만들기 위해서는 새로운 상상력과 지도력을 키워나가야 할 것이다.

녹색국가

사람들은 누구나 좋은 환경 속에서 서로 사이좋게 잘 살기를 바랄뿐만 아니라 후손들도 그런 삶을 살 수 있기를 꿈꾼다. 앞에서 본 환경운동은 그런 사회를 만들기 위해 사람들이 힘을 합쳐 벌이는 활동이다. 그러면 인간이 자연과 공존하면서 차별 없이 살 수 있는 국가는 어떤 국가이며 이는 어떻게 만들 수 있을까? 이 문제의 해답을 찾기 위해 녹색국가에 대해 이야기해 보자.

1) 녹색국가란 무엇인가?

국가의 임무는 크게 두 가지로 나눌 수 있다. 우선 국가는 다른 나라 혹은 테러집단이 국민의 생명을 위협하면 이를 물리치고 국경과 국민의 생명을 지켜야 할 책무가 있다. 다른 한편 국가는 국민들이 행복하게 복지를 누릴 수 있도록 해야 한다. 국민 가운데 몸이 약하거나 능력이 부족한 사람들을 도와줘서 누구나 공평한 기회를 가지도록 해야 하며 공평한 복지도 누릴 수 있도록 해야 한다. 국민의 행복과 복지를 높이기 위해서는 공동의 자원인 자연을 누군가가 오염시키거나 파괴하지 않도록 잘 관리하는 일도 국가가 해야 할 중요한 책무이다. 그런데 오늘날 많은 국가는 경제성장을 최우선의 국가목표로 삼고 있기 때문에 이러한 책무보다는 환경과 국민의 삶을 파괴해서라도 경제성장을 하는 데 모든 힘을 쏟고 있다. 경제성장을 하지 않으면 다른 나라에 뒤쳐져서 일자리가 없어지고 더욱 가난해진다고 이들은 말한다. 이러한 생각이 주류가 되면서 빈부 격차와 환경파괴는 지구 전체로 확산되었다.

환경운동은 이러한 경제성장과 산업 중심, 국가 중심의 세상을 사람들이 자연과 조화롭게 잘 사는 세상으로 바꾸려는 운동이다. 이렇게 바꾸기 위해서는 기업과 국가, 시민사회를 환경친화적이면서 민주적으로 바꾸는 것이 필요하다. 이 세 영역 가운데 국가의 기능과 역할은 매우 중요하다. 왜냐하면 현대의 국가는 물리력을 독점하고 있으며 공평한 복지를 위해 자원을 재분배하는 중요한 역할을 맡고 있기 때문이다.

우리가 자연과 조화를 이루면서 좀 더 좋은 삶을 살기 위해서는 국가를 개혁하는 일이 매우 중요하다. 배타적이고 권위주의적인 권력 구조를 갖고 환경을 파괴하면서 경제성장을 추구하는 국가와 달리 생태적으로 지속가능하면서 민주적인 국가를 녹색국가라고 부를 수 있다. 어떤 이들은 환경친화적인 정책을 추진하는 국가를 녹색국가라고 부르지만 민주주의를 무시하는 국가는 녹색국가라 할 수 없다. 왜냐하면 어떤 국가가 환경보호를 명분으로 삼아서 가난하고 힘없는 이들을 억압하고 불평등을 온존시키거나 정당화하며 권위주의를 강화한다면 그것은 정의롭지도 지속가능하지도 않으며 자연친화적인 '녹색'의 이미지와도 맞지 않기 때문이다.

2) 생태민주주의: 자연과 미래 세대도 함께 잘 사는 세상을 만들자

녹색국가는 다른 말로 생태민주주의를 발전시키는 국가라고 할 수 있다. 생태민주주의는 현 세대 인간만을 중시하는 것이 아니라 미래 세대와 인간 이외의 생명도 고려하면서 현 세대 사람들이 잘 살 수 있도록 만드는 정치적 과정이라고 정의할 수 있다. 달리 말하면 지금 우리만 잘 사는 것이 아니라 우리의 후손과 자연도 잘 살 수 있는 세상을 만드는 정치가 생태민주주의다. 예를 들면 원자력발전소를 지으면 30~40년 동안 전기를 생산한 후 폐쇄해야 한다. 현 세대 인간들은 전기를 쓰는 편익을 보지만 우리 후손들은 전기도 쓰지 않고 수만 년 동안 고준위 핵폐기물을 관리해야 한다. 그런데 이들은 원전을 지을 때 아직 태어나지도 않아서 의사결정 과정에 참여하지도 못했다. 새만금 사업으로 인해 죽은 갯벌의 생물들은 자신들의 생존을 위협하는 사업에 대해 아무런 말을 하지 못했다. 이런 문제를 해결하기 위해서는 미래 세대나 비인간존재의 권리를 고려하며 이들의 목소리를 대변할 수 있는 사람들이 정책을 결정하는 과정에 참여하는 것이 필요하다.

우리나라에서는 동강댐 백지화를 결정할 때 김대중 정부에서 민관이 합동으로 조사단을 꾸렸는데, 여기에 많은 전문가들이 참여하여 동강댐을 건설할 경우의 편익과 생태계의 피해에 대해 토론했다. 김대중 정부는 이 조사단의 평가를 바탕으로, 미래 세대의 권리와 자연을 보호하기 위해 동강댐을 백지화하기로 결정했다.

그러면 지구상에 어떤 나라들이 생태민주주의를 발전시키고 있는가? 스웨덴, 노르웨이, 핀란드 등의 북유럽 국가와 네덜란드, 독일, 스위스 등의 국가들은 높은 삶의 질을 유지하면서 환경을 잘 보전하며 민주주의를 발전시키고 있는 국가들로 평가받고 있다. 이들 국가들은 정책 과정에 시민들의 참여를 보장하고 재생가능에너지의 비율을 높이며 환경오염 행위에 대해서는 세금을 많이 물리고 환경보전 행위에 대해서는 보조금을 주는 정책을 추진하고 있다. 이런 나라들의 강력한 환경보호 세력들의 힘을 바탕으로 EU는 세계적인 기후변화정책을 추진하는 리더로서 중요한 역할을 하고 있다.

3) 세계시민주의(코스모폴리탄주의): 세계 모든 사람들이 평화롭게 함께 사는 세상

만약 생태민주주의 국가들이 자국의 환경보호에만 적극적이고 다른 나라 환경은 마구 오염시킨다면 어떻게 될까? 오늘날 기후변화와 핵의 위험이 지구적으로 확산되는 시대에 이런 국가주의적인 정책은 성공하기 어렵다. 왜냐하면 경제와 환경이 지구 전체적으로 연결되어 있어서 환경위험이 국경과 관계없이 확산되기 때문이다. 중국의 황사와 미세먼지는 하루 이틀 뒤 한국과 일본으로 넘어온다.

이 때문에 자국의 환경은 보호하면서 공해를 해외로 수출하고 상품만 수입하는 전략은 성공하기 어렵다. 이웃은 오염시키면서 우리만 잘 살자고 하는 것은 도덕적으로도 올바르지 못하다. 1974년 일본의 청년들은 일본의 공해공장을 한국으로 수출하려는 데 반대하며 공해수출 반대운동을 지속적으로 벌였다. 이들은 '공해를 도피시키지 말라!'는 구호를 내걸고 1년 가까이 일본화학에 반대하는 운동을 벌였다. 이 운동이 언론에 보도되면서 일본화학이 불법으로 폐수를 유출하여 자국의 환경을 오염시켰다는 사실이 사회문제로 부각되기도 했다. 이 운동으로 인해 그 공장에서 일하던 노동자들은 자신감을 갖고 피해자운동을 조직하기도 했다. 와다 하루키는 이 사례를 평가하면서 '이웃을 돕는 일이 결국은 자기를 돕는 일'이라고 평가했다. 환경오염의 위험이 지구화된 시대에 우리는 지구인 전체가 이웃이라는 생각을 갖고 세계시민주의, 코스모폴리탄주의를 발전시켜야 한다.[8]

4) 무엇을 어떻게 할 것인가?

우리는 지금까지 우리나라 환경운동의 흐름과 녹색국가, 생태민주주의에 대해 생각해 보았다. 앞으로의 세계는 경제적으로는 부채경제의 위험 속에서 저성장과 마이너스 성장이 일상화되고, 기후변화와 같은 지구적 환경위험과 국지적 오염이 지속될 것이다. 이렇게 경제적, 환경적 위험이 일상화될수록 세계시민주의는 후퇴하고 다른 민족과 국가에 대한 적대감이 높아져 군국주의가 강해질 우려가 커지고 있다. 이런 상황에서는 민주주의는 후퇴하고 생태주의는 뒷전으로 밀려날 가능성이 크다.

현대의 인류는 놀라운 기술발전으로 인류가 함께 번영을 누릴만한 풍요를 만들어내는 데 성공했다. 그러나 우리 모두가 공동체와 연결되어 있다는 유기적인 소속감을 잃어버리고 개인주의, 소비주의, 이기주의에 매몰되거나 자기 민족, 자기 국가만이 옳다는 국수주의에 빠진 사람들이 적지 않다.

이런 어두운 상황 속에서도 우리는 산업문명이 오늘처럼 발전하기 이전에 사람들은 어떻게 살았을까 상상해 보는 것이 필요하다. 역사적, 인류학적 연구에 의하면, 많은 사람들은 물질적으로 부족했지만 서로가 연결되어 있으며 커다란 유기적 공동체의 한 부분으로서 소속감과 안정감을 느끼며 살았다. 이제 우리는 발전한 기술을 불평등과 환경파괴의 도구로 쓰는 것이 아니라 인류와 모든 생명의 자유로운 발전, 정의롭고 지속가능한 사회를 만드는 도구로 쓰는 것이 필요하다. 인류는 그런 사회를 만들 수 있는 잠재적인 힘을 갖고 있다. 경제성장과 공업발전이 지구 환경과 자원의 한계로 인해 더 이상 어렵다면 우리는 이제 새로운 사회, 새로운 문화를 만들어가야 할 것이다. 그런 비전은 지금 여기에서 나의 삶과 생각을 바꾸는 데에서 실현되기 시작할 것이다.

1 환경문제를 해결하기 위해서는 정부와 기업의 정책을 개선하는 것도 중요하지만 시민들의 생활을 바꾸는 것도 중요하다. 생활 속의 환경운동에는 어떤 것들이 있고, 이 운동의 강점과 한계는 무엇일까?

2 경제적 침체가 장기화되는 상황에서는 사람들이 일자리를 중시하고 환경파괴를 용인하며 외국인을 배척하는 움직임이 자주 일어난다. 이런 상황에서 지구적인 환경문제를 해결하기 위해서 어떻게 환경운동을 추진해야 할까?

추천 도서

▶ 구도완(1996). 『한국 환경운동의 사회학』. 문학과지성사.
▶ 구도완(2009). 『마을에서 세상을 바꾸는 사람들』. 창비.
▶ 한국환경사회학회 편(2013). 『환경운동과 생활세계』. 한울아카데미.

환경운동과 녹색국가

1 환경운동이란 환경문제를 해결하기 위해 사람들이 함께 모여 지속적으로 벌이는 활동이다.

2 우리나라 환경운동은 공해 피해에 대한 주민운동에서 시작해서 반공해운동(공해추방운동)으로 발전했다가 오늘날 시민환경운동과 생태적 대안운동으로 다양하게 전개되고 있다.

3 1980년대 이후 공해로 인해 고통 받는 민중들을 지원하고 공해를 낳는 사회구조를 바꾸기 위한 반공해운동이 발전하기 시작했다.

4 1987년 민주화 이후 시민들이 정치의 주체로 참여하게 되면서 시민환경운동이 발전하기 시작했다. 시민환경운동 단체들은 공개적으로 회원들을 모집하고 이들의 힘을 바탕으로 시민들의 여론을 움직이고 이를 통해 정부와 기업의 정책과 시민들의 생활양식을 바꾸는 운동을 벌인다.

5 1990년대 이후 환경문제를 삶과 문명의 기반을 흔드는 문제로 인식한 사람들이 생명운동, 협동운동, 생명평화운동, 마을만들기운동, 공동체운동 등 다양한 운동을 벌이기 시작했다. 이런 운동들은 기존의 삶과 문화를 생태적으로 전환하려는 공통점을 갖고 있기 때문에 '생태적 대안운동'이라고 부를 수 있다.

6 환경운동은 사람들의 환경의식을 높이고 유지시키는 데 기여했을 뿐만 아니라 자연에 대한 관점과 인식을 변화시켰다. 정치와 정책 과정을 민주화하는 데에도 중요한 역할을 했다. 그러나 사회구조 전체를 정의롭고 지속가능한 사회로 만들기 위해서는 새로운 상

상력과 지도력을 키워나가야 할 것이다.

7 환경문제를 해결하기 위해서는 국가의 역할이 중요하다. 환경문제를 해결하면서 민주주의를 함께 발전시키는 국가를 녹색국가라 부른다. 녹색국가는 다른 말로 생태민주주의를 발전시키는 국가라고 할 수 있다. 생태민주주의는 현 세대 인간만을 중시하는 것이 아니라 미래 세대와 인간 이외의 생명도 고려하면서 현 세대 사람들이 잘 살 수 있도록 만드는 정치적 과정이다.

8 기후변화와 핵의 위험이 지구적으로 확산되는 시대에 우리는 지구인 전체가 이웃이라는 생각을 갖고 좁은 민족주의, 국가주의를 넘어서서 세계시민주의, 즉 코스모폴리탄주의를 발전시켜야 한다.

참고문헌

1. 구도완. 1996. 『한국 환경운동의 사회학: 정의롭고 지속가능한 사회를 위하여』. 문학과지성사.
2. 구도완. 2015. "환경운동" 한국사회학회 엮음. 『환경사회학: 자연과 사회의 만남』. 한울아카데미.
3. 구도완, 홍덕화. 2013. "한국 환경운동의 역사" 한국 환경사회학회 엮음. 『환경운동과 생활세계』. 한울
    아카데미.
4. 김소남. 2014. "1960~80년대 원주지역의 민간주도 협동조합운동연구 -부락개발, 신협, 생명운동-."
    연세대학교 대학원 박사학위논문(미간행).
5, 6. 양종회. 2015. "환경의식과 환경행동" 한국사회학회 엮음. 『환경사회학: 사연과 사회의 만남』. 한울
    아카데미.
7. 이시재 외. 2010. 『생태 사회적 발전의 현장과 이론』. 아르케.
8. 벡, 울리히. 박미애, 이진우 옮김. 2010. 『글로벌 위험사회』. 도서출판 길.

제 2장

생태생활

■ **교과목 개요**

• 생태생활은 개인의 삶이 다른 생명체와 자연, 지구 전체와 연결되어 있음을 의미한다.

• 전 지구적이고 지역적인 환경문제 해결을 위해 생태적 삶, 친환경적 생활양식, 대안사회의 사례를 살펴본다.

■ **교육목표**

• 생태와 관련된 다양한 용어의 의미를 이해한다.

• 도시에서의 생태적인 삶의 사례를 통해 일상에서 실천할 수 있는 생태생활에 대해 살펴본다.

• 자신이 할 수 있는 친환경적 생활양식을 실천하도록 한다.

■ **교육내용**

1. 생태생활	〈핵심개념〉 • 생태적 삶, 친환경적 생활양식, 도시에서의 생태적인 삶 〈세부목표〉 • 생태와 관련된 다양한 용어의 의미를 이해한다. • 도시에서의 생태적인 삶의 사례를 통해 일상에서 실천할 수 있는 생태생활에 대해 살펴본다. • 자신이 할 수 있는 친환경적 생활양식을 실천하도록 한다.

1

—

생태생활

소크라테스는 "우리는 사소한 문제를 다루는 것이 아니라, 우리가 어떻게 살아야 하는가 하는 문제를 다룬다."고 말한 바 있다. 살충제 사용 문제와 같이 언뜻 보기에 별 해를 미치지 않을 것 같은 문제도 어떻게 살아야 하는가에 대한 철학적 문제와 관계가 있다.[1]

『환경윤리(Environmental Ethics)』[(4)]의 저자 데자르뎅(J.R.DesJardins)은 '환경문제는 인간으로서 우리는 무엇을 소중히 여길 것인가, 우리는 과연 어떠한 존재인가, 우리는 어떠한 삶을 살아야 하는가, 자연에서 우리의 위치는 어떤 것인가, 우리는 어떤 세계에 살아야 하는가 하는 문제와 관계되며, 따라서 환경문제는 윤리학과 철학의 근본 문제를 제기한다.'고 하였다.

환경문제는 인간의 생활양식과 밀접한 관계가 있다. 과거 숲의 파괴로 생태계가 손상을 입고 그로 인해 문명이 붕괴되는 결과가 초래되기도 했다는 사실은 그 당시의 생활양식이 나무에 의존한 형태였기 때문이었음이 많은

---

(4) Environmental Ethics : An Introduction to Environmental Philosophy, 2nd Edition

조사와 연구를 통해 잘 알려져 있다. 그러나 그것이 지구환경에 커다란 부담을 지우는 정도는 아니었다. 산업혁명 이후 자본주의 경제체제가 본격적으로 대두되면서 생산 기술의 발달이 가내수공업 또는 공장제 수공업을 공장제 기계공업으로 전환시킴으로써 물적 생산이 확대되었고, 그에 따라 인간사회의 생활양식에 변혁이 일어났다. 특히 포디즘(Fordism)적인 대량생산과 대량소비의 산업사회로 들어서면서 우리의 생활양식이 지구자원을 대량으로 소비하는 형태로 바뀐 것이다. 그로 인해 이전의 환경문제와는 다른 문제가 발생했는데, 대량생산은 에너지, 자원의 고갈과 대량의 산업폐기물을 가져 왔고, 또 대량소비는 생활폐기물의 엄청난 증가로 이어져 결국 에너지 및 생태환경의 위기를 맞게 되었다.[2]

인류가 현재 겪고 있는 환경문제와 생태적 위기는 인간의 생활양식과 매우 밀접한 관계를 맺고 있다. 결국 현재 우리가 처한 이러한 상황을 해결하고자 한다면 제품을 소비하고, 생산하고, 집을 짓고, 차를 타고, 무엇을 먹을 것인가와 같은 우리의 생활양식을 근본적으로 전환하지 않으면 안 된다.

관련한 개념들

1) 생태와 관련된 용어

• 생태(生態)

생태란 생물이 각각 처해 있는 환경조건에 따라 알맞게 적응해 있는 상태를 말한다. 각 생물집단은 개체 간의 상호관계뿐만 아니라 토양환경, 대기조성, 기상 등의 자연환경과 밀접한 관계를 형성하면서 자기 종족을 유지해가고 있다. 이들 관계에서 이루어진 동식물 집단의 생활 상태를 생태라고 한다.[3]

- 생태계(ecosystem)

생태계는 살아 있는 생물의 군집과 이를 둘러싼 환경을 하나로 묶어 일컫는 말이다. 개체가 모이면 단일 생물 종으로 이뤄진 개체군(population)이 되고, 서로 다른 개체군이 만나고 섞이면 군집(community)이 된다. 생태계를 이루는 생물의 군집은 동물, 식물, 미생물로 이뤄져 있다. 생태계를 이루는 환경(environment)에는 물, 공기, 토양 등 생물이 살아갈 수 있는 토대뿐만 아니라 온도나 기압, 수압, 태양광선, 공간 등도 포함된다. 포유동물의 소화기관 속에서 미생물이 살아가는 것처럼 하나의 생물 종은 다른 생물 종에게 환경이 될 수도 있다.[4]

생태계란 용어는 1935년 영국의 식물학자 아서 탠슬리(Arthur G. Tansley)가 제안하였다. 탠슬리는 세계 최초의 생태학회인 영국 생태학회의 창립회원 중의 한 사람이다. 탠슬리는 '자연의 있는 그대로의 상태를 인식하기 위해서는 이것들 상호 간의 관계를 지닌 생물과 무기적 환경을 하나로 통합해야 한다.'고 했다. 즉 생태계는 여러 생물적 요소들(균류, 식물, 동물 등)과 비생물적 요소들(흙, 물, 바위 등)이 서로 영향을 주고받으며 질서를 이루는 체계를 말한다. 생태계는 모든 생물 구성원으로 이루어진 생물요소와 빛, 기후, 토양 등의 비생물적 요소로 나뉜다.

미국 메릴랜드대학교 생태경제학 교수 로버트 코스탄자를 비롯한 13명의 생태학자, 경제학자, 지질학자들은 1997년 5월 네이처 (Nature)지에 게재한 논문에서 지구 생태계가 인류에게 제공하는 서비스의 가치를 연간 33조 달러(3경 5,367조 원)로 추정했다. 이는 오염된 물을 정화하고, 홍수를 조절하고, 토양을 만들고, 식물의 꽃가루받이를 하며, 음식·목재와 의약품 원료를 공급하고, 휴양 기회를 제공하는 등 자연 생태계의 서비스를 평가한 것이다.[5]

- 생태학(ecology)

생태학이란 생물 상호 간의 관계, 생물과 환경과의 관계를 연구하여 밝혀내는 학문을 의미한다. 생태학을 뜻하는 영어 단어 에콜로지(ecology)의 어원을 살펴보면, 'eco'는 '집' 또는 '집안 살림'을 의미하는 그리스어 오이코스(oikos)에서 온 말이고, 'logy'는 학문을 의미하는 로고스(logos)에서 왔다. 즉 생태학을 글자 그대로 풀이하면 '집(oikos)에 대한 학문(logos)'이다. 생태학이라는 용어는 1866년 독일의 생물학자 에르스트 헤켈(Ernst Haeckel)에 의해 처음 사용되었는데 그것은 '자연의 가정 살림(household of nature)'을 가리키는 것이었다.

우리가 살아가는 자연계를 인간을 포함한 동식물이 살아가는 거대한 집이라고 가정하면, 생태학이란 서로 어울려 살아가는 집안 식구들의 관계, 그 식구들이 살아가는 환경, 그리고 농사도 짓고 소와 닭도 키우면서 먹고 경쟁도 하고 때론 협동도 하면서 집이 하나의 농장으로 잘 돌아가게 하는 방법을 연구하는 학문이라고 할 수 있을 것이다.[6]

경제학(economics)이라는 단어는 '집'을 뜻하는 그리스어 'oikos'에서 온 'eco'와 '관리'를 의미하는 그리스어 'nomos'에서 온 'nomics'가 결합된 말이다. 생태와 경제가 'oikos'라는 같은 어원에서 온 단어로 본다면 생태학과 경제학이 밀접한 관계가 있는 학문이라고 할 수 있겠다.

- 생태소양(ecological literacy)

생태소양이란 지구상에 존재하는 생물의 삶을 가능하게 해주는 자연시스템(natural systems)을 이해하고, 이를 실생활에서 이용할 수 있는 능력을 말한다. 즉 생태적 소양이란 생태학에 대한 기본 원리를 이해하고, 그에 따라 살아가는 것을 의미한다.

생태소양이라는 용어는 미국 교육학자인 오어(David W. Orr)와 물리학자인 카프라(Fritjof Capra)에 의해서 1990년대에 만들어졌다. '다가오는 시대에는 인류의 생존이 우리의 생태적 소양에 달려있다'라고 카프라가 언급했듯이 생태소양은 지구생태계에 의지해 살아가는 현대인이라면 갖추어야 할 가장 중요한 기능이 될 것이다.

• 생물 다양성(Biodiversity)

'생물학적 다양성'의 줄인 말로, 지구에 사는 생명체의 종류와 생태계 환경의 다양함을 뜻한다. 생물 다양성은 "생태계 안에는 얼마나 많은 생물 종이 존재하는가?"를 뜻하는 종 다양성(Species Diversity), "같은 생물 종에 포함된 하나하나의 개체가 얼마나 많고, 얼마나 다양한 유전자가 있는가?"를 가리키는 유전적 다양성(Genetic Diversity), "한 지역 안에서 생물 종이 살아가는 서식지가 얼마나 다양한가?"를 이르는 생태계 다양성(Ecosystem Diversity)을 포괄하는 개념이다. 쉽게 이해하자면 결국 생물 다양성이란, 지구상에 존재하는 생명이 얼마나 풍부하고 안정적인지를 뜻하는 말이다.[7]

생물 다양성은 자연이 받는 충격을 완화시키는 데 중요한 역할을 한다. 생태계 내에서 비슷한 역할을 하는 생물 종이 많아 외부의 충격에도 잘 견딜 수 있다는 의미이다. 생물 종이 많으면 많을수록 생태계는 더 건강하고 안정적인 상태를 유지할 수 있다.

그렇다면 지구에는 얼마나 많은 생물 종이 살고 있을까? 과학자들이 추측하는 전체 종수는 약 1,000만 종에서 1억 종까지 다양하다. 일반적으로는 약 1,500만 종으로 본다. 하지만 열대우림이나 심해 같은 곳에 서식하는 생물 종은 아직도 밝혀지지 않은 것이 많다. 세계자연보전연맹(International Union for Conservation of Nature and Natural Resources, IUCN)의 자료에 의하면 현재까지 확인된 생물 종은 170만~180만 종에 달한다.

- 생물 종 다양성 협약 (Convention on Biological Diversity)

생물 종 다양성 협약은 지구상에 존재하는 생물 종을 보호하기 위해 마련된 국제협약이다. 생물 종 다양성 협약에서의 생물 종이란 지구상의 모든 생물 종과 이 생물 종들이 서식하는 생태계, 생물이 지닌 유전자까지도 포함하는 개념이다. 1987년 유엔환경계획이 생물 종의 보호를 위해 전문가 회의를 개최하면서 처음 논의되었고, 1992년 6월 리우회의(유엔환경개발회의)에서 158개국 대표가 서명함에 따라 채택되어 1993년 12월 29일부터 발효되었다. 생물 종 다양성 협약은 모든 나라가 자국의 천연 자원에 대해 주권적 권리를 가지며, 유전자원의 상업적 이용으로 얻은 이익은 유전자원을 제공한 나라와 이를 이용한 나라가 공평하게 나누어 가질 수 있도록 정하고 있다.

- 멸종 위기에 처한 야생 동식물의 국제 거래에 관한 협약(CITES : Convention on International Trade in Endangered Species of Wild Fauna and Flora)

CITES는 멸종 위기에 처한 야생 동식물의 국제거래를 일정한 절차를 거쳐 제한함으로써 멸종 위기에 처한 야생 동식물을 보호하는 협약이다. 세계적으로 야생 동식물의 불법거래와 과도한 국제거래로 인하여 많은 야생 동식물이 멸종 위기에 처함에 따라 국제적인 환경보호 노력의 일환으로 1973년 미국 워싱턴에서 세계 81개국이 참여하여 CITES를 체결하였다(우리나라는 1993년에 가입). 이 협약에 따르면, 규제되어야 할 야생 동식물의 종류를 크게 세 가지 범주로 나누어 1)멸종 위기에 처한 동식물, 2)교역을 규제하지 않으면 멸종할 위험이 있는 동식물, 3)각국이 교역에 의한 규제를 위해 국제협력을 요구하는 동식물로 분류하고 있다.

2) 지구에서의 인간의 발자국들

• 생태발자국(Ecological Footprint)

생태발자국이란 인간이 자연에 남긴 영향을 발자국으로 표현한 것이다. 음식, 집, 에너지 등을 생산하거나 쓰레기를 처리하는 등 인간 생활에 필요한 자원을 생산하고 폐기하는 데 드는 비용을 땅의 면적으로 나타낸다.[8]

생태발자국 개념은 1996년 캐나다의 경제학자인 마티스 웨커네이걸(Mathis Wackernagel)과 윌리엄 리스(William Rees)에 의해 개발되었다. 생태발자국은 인간이 살아가면서 지구에 얼마나 많은 흔적을 남기는지, 얼마나 자연에 영향을 미치는지를 보여준다. 즉 한정된 인구 또는 경제 단위가 자연 자원을 소비하고 쓰레기를 처리하는 데 필요한 땅의 면적을 측정하여 나타낸다. 생태발자국은 면적 단위인 ha(헥타르)로 표시하는데 이 면적이 넓을수록 그만큼 자연에 해로운 영향을 미치고 환경문제가 심각하다는 의미이다.

지구가 기본적으로 감당해 낼 수 있는 면적 기준은 1인당 1.8ha(약 5,445평)이다. 세계자연보호기금(World Wide Fund for Nature, WWF)이 발표한 '2012 살아 있는 지구 보고서'에 따르면 2008년 우리나라 1인당 생태발자국은 4.6ha로 세계의 생태발자국 평균 수치인 2.7ha에 비해 약 1.7배 정도 높았다.

• 탄소발자국(Carbon Footprint)

탄소발자국은 우리가 생활하면서 직접 또는 간접적으로 발생시키는 이산화탄소(CO_2)의 총량을 의미하며, 여기에는 일상생활에서 사용하는 연료, 전기, 물품 등이 모두 포함된다. 기업의 경우 하나의 제품을 생산하고 소비하고 폐기하는 과정에서 발생하는 이산화탄소(CO_2)의 총량을 의미한다.

탄소발자국을 표시하는 단위는 무게의 단위인 kg 또는 우리가 심어야 하는 나무 그루 수로 표시한다. 예를 들어 우리가 흔히 쓰는 1회용 종이컵의 무게는 겨우 5g이지만, 탄소발자국은 2배가 넘는 11g이다. 1년 동안 우리 국민이 쓰는 종이컵은 약 120억 개에 달한다고 하는데, 이를 탄소발자국으로 환산하면 13만 2천 톤(ton)에 이른다. 이처럼 엄청난 양의 이산화탄소를 흡수하기 위해서는 자그마치 47,250,000그루의 나무를 심어야 한다. 국민 한 사람당 적어도 1년에 나무 한 그루씩을 심어야 종이컵을 통해 배출되는 탄소발자국을 상쇄할 수 있다는 것을 의미한다.

- 물발자국(Water Footprint)

물발자국이란 어떤 제품을 생산, 유통, 사용, 폐기할 때까지의 과정에서 직접적 그리고 간접적으로 소비되고 오염되는 물(담수)의 총량을 의미한다. 물발자국은 네덜란드 트벤터(Twente) 대학의 교수이자 물발자국네트워크 (Water Footprint Network)의 과학 이사인 아르옌 훅스트라(Arjen Y. Hoekstra) 교수가 2002년 처음 소개한 개념이다.

물 소비는 직접적 소비와 간접적 소비로 구분한다. 직접적 소비는 우리가 마시거나 씻는 물, 세탁과 청소에 쓰는 물처럼 직접 사용하는 경우이다. 간접적 소비는 농작물, 공산품, 에너지를 생산, 유통, 소비하는 과정에서 사용되는 물을 말한다. 눈으로 확인할 수 있는 직접 소비량보다 간접 소비량이 훨씬 많은데 그 비율은 대략 1:9 정도 된다. 즉, 물발자국은 일상생활에서 사용하는 제품을 생산, 소비하는 데 얼마나 많은 양의 물이 필요한지를 보여주는 지표라고 할 수 있다.

물발자국의 크기를 살펴보면 초콜릿 1kg당 17,196리터, 쇠고기 1kg당 15,415리터, 면 1kg당 10,000리터, 돼지고기 1kg당 5,988리터, 쌀 1kg당

2,500리터, 설탕 1kg당 1,800리터의 물을 소비한다. 2011년 물발자국네트워크가 발표한 자료에 따르면 연간 소비자 1명이 남기는 물발자국은 평균 1,385,000리터이다.

- 가상수(virtual water, 假想水)

농산품, 공산품 등 제품의 생산, 유통, 소비 과정에 사용되는 물은 눈에 보이지 않는 가상의 물인 '가상수'라는 개념으로 표현된다. 가상수는 '어떤 식품과 소비자 제품이 생산될 때까지 사용되는 물의 총량'을 의미하며 1993년 런던대학교 존 앤서니 앨런(JohnAnthony Allan) 교수가 제안한 개념이다. 예를 들어 우리가 마시는 커피 한 잔에는 커피콩을 키워서 생산, 포장, 출하하기까지 총 140리터의 물도 함께 담겨 있는 것이다. 가상수는 거래 가능한 모든 제품에 들어 있기 때문에 우리는 이미 일상적으로 물을 거래하고 있는 것이다. 보통의 미국인은 매일 6,000리터 이상의 가상수를 소비하며, 이는 보통 중국인의 3배 이상이다.

- 생태손자국(Ecological Handprint)

생태손자국은 우리가 많이 알고 있는 생태발자국의 긍정적인 대안으로 등장한 용어이다. 생태손자국이란 인간이 지구 생태계에 미치는 이롭고 좋은 활동을 모두 합친 것을 의미한다. 생태손자국은 새롭게 등장한 개념으로 여러 수준에서 우리 활동을 측정하기 위해 환경교육회의(Conference on Environmental Education, CEE)가 제안한 개념이다.

생태손자국을 계산하는 방법(Handprint Tool)은 환경교육회의가 개발한 행동조치로 지속가능한 미래를 위한 일상에서의 행동부터 전 세계적으로 영향을 주는 이로운 모든 활동을 계산할 수 있다. 생태손자국 계산법이 중점을 두는 부분은 인간 행위 때문에 생기는 손해가 아니라 지구에서의 현재와 미래의 삶의 조건을 향상시키기 위한 긍정적인 영향이나 선택이다. 따라서 이 계산법의 목표는 긍정주의와 동기부여를 위한 것이다.

생태손자국 계산법은 지속가능성의 세 가지 측면인 환경, 사회, 경제에 미치는 개인의 긍정적 영향을 분석한다. 환경, 사회, 경제의 각 측면마다 7가지 질문을 하고 이를 통해 자원의 사용, 사회적 참가도, 지속가능한 투자에 대한 자각에 대해 조사한다. 이에 덧붙여, 개인과 가족/가정, 기관, 지역사회, 도시, 군/구, 국가와 세계 등 여러 수준의 조치에 대해서도 고려하며, 지속가능성을 향한 개인의 행동을 평가하는 데 사용된다.

3) 보전(conservation) vs 보존(preservation)

20세기 처음 10년은 미국 환경론의 역사에서 아주 중요한 시기이다. 캘리포니아 요세미티 국립공원에 인접한 헤츠헤치 계곡(Hetch Hetchy Valley)에 댐과 저수지를 건설하자는 제안을 두고 중요한 토론이 벌어졌다. 샌프란시스코에서 물이 부족하자 헤츠헤치 계곡을 수몰시키자는 계획안이 나왔다. 초기의 가장 저명한 환경론자인 기포드 핀쇼(Gifford Pinchot)와 존 뮤어(John Muir)가 논쟁의 중심부에 있었는데, 이는 환경문제에 대한 두 개의 유력한 견해를 상징하게 된다.[9]

대표적인 보전론자(全保論子)로 불렸던 핀쇼는 많은 사람들이 오랫동안 사용할 수 있도록 자연을 과학적으로 관리해야 하고, 체계적으로 보존해야 한다고 주장했다. 오스트레일리아 철학자 존 패스모어(John Passmor)는 보전(conservation)을 '미래의 사용을 위해 자원을 비축하는 것'이라고 정의했다.

한편, 미국의 대표적인 환경단체인 시에라 클럽(Sierra Club)의 창립자이자, 자연보전운동의 저명한 대변자이기도 한 존 뮤어는 대표적인 보존론자(保存

論子)로 불렸다. 그는 인간이 자신의 이익을 위해 오랜 세월 존재하던 아름다운 자연을 경제적 이익을 위해 관리하거나 이용해서는 안 되며 보존해야 한다고 주장했다. 패스모어는 보존(Preservation)을 '아직 인간의 손길이 명백히 미치지 않은 지구상의 지역을 현 상태 그대로 유지하고, 아직 파괴 되지 않은 생명체의 종을 멸종의 위협으로부터 보호하려는 시도'라고 정의했다.

보전과 보존은 자연과 환경의 파괴를 막고 보호하는 측면에서 본다면 반대되는 개념이 아니며, 누가 옳고 누가 그르냐의 대립적인 문제도 아니다. 자연과 인간을 바라보는 가치의 중심을 어디에 두느냐에 대한 문제이다. 보전과 보존에 대한 견해는 환경파괴를 반대하고 환경운동을 지지하는 많은 사람들은 물론 21세기를 살아가는 현재의 우리 스스로에게도 묻고 고민해야 할 충분한 여지를 제공한다. 보전(保全)과 보존(保存) 중 어떤 주장에 동의하는지, 어떤 것이 자신의 생각을 대변하는지 생각해 보자.

생태생활

1) 친환경적 생활양식

우리는 '생태'라는 단어보다는 '환경'이라는 말에, '생태문제'보다는 '환경문제'라는 단어에 더 익숙하다. '생태'라는 말은 몇 년 전까지만 해도 사람들이 별로 사용하지 않았다. 하지만 최근 몇 년 사이에 '생태'라는 말은 미디어에서 자주 등장하는 단어가 되었고 자연스럽게 많이 사용하는 단어가 되었다.

'생태'와 '친환경'이라는 두 단어는 같은 의미일까? 예를 들어 살펴보면 다음과 같다. 그린벨트로 보호되던 울창한 숲에 나무를 베어내고 10층짜리 아파트를 짓는다고 가정하자. 아파트는 에너지 효율을 높이기 위해 옥상과 베란다 유리창에 태양광발전 시설을 설치하고, 집 내부는 입주자들의 건강을 위해 자연소재 벽지와 바닥재 등을 사용한다. 이 아파트는 친환경 건축물이라고는 표현할 수 있을지 모르지만 '생태적'이라고는 말할 수 없을 것이다. 이처럼 '환경적'이라는 단어가 물건 하나 또는 부분에 적용된다면, '생태적'이라는 말은 어떤 지역에 또는 전체에 적용된다고 할 수 있다. 즉 '생태'는 지구라는 공동체를 유지시키는 데 눈에 보이지 않는 것까지 설명하기 위해 사용한다. 그런 의미에서 '생태'는 '환경'보다 더 포괄적이며, 근거가 엄격하고 근본적이라 할 수 있다.

생태생활은 '생태'와 '생활' 두 단어가 결합된 표현으로 '생태적인 생활'로 이해할 수 있다. 위에서 살펴보았듯이 '생태적'과 '(친)환경적'이라는 단어가 갖는 의미를 생각한다면 '생태적인 생활'을 '친환경적인 생활'로 대치하기에는 뭔가 석연치 않은 점이 있다. 그래서 '생태생활'을 '지구상에 일어나고 있는 환경문제를 해결하기 위해 생태적이며 친환경적인 삶으로 전환하고 실천하는 생활양식'이라고 정의하기로 한다.

생태생활을 우리의 삶에 적극적으로 받아들이는 구체적인 방법은 '실천을 통한 행동의 변화'다. 우리가 어떤 행동을 하면 생태·환경에 나쁜 영향을 미치고, 어떤 행동을 하면 나쁜 영향을 줄일 수 있을까?

개인과 가정 차원에서 환경에 영향을 미치는 행동은 첫째, 냉난방, 전자제품 사용, 조명과 같은 살림법과 둘째, 음식, 셋째, 교통수단을 들 수 있다. 실제로 통계를 보면 환경에 나쁜 영향을 미치는 행동의 80% 이상이 바로 위의 세 가지라고 한다. 캐나다의 환경운동가이자 방송인인 데이비드 스즈키는 그의 책『그린가이드』에서 살림법과 음식, 교통수단에서 생태발자국을 줄이기 위해 실천할 수 있는 친환경 행동을 소개한다. 그리고 지속가능한 소비원칙과 녹색시민 되기를 제안하고 있다.

교육실천가를 위한 사회환경교육론 1

표1. 생태발자국을 줄이는 친환경 행동[1]

구분	생태발자국을 줄이는 친환경 행동
주(住)	1. 직장, 학교, 여가시설, 대중교통수단과 가까운 곳에 작은 집 선택하기 2. 에너지효율성 전문가에게 에너지진단 서비스를 받고 조언에 따르기 3. 풍력, 태양에너지로 생산한 친환경 그린전기를 사용하기 4. 전기와 물을 효율적으로 사용하는 방법을 찾고 실천하기
식(食)	1. 고기, 달걀, 유제품 덜 먹기 2. 지역 농산물을 먹기 3. 유기농 제품을 먹고, 가능하다면 유기농 텃밭을 가꾸기 4. 정제된 식품보다 건강에 좋은 거친 자연식품을 먹기 5. 열량을 적게 먹기 6. 페트병에 담긴 물을 사지 않기
교통수단	1. 자동차나 비행기 덜 타기 2. 자전거나 도보, 대중교통수단 이용하기 3. 자동차 함께 타기 4. 화상회의나 재택근무하기 5. 연비 높은 자동차 사기 6. 연료를 낭비하지 않는 올바른 운전 습관 기르기 7. 환경에 나쁜 영향을 주지 않는 깨끗한 연료로 바꾸기
지속가능한 소비를 위한 12가지 원칙	1. 나무보다 숲을 보기(비닐봉지나 일회용 컵 사용처럼 작은 것보다 어디에 집을 얻을지, 소비를 위한 사용하는 에너지양이 얼마인지, 무엇을 먹을지 등의 큰 것을 고민하기) 2. 필요 없는 물건을 사지 않기 3. 음식을 만들되 버리지 않기 4. 현지에서 생산된 제품을 사기 5. 양보다 질을 중요하게 생각하기(정기적으로 보수하고 수리하여 물건 오래 사용하기, 재사용가능한 제품 선택하기, 환경인증 받은 제품 사용하기) 6. 재생 가능한 에너지 사용하기(바람과 태양, 지열에너지) 7. 건강한 제품 사용하기(독성이 있거나 위험한 제품은 사지 않기) 8. 재활용이 가능한 제품 사용하기 9. 더 요구하기(혁신적이고 친환경적인 환경정책을 정치인에게 요구하기) 10. 친환경적인 활동을 하는 단체와 기업 지지하기 11. 마음을 깨끗이 하기(TV광고 덜 보기, 인터넷 덜 사용하기, 광고로부터 아이들 지키기) 12. 돈을 아끼자고 시간 들이지 않기(자신의 삶의 여유와 자유 시간을 돈을 버는 데 희생하지 않기)

녹색시민	1. 올바른 환경의식을 가진 후보에게 투표하기 2. 환경을 보호하고 친환경적인 정책 시행을 위해 정치인, 공무원, 정부, 기업 등 에 당당하게 요구하기 3. 환경단체에서 자원봉사하기 4. 환경단체에 기부하기 5. 창의적인 지역 활동에 참여하기(벼룩시장, 휴대전화 재활용하기, 지구의 날, 노쇼핑데이, 캔들 나이트 등) 6. 환경침해 제품과 회사에 대해 보이콧하기 7. 환경단체에서 경력 쌓기(환경단체, 녹색기업, 정부, 국제기구에서 일하기 등) 8. 윤리적으로 투자하기(환경관련 주식 · 채권 · 부동산에 투자하기, 환경적 지속 가능성, 노동 활동, 인권을 고려하여 투자하기) 9. 지구 보호정책 지지하기

2) 대안사회

지금 우리가 살고 있는 현대 산업 자본주의 사회는 '공동체적 삶의 원리'를 파괴함으로써 소외와 경쟁과 갈등 관계를 증폭시키고 있고, 이러한 인간 사회의 공동체성 파괴는 오늘날 전 인류의 생존 자체를 위협하는 환경문제, 즉 '삶의 터전'의 파괴를 가져 왔다고 보는 견해가 있다. 인간과 인간, 인간과 자연이 상호 조화롭게 공존 · 상생할 수 있는 새 세상에 대한 꿈과 열망이 인간과 자연 간의 공동체성을 회복하는 운동으로 모아지고 있는 것은 지극히 자연스런 현상이라는 것이다. '공동체적 원리'란 '더불어 사는 삶'을 이야기하며, '터전'이란 공동체적 삶의 원리가 실체화된 곳, 즉 삶과 문화가 있는 장소를 말한다.

- 생태도시(Ecological Polis)의 등장

오늘날 도시는 인류에게 가장 밀집된 삶의 터전이다. 지구상의 도시가 차지하는 면적은 3%밖에 되지 않지만, 도시에서 소비되는 지구의 자원은 75%나 된다. 폐기물의 75%도 도시 사람들이 만들어 내고 있다.

1950년에는 전 세계 인구의 3분의 1에 해당하는 사람들이 도시에 거주했는데, 50년이 지난 2000년에는 지구 전체 인구의 50%가 도시에 살고 있다. 이런 추세가 지속된다면 2050년에는 전 세계 인구의 3분의 2에 해당 하는 60억 인구가 도시에 살게 될 것으로 추정하고 있다. 도시의 수 또한 빠르게 늘어가고 있다. 1900년 당시 인구 100만이 사는 도시는 11개 정도에 불과했다. 점차 도시가 빠르게 확대되어 2000년에는 378개 도시로 증가했고, 2050년에는 600개가 될 것으로 전문가들은 예측하고 있다.

생태도시란 스스로 자립할 수 있는 도시, 안정되어 있으며 물질이 순환하고 환경에 부담을 주지 않는 도시, 즉 인간과 자연이 공존하는 도시를 뜻한다. 생태도시는 도시화의 폐단으로 나빠진 도시 환경의 질을 높이기 위한 대안이다. 또한 도시에 사는 사람들의 쾌적한 생활환경을 보장하고, 나아가 도시의 지속가능한 발전을 가능하게 하는 이상적이고 바람직한 형태의 도시이다.[11]

생태도시의 개념은 1992년 브라질 리우에서 개최된 지구정상회의(리우회의)에서 전 세계적으로 개발과 환경보전을 조화시키기 위한 '환경적으로 건전하고 지속가능한 발전(Environmentally Sound and Sustainable Development, ESSD)'이라는 주요 이념을 채택한 이후에 등장하였다. 즉 생태도시란 도시 지역의 환경문제를 해결하고, 환경보전과 개발을 조화시키기 위한 방안의 하나로서 도시개발, 도시계획, 환경계획 분야에서 새롭게 등장한 개념이다. 지금까지 자원을 소비하고 환경을 파괴해 온 도시에서 벗어나, 인간의 편리를 위한 도시의 기능을 확충하면서 동시에 자연과 공생하는 것을 목표로 친환경 도시를 이룬다는 개념이다. 기존의 도시가 인간의 안락한 생활만을 고려했다면, 생태도시는 인간과 자연이 조화를 이루는 도시이다. 유사한 개념으로는 자립도시(Self-sufficient City), 녹색도시(Green City), 에코폴리스(Ecopolis), 에코시티(Ecocity), 전원도시(Garden City), 환경보전 시범도시 등이 있다.

- 대표적인 생태도시 꾸리찌바(Curitiba)

꾸리찌바는 브라질 파라나 주에 위치한 도시이다. 꾸리찌바는 원주민 언어로 '솔방울이 많다'는 뜻이다. 꾸리찌바는 20세기 중반까지만 해도 도시민의 과반수가 문맹자로 도시 빈민이 많고, 범죄 등 각종 사회문제를 안고 있는 도시였다. 특히 50년대에는 급속한 공업화로 인해 꾸리찌바의 환경문제는 매우 심각했다. 1970년 초 자이머 레르너 시장이 취임하면서 꾸리찌바는 새롭게 변신하게 된다. 자이머 레르너 시장은 새로운 비전을 제시하고, 강력한 리더십과 지속적인 추진력으로 꾸리찌바 시를 '세계에서 아름답고 쾌적하며 인간답게 살 수 있는 도시', '세계에서 가장 창의적인 도시'로 전 세계가 가장 부러워하는 도시로 만들었다.

꾸리찌바의 자원재활용, 에너지절약, 폐기물처리, 자연보호, 녹지 확충 등 환경보전뿐만 아니라 도시계획, 사회보장, 교육 등 도시행정 전반에서 모범도시로 전 세계 언론인, 공무원, 전문가, 시민운동가들이 방문하고 있다. 예를 들어 꾸리찌바의 교통체계를 살펴보면, 도시교통의 75%를 버스가 담당하고, '꽃의 거리'라 불리는 보행자천국과 전용도로, 체계적인 자전거 도로망을 구축하여 가장 완벽한 대중교통 시스템으로 불린다. 또한 꾸리찌바의 탁월한 업적 중의 하나는 폐기물정책이다. 꾸리찌바는 1989년부터 '쓰레기 아닌 쓰레기' 프로그램, 쓰레기 구매, 녹색교환 프로그램 등 혁신적인 폐기물 관리 프로그램을 운영하고 있다. 쓰레기를 버스 토큰, 공책 그리고 감자, 양파, 당근, 바나나, 오렌지 등 주변 농촌지역에서 소농이 생산하는 잉여농산물을 구입해 교환해 주고 있다. '어린이들을 위한 쓰레기 교환' 프로그램은 시와 학교 네트워크를 통해 재활용 쓰레기를 학교 교재, 초콜릿, 인형, 장난감 등과 교환해 주고 있다.

• 전환마을(Transition Town)운동과 에너지자립마을

전환마을이란 기후변화의 문제, 피크 오일과 같은 에너지위기, 경제적 불
안정에 대비하여 자체적인 회복력을 갖춘 마을을 말한다. 회복력[5]이란 위
기가 닥쳤을 때 공동체가 큰 충격을 받지 않고 위기 이전의 상황으로 빨리
돌아갈 수 있는 능력을 말한다. 예를 들어 피크 오일과 같은 에너지 위기가
왔을 때 석유를 대체하는 수단을 찾는데 집중하기보다는 석유 소비량을 줄
이고 이산화탄소 발생량을 감소시킴으로써 그 과정에서 마을 또는 도시의
회복력을 길러야 함을 강조한다. 전환마을은 주민들이 건강과 행복한 삶, 자
연과 공생하는 삶을 사는 마을을 만든다는 철학을 갖고 있다. 전환마을운동
은 기후변화, 에너지 및 경제위기에 대한 대안을 세계나 국가 차원에서만이
아니라 자신들이 살고 있는 마을, 소도시와 같은 지역공동체에서부터 실천
에 옮기자는 것을 취지로 하고 있다.

영국 서남부 데본(Devon)주 지역을 따라 흐르는 다트강 하구에 위치한, 2
만 5천 명 규모의 작은 도시인 토트네스(Totness)는 전환운동이 시작된 최초
의 전환마을이다. 1980년대 당시 광우병 파동으로 인해 자연주의 바람이 불
기 시작했다. 토트네스는 2006년 전환마을 프로젝트를 시작하였다. 전환마
을운동은 40여 개국 1,100여 개 지역으로 확대되었다.

서울시는 '전환마을 서울'로 만들기 위해 에너지자립마을 사업을 주도하
고 있다. 에너지자립마을이란 마을 단위의 주민들이 자발적으로 에너지를
절약하고 실천 활동을 통하여 에너지의 자립도를 높이는 마을공동체를 말
한다. 서울시에서는 토트네스 전환마을을 모델로 도시형 에너지자립마을

---

(5) 생태경제학자 홀링은 예상치 못한 엄청난 외부 충격이 닥쳤을 때 생태계나 사회가 원래대로 회복
    할 수 있는 능력을 '회복력(resilience)'으로 정의했다.

사업을 시작하였다. 에너지자립마을은 주민이 주도하는 것을 원칙으로 하며 단계별로 지원하고 있다. 1단계는 자발적으로 마을에서 목표를 세우고 에너지 교육과 절약을 실천하는 단계이다. 2단계는 주택단열 개선과 LED 조명 교체, 카셰어링과 같은 에너지 효율을 높이는 단계이다. 3단계는 시민햇빛발전소, 그린 홈 보급사업과 같은 에너지 생산단계이다. 사업 첫 해인 2012년, 7개였던 서울시 에너지자립마을은 2018년 현재 100개로 늘어났다.

• 생태공동체

우리나라에서는 생태마을과 생태공동체가 거의 같은 의미로 사용되고 있다. 이 글에서 '생태공동체'는 새로운 시대의 대안적 삶의 양식을 일컫는 일반 용어로 사용하고자 한다.

'공동체(community)'라는 말에는 일치(unity)라는 말이 포함되어 있다. 가장 깊은 차원에서 공동체는 사람을 포함하여 살아가면서 마주치는 모든 것과의 일치 또는 하나 됨의 체험이다. 인류사의 대부분 기간 동안 인간은 공동체를 이루어 살아왔다. 인간은 부족에 뿌리를 두고 있다. 우리 삶은 서로 간에, 또 자연과 깊이 연관되어 있었고, 여기에는 친밀감과 안정감이 있었다.[12]

생태공동체는 다양한 성격을 띠는데, 영어로는 에코 빌리지(Eco-Village) 혹은 에코 커뮤니티(Eco-Community)라고 한다. '에코 빌리지'라는 용어는 유럽과 아메리카에서 주로 쓰는 말로 '계획공동체' 또는 '생태공동체'와 의미상 별 차이가 없다. 에코 빌리지는 기존의 마을(village)을 생태적(eco-)으로 재편하거나 생태주의 원리에 기초하여 새로 만든 마을을 뜻한다. 한국에서 '생태 마을'로 부르는 것은 대개 기존의 마을을 생태적으로 재편하는 것을 뜻하나 유럽과 아메리카의 에코 빌리지는 계획공동체에 가깝다.[13]

세계생태마을네트워크의 공동 창립자 중 한 명인 길만(Robert Gilman)은 생태공동체를 '삶의 모든 면을 갖춘 인간적인 규모의 주거지이며, 인간의 활동이 자연세계에 해를 입히지 않고 건강한 인류의 발전에 도움이 되며, 무한한 미래까지 지속될 수 있는 방식으로 이루어지는 곳'이라고 정의했다.

- 모든 생태공동체의 어머니 '핀드혼 공동체'

영국 스코틀랜드에 위치한 핀드혼(Findhorn) 공동체는 영성공동체, 학습센터, 생태마을(생태공동체)이라는 정체성을 갖고 있다. 세계 각지에서 한 해에 1만 명이 넘게 방문하는 핀드혼 공동체는 생태마을이나 공동체에 관심 있는 사람들에게는 가장 잘 알려진 공동체이다.

핀드혼 공동체는 1962년 피터, 에일리, 도로시에 의해 설립되었다. 척박한 모래땅에서 자연과의 교감을 통해 18kg이 넘은 양배추를 길러내고, 스코틀랜드 환경에서는 자라기 어려운 아름다운 꽃을 피워내면서 세상에 알려지기 시작했다.

핀드혼 공동체의 주요 수입원은 각종 교육 프로그램 운영을 통해 얻는다. 1971년도에 설립된 핀드혼 재단(The Findhorn Foundation)은 다양한 프로그램과 워크숍, 퍼머컬처, 생태마을디자인교육(Ecovillage Design Education, EDE), 이벤트 등을 진행한다. 핀드혼 재단은 120여 명의 스텝이 참여하고 있고, 600여 명이 넘는 지역공동체 주민과 함께하고 있다.

1990년대 이후 핀드혼은 유럽 전역에 생태마을 모델로서 많은 영감을 불러일으켰다. 유럽의 생태마을운동은 핀드혼을 중심으로 생태계 복원, 경제적·사회적 불평등의 해결, 공동체적인 삶과 영성의 회복이라는 측면에서 다양하게 전개되고 있다. 또한 국제사회에 알려지게 되면서 유엔훈련연구기구(UNITAR)의 국제연수센터(CIFAL)로 지정되어 UN과 협력하여 지속가능한 사회모델로서 다양한 교육프로그램을 진행하고 있다.

핀드혼의 가장 인기 있는 대표 프로그램은 '체험주간(Experience Week)'으로 세계 각지에서 온 세계시민들이 참여한다. 1974년부터 시작된 체험주간 프로그램은 핀드혼 공동체 삶의 핵심을 소개하는 중요한 통과의례로 조율 의식, 단체 작업, 토론, 명상, 춤, 자연 체험 등 다채로운 과정으로 이뤄져 있다. 농장이나 식당 등에서 일하는 데도 비중을 두고 있다. 노동을 통한 영적 훈련이 강조된다.

1980년대 초부터 핀드혼 공동체는 '생태마을 프로젝트'를 추진하고 있다. 이 생태마을 프로젝트의 기본 원칙은 '자연이 주는 것 이상을 자연으로부터 가져다 쓰지 않는다.'이다. 이 원칙에 따라 에너지 자립을 위해 풍력 발전기 설치, 250KW의 바이오매스 보일러, 리빙머신(Living Machine)이라고 불리는 생태적으로 설계된 하수 정화장치를 고안해 사용하고 있다. 모든 건축물은 생태적 자재와 천연 섬유질 단열재를 사용해 지어졌다. 대부분의 먹을거리는 유기농업과 퍼머컬처 방식으로 길러내고, 그 외의 생산품은 지역생산물을 이용한다. 이뿐만 아니라 마을사람과 지역사회 사람들의 사회활동과 경제활동을 위해 공연장, 공동식당, 협업농장, 도예장, 도서관, 카페, 아트센터, 출판사, 환경단체, 교육단체 등 다양한 단체들이 생겨났다. 이 모든 곳에서 경제적 자립과 활성화를 위해 생겨난 에코(Eko)라는 지역화폐를 사용한다.

- 세계생태마을네트워크(GEN, Global Ecovillage Network)

GEN는 1995년에 창립한 비영리단체로 핀드혼 공동체에 본부를 두고 있다. 전 세계 100여 국에 1만 개가 넘는 공동체와 연결되어 있다. GEN은 세계의 여러 나라에서 지속가능한 공동체가 성장할 수 있도록 지원하고 있으며, 생태공동체의 설립과 생태적인 삶을 위한 교육과 정보를 제공하고 있다. GEN은 전 세계 공동체와 네트워크를 형성하여 활동을 하고 있다. 또한 GEN은 유엔의 경제사회위원회(UN-ECOSOC)의 협의지위를 갖고 활발한 활동을 하고 있다. 우리나라는 선애빌(http://cafe.naver.com/seonaeville)이 2011년에 GEN 회원으로 등록했고, 2012년부터 한국 대표(GEN-Korea)로 활동하고 있다.

도시에서의 생태적 삶

1) 도시 농부, 도시 농업

도시에 농부가 늘어나고 있다. 농업은 농촌의 전유물로 여겨졌지만 최근 도시에서 농사를 짓는 사람들이 많아지고 있다. 2012년 말 기준으로 우리나라의 도시텃밭은 558ha, 참여자 수는 76만 6,000명으로 2010년에 비해 면적은 4.4배, 참여자 수는 4배 늘었다. 도시농업의 활성화를 위해 2011년 11월 '도시농업의 육성 및 지원에 관한 법률'이 만들어 졌는데, 이 법률에 의하면 도시농업이란 '도시지역에 있는 토지, 건축물 또는 다양한 생활공간을 활용하여 농작물을 경작 또는 재배하는 행위'로 규정되어 있다. 도시농업은 농업이 갖는 생물다양성 보전, 기후조절, 대기정화, 토양보전, 공동체문화의 함양, 건전한 여가생활, 교육 및 체험, 취약계층에 대한 복지 등 다원적 기능을 도시에 부여할 수 있기 때문에 지속가능한 도시, 생태도시에서 필수적인 요소다. 도시농업의 필요성에 대한 공론화를 이끌고 실천한 곳은 1996년 활동을 시작한 전국귀농운동본부(www.refarm.org)다.[14]

• 도심에서 텃밭을 일구는 사람들 '도시농부'

도시농부는 도시에 살면서 아파트나 주택의 베란다나 옥상의 공간을 이용해 친환경농산물을 직접 재배해 먹는 사람들을 일컫는 말이다. 건강하고 안전한 먹거리에 대한 욕구가 증가하면서 도시농부는 새로운 생활양식으로 떠오르고 있다. 내 손으로 직접 기른 신선한 식재료는 맛있고 건강한 음식을 즐기는 동시에 지출을 줄이는 경제적인 효과도 있다.

도시농부는 건강한 먹거리의 자급자족에서 시작되었지만 시간이 지날수록 다양한 도시농부 문화가 등장하며 가치가 확대되고 있다. 도시공동체 텃밭과 치료 텃밭의 등장이 그 예이다. 집 베란다처럼 개인적인 공간에 1인 텃밭을 조성하는 것과 달리 '도시공동체 텃밭'은 건물 옥상에 텃밭을 조성해 여러 명의 도시농부들이 텃밭을 공유하고 한 팀이 되어 함께 밭을 일구고 농사를 짓는다. 1인 가구가 많은 도시생활에서 사람과의 교류와 같은 관심사를 가진 이웃과 커뮤니티를 형성할 수 있다는 점에서 도시공동체 텃밭은 매력적이다.

서울시 마포구 동교동 가톨릭청년회관 6층 빌딩 옥상에 자리 잡은 '홍대 텃밭 다리'는 도시공동체 텃밭이다. '홍대텃밭 다리'는 홍대를 중심으로 활동하는 예술가, 요리사, 젊은 청년 등의 도시농부가 이웃이 되어 함께 배우고, 함께 농사짓고, 함께 나누는 공간이다. '다리'라는 이름은 도시와 자연, 사람과 자연, 사람과 사람이 연결되기를 바라는 마음으로 지은 이름이다. 토종 벼를 기르고 가을 김장배추, 노랗게 익는 여주, 케일과 당근 등 텃밭에서 키우는 작물도 다양하다. 4월 시농제, 텃밭 재료로 만든 음식을 나누는 5월 텃밥, 6월 하지감자축제, 11월 김장잔치 등 행사도 다채롭다.

텃밭은 도심 속 병원에도 만들어지고 있다. 병원 정원 한쪽에 텃밭을 조성해 장기 입원환자들이 직접 농작물을 가꾸도록 하는 '치료 텃밭' 프로그램을 진행하고 있다. 몸을 움직여 신체를 건강하게 만드는 것은 물론, 자연과의 접촉을 통해 마음을 안정시키고 농작물 수확을 경험함으로써 보람 있는 삶의 열정을 되찾게 하여 환자들에게 긍정적인 영향을 미치고 있다. 이대목동병원에서는 몇 년 전부터 환우들과 함께 '희망텃밭'을 가꾼다. 병원 화단을 텃밭으로 가꾸어 농사짓는 법도 배우고, 격주에 한 번씩 마음치유 워크숍도 진행한다.

은평구에서는 갈현도시농업체험공원이 문을 열었다. 불광2동 은평경찰서 뒤 갈현근린공원 산자락에 자리 잡은 체험공원은 '갈현텃밭'이라고 불린다. 2012년 민관협력 추진위원회를 결성하여 임시개장을 한 후 시범적으로 운영해 오고 있다. 약초밭, 토종씨앗밭, 논, 습지, 생태화장실, 퇴비장, 발효음식 재료를 기르는 발효텃밭, 빵과 피자를 구울 수 있는 화덕, 장애인을 위한 치유텃밭 등 도시텃밭으로 서울시민, 장애인, 시민사회단체에게 분양하고 있다. 또한 생명의 논 학교, 발효학교, 풀학교, 은평도시농부학교, 퍼머컬처 교육과 실습장으로 사용되고 있다.

2) 농부 시장

농부 시장(Farmers market)이란 자연의 품에서 농부가 정성어린 손길로 키워낸 안전하고 믿을 수 있는 우리 먹거리가 한데 모여 있는 시장이며 시민이 가까운 도심에서 즐거운 나들이와 함께 신선한 농산물을 직접 보고 구매할 수 있는 시장이다.

• 마르쉐@

마르쉐@는 2012년 10월에 시작한 '농부와 요리사, 수공예가가 함께 만드는 도시형 농부시장'이다. 시장이라는 프랑스어 '마르쉐'에 '@(장소 전치사 at)'

가 결합된 단어이다. 마르쉐@는 도시농부, 요리사, 예술가 그리고 소비자 간의 지속적인 나눔과 소통이 이루어지는 장소이다. 농부가 친환경 방식으로 재배한 농산물, 예술가들이 심혈을 기울여 만든 작품, 요리사의 손맛이 담긴 요리를 공유하는 공간이다.

마르쉐@에는 쓰레기, 비닐봉투, 일회용품이 없다. 마르쉐@에서는 시민들에게 '마르쉐 렌탈 식기세트'를 대여해 주고 있다. 세트는 보자기, 컵과 접시, 젓가락과 냅킨용 손수건으로 구성되어 있으며 세트 대여는 보증금을 내고 빌려갔다가 사용 후 반납하는 시스템이다. 마르쉐@의 강점은 생산자와 소비자가 직접 만나 '소통'하고 얼굴 있는 먹거리를 만날 수 있는 곳이라는 점이다. 소비자들은 좋은 물건들을 믿고 살 수 있고, 농부들과 직접 만나 내가 먹는 먹거리에 대한 건강한 이야기를 들을 수 있다. 마르쉐@에서는 여성환경연대와 함께 천연샴푸, 천연 모기퇴치제, 천연 치약, 에센스, 바디오일, 대안 생리대 등을 직접 만들어 보는 살림워크숍도 진행된다. 도시형 농부시장 마르쉐@는 한 달에 두 번(두 번째 일요일, 네 번째 토요일) 열리며, 마르쉐@혜화는 대학로 마로니에 공원에서, 마르쉐@양재는 양재시민의 숲 매헌기념관 옆, 마르쉐@명동은 명동성당 1898광장에서 열린다.

- 서울시 농부의 시장

서울시에서는 2012년부터 서울 곳곳에 농부의 시장을 열고 있다. 서울시 농부의 시장은 전국 각지의 검증된 농부들이 직접 재배하고 수확한 우수 농산물과 식품을 도시의 소비자들과 교류하는 직거래 장터이다. 농부의 시장은 생산자와 소비자가 만나는 직거래 장터의 기본 의미를 넘어, 서울을 가장 지속 가능하고 살기 좋은 도시로 만들기 위한 프로젝트이기도 하다.

3) 태양 식당, 해바라기 식당

한 시간 동안 지구에 도달하는 태양에너지의 양은 전 세계 인구가 1년간 사용하는 모든 에너지의 양과 같다고 한다. 사람의 몸은 태양에너지로 가득 차 있다. 우리는 태양에너지를 몸속에 저장해 놓고 있다. 태양에너지는 우리가 먹는 음식에 들어 있고, 음식물 속의 에너지는 태양에너지를 채워 넣은 식물이나, 식물을 먹은 동물한테서 온다. 이러한 태양에너지를 창의적으로 활용한 재미있는 사례가 있다.

- 태양 식당(Solar Kitchen Restaurant)

핀란드의 헬싱키에 태양에너지를 이용하여 요리를 하는 식당이 문을 열었다. 팝업 레스토랑'라핀 쿨타 솔라 키친(Lapin Kulta Solar Kitchen Restaurant)'은 석유나 가스, 전기 같은 화석연료를 쓰지 않는다. 이 식당은 태양에너지를 이용해 태양열 조리기로 요리를 한다. 이런 독특한 태양 식당은 핀란드의 요리전문가 안토 멜라스 니에미와 공간 디자이너인 마르티 귀세에 의해 탄생했다. 이들이 태양의 요리를 생각한 것은 화석연료를 전혀 사용하지 않고 자연에너지를 이용한 맛있는 요리를 사람들에게 선보이기 위해서이다.

이 식당에서 요리를 하려면 강한 햇볕으로부터 피부를 보호하기 위해 자외선 차단제를 듬뿍 바르고, 눈을 보호하는 선글라스는 필수다. 그날의 날씨와 햇빛 상태에 따라 메뉴를 정하고, 재료는 지역에서 구할 수 있는 유기농 재료를 쓴다. 태양으로 익히는 요리는 재료 본래의 맛이 살아 있어 미식가들이 인정할 정도로 맛있다. 맛의 비결은 다름 아닌 뜨거운 태양의 맛이다.

라핀 쿨타 솔라 키친은 짧게는 하루, 1주일 혹은 한 달 동안 문을 열었다 사라진다. 일반 식당처럼 고정된 건물이나 자리가 없다. 이들은 핀란드나 유럽 곳곳을 여행하면서 야외 식당을 연다. 팝업 레스토랑(Pop-up Restaurant)은 오랜 기간 열지 않고 짧게는 하루, 일주일, 한 달간 새로운 장소에서 문을 여는 식당을 의미한다. 요리사는 신선한 메뉴를 단기간에 선보이고, 손님들은 색다른 메뉴와 분위기를 즐길 수 있는 장점이 있다.

• 해바라기 식당

핀란드에 라핀 쿨타 솔라 키친이 있다면 우리나라에는 '해바라기 식당'이 있다. 2013년 5월에 오픈한 해바라기 식당은 '태양이 주는 선물을 가장 건강하고, 가장 안전하고, 가장 평화로운 음식으로 나누는 것'을 모토로 한다. 해바라기 식당은 채식과 로컬 푸드를 지향한다. 모든 식재료는 건강하고 안전한 유기농산물을 사용하며 태양열 조리기를 사용해 식재료 본연의 맛을 살리는 태양의 요리를 만든다. 볕이 좋은 날 환경 관련 행사나 에너지 관련 행사장에 식당을 연다.

4) 공유경제(Sharing Economy)

지금은 공유(共有)의 시대이다. 물건을 소유(所有)의 개념이 아니라 서로 대여해주고 빌려 쓰는 개념으로 인식하고 경제활동을 하는 것을 공유경제라고 한다. 미국 하버드 법대 로렌스 레식(Lawrence Lessg) 교수가 2008년 처음 사용한 이 공유경제는 물건을 필요한 만큼 빌려 쓰고, 나에게 필요 없는 것은 다른 사람에게 빌려주면서 서로 공유하는 방식의 경제활동을 말한다.[15]

• 열린 옷장

'열린 옷장'(www.theopencloset.net)은 정장이 필요한 사람들에게 정장 옷을 공유하는 사회적 기업이다. 열린 옷장은 어두운 옷장에 잠자던 정장을 기증받아 꼭 필요한 사람들과 공유하는 '세상에서 가장 커다란 옷장'이다. 취직을 하려고 면접을 보러 가는 청년구직자들, 자녀의 결혼식에 입을 멋진 양복을 찾는 아버지들도 열린 옷장을 찾는다. 열린 옷장의 공유 활동에 공감하는 많은 사람들의 기증으로 열린 옷장은 1,000벌의 옷을 보유하고 있으며, 매월 2,000여 명의 사람들이 열린 옷장에서 정장을 빌리고 있다.

- 씨앗카페 느티

서울시 광진구 화양동 주민센터 1층에는 공유카페가 운영 중이다. '씨앗카페 느티'의 책장에는 책 이외에도 다양한 생활용품들이 진열되어 있다. 공구가방, 작업등과 릴선, 캠핑 랜턴, 텐트와 해먹, 등산 배낭, 도시락 가방, 찬합, 다용도 찜기, 제기용품과 위패 등등 물건들이 다양하다. 이 생활용품들은 주민들이 기증한 것으로 필요한 사람은 누구나 대여할 수 있다. 물선을 공동으로 사용하면 비용이 절약되고, 집집마다 구매할 필요도 없고 쌓아둘 공간도 필요 없다. 이 씨앗카페는 화양동 주민들 모임인 '느티마을 사회적 협동조합'에서 운영한다. 조합원이 아니어도 누구나 이용할 수 있게 개방되어 있다. 물건 외에도 재능기부를 통해 특강을 열고, 친환경 농산물 직거래 장터를 열고, 물물교환도 한다.

- 공동부엌

20가구 73명이 살고 있는 스웨덴 스톡홀름 툴스투칸 아파트에서는 공동부엌을 운영하고 있다. 아파트의 거주민들은 공동부엌에서 요리를 하고 함께 먹는다. 공동부엌은 평일에 요일별로 4명이 한 팀이 되어 돌아가면서 요리한다. 공동부엌에서 저녁식사를 하려면 요리 당번을 해야 하는데 5주에 두 번만 참여하면 된다. 메뉴는 회의에서 결정한다. 스웨덴 스톡홀름에는 1인 가구가 47%나 되는데, 이 공동부엌을 이용하는 싱글족들은 혼자 끼니를

때우지 않아도 되고 이웃들과 모여 이야기를 나누며 먹을 수 있어 좋다. 식사만 공동으로 할 뿐 사생활은 보호받는다.

- 공유주택(Sharehouse)

통계청에 따르면 우리나라의 1인 가구 비율은 1990년 9.0%에서 2015년 현재 26.5%로 급격히 증가하였고, 2035년에는 34.4%(762만 8천 가구)로 증가할 것으로 전망한다. 하루가 다르게 오르는 도시 주택의 전세금과 월세는 1인 가구가 감당하기 만만치 않다. 이러한 추세로 인해 공유의 개념은 주거문화에도 확대되어 '공유주택'이 생겼다.

대표적인 사례 중의 하나가 우리동네사람들(이하 우동사)[6]이다. 대안적 주거공동체를 지향하는 우동사는 2011년 귀촌을 꿈꾸던 6명의 모임에서 출발하였다. 우동사는 4층짜리 다세대주택 세 집에 각 7~8명씩 총 23명의 1~2인 가구가 함께 사는 공유주택이다. 1~2인 가구는 개인 방을 사용하되 거실과 주방을 공유한다. 여럿이 함께 사니 혼자 살 때에 비해 주거비가 거의 3분의 1 수준으로 줄었다. 구성원도 다양하여 초등학교 교사, 목사, NGO 활동가 등 다채롭다. 우동사에 입주하면서 직장을 그만두고 본격적으로 농부의 길에 들어선 이도 있다. 집은 전세로 살다 2012년 구입했는데, 초기 우동사 참여 멤버들이 출자금 형식으로 1,800만 원씩 내고 나머지는 은행 대출을 받아 마련했다. 주거비는 월세에 대출상환원리금을 포함해 1인당 17만 원을 낸다. 생활비 갹출방식도 특이한데, '낼 수 있는 만큼, 내고 싶은 만큼' 내는 것이 원칙이다.

---

(6) 우동사 홈페이지 www.udongsa.net

공유경제는 경제적으로 어려운 사람들에게도 도움이 되고, 기후변화와 에너지고갈 등의 환경문제를 해소하는 데도 도움이 된다. 새로운 물건을 생산하고 폐기하는 과정에서 발생하는 에너지도 절감하고, 버려지는 물건을 줄여 자원 절약과 쓰레기를 줄일 수 있다. 경제적이고 환경적인 이익 이외에도 공유경제에 참여하는 사람들끼리 좋은 이웃, 친구가 되어 만들어지는 정서적 유대감과 우정 등 돈으로 환산할 수 없는 정신적 가치가 발생한다. 이렇게 새롭게 만들어지는 사회적 관계로 사회문제도 줄일 수 있을 것이다.

1 보존과 보전의 차이에 대해 자신의 견해를 말해 보라. 헤츠헤치 계곡에 대한 논쟁에서 당
  신은 핀쇼의 보전정책과 뮤어의 보존정책 중 어느 쪽을 지지하는가? 왜 당신은 그것을
  지지하는가? 그러한 당신의 생각의 배후에 있는 가치는 무엇인가?

2 집, 학교, 직장에서 실천할 수 있는 생태적이며 친환경적인 생활양식은 무엇이 있을까?
  각자 글로 정리해 보고 모둠별로 함께 공유해 보자.

추천 도서

▶ J.R.데자르댕, 김명식 옮김(1999). 『환경윤리 : 환경윤리의 이론과 쟁점』. 자작나무.

▶ 김윤성(2009). 『그림으로 이해하는 생태사상』.

▶ 박경화(2015). 『지구인의 도시사용법』. 휴.

▶ 김희경, 신지혜, 장미정(2015). 『모두를 위한 환경개념사전』. 한울림.

▶ 캐런 T. 리트핀(2015). 『에코빌리지, 지구 공동체를 꿈꾸다』. 시대의창.

생태생활

1 현재 인류가 겪고 있는 환경문제와 생태적 위기는 인간의 생활양식과 밀접한 관계를 맺고 있다. 자본주의 경제체제가 대두되면서 생산기술의 발달이 대량생산을 가능하게 하였고, 우리의 생활양식이 지구자원을 대량으로 소비하는 형태로 바뀌었다. 대량생산은 에너지와 자원의 고갈을 가져왔고, 대량소비는 생활폐기물의 증가와 함께 에너지와 생태환경의 위기를 가져왔다.

2 생태생활은 '생태'와 '생활' 두 단어가 결합된 개념이다. 생태생활을 이해하는 데 있어 관련된 다양한 용어를 이해할 필요가 있다. '생태'와 관련된 용어로는 생태계, 생태학, 생태소양, 생물 다양성 등이 있다. 생태와 관련된 다양한 용어 중에서 생태생활을 이해하는 데 중심적인 개념은 '생태소양'이다. 생태소양이란 지구상에 존재하는 생물의 삶을 가능히게 해주는 자연시스템(natural systems)을 이해하고, 이를 실생활에서 이용할 수 있는 능력을 말한다. '생활'과 관련된 용어로는 생태발자국, 탄소발자국, 물 발자국, 생태손자국 등을 들 수 있다. 이 중 '생태발자국'이 통상적으로 가장 많이 사용되는 개념으로 인간이 살아가면서 지구와 자연에 얼마나 많은 흔적과 영향을 미치는지를 토지 면적으로 표시한다.

3 20세기 초에 처음 제기된 보존과 보전에 대한 논쟁은 현재에도 환경문제에 대한 두 개의 유력한 견해를 상징한다. 철학자 패스모어는 보존(conservation)은 '미래의 사용을 위해 자원을 비축하는 것'이라고 정의하고, 보전(preservation)을 '아직 인간의 손길이 명백히 미치지 않은 지구상의 지역을 현상 그대로 유지하고, 아직 파괴되지 않은 생명체의 종을 멸종의 위협으로부터 보호하려는 시도'라고 정의 한다. 보존과 보전은 반대되는 개념이 아니며, 자연과 인간을 바라보는 '가치의 중심'을 어디에 두느냐에 대한 것이다.

4 생태생활이란 '지구상에 일어나는 환경문제를 해결하기 위해 생태적이며, 친환경적인 삶으로 전환하고 실천하는 생활양식'이다.

5 우리가 살고 있는 현대 산업자본주의 사회의 병폐인 환경문제 발생과 생태적인 위기를 극복하고 해결하기 위한 방안으로 다양한 형태의 삶을 보여주는 생태도시, 전환마을, 생태공동체와 같은 대안사회가 주목받고 있다. 1992년 리우회의 이후에는 도시화의 폐단으로 발생하는 환경문제를 해결하고, 자연과 인간이 공존하는 생태도시의 개념이 등장하였으며 브라질의 꾸리찌바와 같은 대표적인 생태도시가 주목받기 시작하였다. 2006년에는 영국의 작은 도시 토트네스에서 피크 오일과 기후변화, 경제적 불안정에 대비하여 회복력을 갖춘 전환마을 프로젝트가 시작되었다. 새로운 시대의 대안적인 삶의 양식으로 일컬어지는 생태공동체는 전 세계 100여국 1만 개가 넘는 공동체가 세계생태마을네트워크를 통해 연대하고 있다.

6 도시는 지구면적의 3%를 차지하지만, 지구 자원의 75%를 소비하고 있다. 현대인들의 대부분은 도시에 살고 있고 많은 환경문제가 도시에서 발생하기 때문에 도시에서의 생태적인 삶의 실천은 실로 중요하다. 도심에서 텃밭을 가꾸는 도시농부, 농부가 안전하게 키워낸 먹을거리를 나누는 농부시장, 자연의 에너지를 이용하는 태양 식당, 서로 공유하고 나누는 공유경제를 내 삶에서 실천하고 적용하는 것은 생태 생활의 진정한 주체로서의 시작이라고 할 수 있다.

참고문헌

1, 9. J.R.데자르뎅, 김명식 옮김(1999). 『환경윤리 : 환경윤리의 이론과 쟁점』. 자작나무.

2. 이필렬, 이인현(2011). 『생명과 환경』. 한국방송통신대학교출판부.

3. 강병화(2012). 『약과 먹거리로 쓰이는 우리나라 자원식물』. 한국학술정보.

4, 5. 강찬수(2014). 『에코사전 - 생각하는 십대를 위한 환경교과서』. 꿈결.

6. 김윤성(2009). 『그림으로 이해하는 생태사상』. 개마고원.

7, 8, 11. 김희경, 신지혜, 장미정(2015). 『모두를 위한 환경개념사전』. 한울림.

10. 데이비드 스즈키, 데이비드 보이드, 국제자연환경교육재단 옮김(2011). 『그린가이드: 발자국이 줄어들면 미소가 커진다』. 도미노북스.

12, 13. 코린 맥러플린. 고든 데이비드스. 황대권 엮음(2005). 『새벽의 건설자들(Builders of the Dawn)』. 한겨레신문사.

14. 임경수(2013). 『농, 살림을 디자인하다』. 들녘.

15. 박경화(2015). 『지구인의 도시사용법』. 휴.

03

지속가능한 발전과 교육

- **교과목 개요**
- 지속가능한 발전은 환경파괴, 남북문제, 빈곤, 문맹 등 인류가 직면한 문제를 해결하는 과정에서 제기되고 발전되어 온 개념으로서, 우리 사회의 발전 방향으로서 그 중요성이 강조되고 있다.
- 지속가능한 발전 및 지속가능발전교육은 하나의 합의된 정의가 있다기보다는 사용 주체에 따라 다의적으로 설명되고 해석되어 왔다.
- 다양한 사례를 통해 지속가능한 발전 및 지속가능발전교육 개념을 구체적으로 이해할 수 있도록 한다.

- **교육목표**
- 지속가능한 발전 개념의 역사적 발전 과정을 알고 지속가능발전에서 교육의 중요성을 이해한다.

- **교육내용**

1. 지속가능발전과 교육	〈핵심개념〉 • 지속가능한 발전, 우리 공동의 미래, 미래 세대 • 지속가능발전교육, UN 지속가능발전교육 10년 〈세부목표〉 • '지속가능한 발전' 개념의 역사적 발전 과정을 안다. • 지속가능한 발전에 있어 교육의 중요성을 이해한다.

1

—

지속가능한 발전과 교육

지속가능한 발전에 대한 국제 사회의 논의

지속가능한 발전은 미래 세대의 욕구를 충족시킬 수 있는 능력을 위태롭게 하지 않고 현 세대의 욕구를 충족시키는 발전을 의미한다.[1]

지속가능한 발전(Sustainable Development)에 대한 이 고전적 정의는 1987년 세계환경발전위원회(World Commission on Environment and Development, WCED)가 펴낸 '우리 공동의 미래(Our Common Future)'에 실리면서 널리 알려지게 되었다. 위원회 의장의 이름을 따서 브룬트란트 보고서(Bruntland Report)로도 불리는 이 보고서가 발간되면서 지속가능한 발전에 대한 논의가 전 세계적으로 확산되었는데, 그 이전에 개최되었던 국제회의에서도 관련 논의가 진행되어 왔다.

환경과 발전에 대한 유엔의 관심은 1972년 스톡홀름에서 개최된 유엔인간환경회의(United Nations Conference on the Human Environment)로 거슬러 올라간다. 스톡홀름회의로 불리는 이 회의에서는 전 세계에 환경문제의 본질을 알리고 이를 해결하기 위해 인간환경선언(Declaration on the Human Environment)을 발표했다. 인간환경선언은 자원을 사용하는 과정에서 환경과 균형을 유

지하기 위해서는 종합적이고 통합적인 발전 계획을 수립해야 한다고 주장한다.[2]

1980년 세계자연보전연맹(International union for Conservation of Nature and Natural Resources, IUCN)회의에서는 '세계보전전략(World Conservation Strategy)'을 발표했는데, 자연자원의 지속가능한 이용을 통해 생명 부양 시스템을 보전하는 데 일차적인 관심이 있었다. 이와 함께 개발도상국의 농민들이 기아와 빈곤에서 벗어나기 위해서 자연자원을 과도하게 이용하는 현실에 관심을 기울이면서 빈곤과 발전, 환경 사이의 관련성에 주목하였다. 세계보전전략에 제시된 환경 위기의 사회적, 정치적, 경제적 원인에 대한 통찰력은 브룬트란트 보고서에 영향을 주었다고 평가된다.[3]

이러한 흐름 속에서 1983년 유엔 총회는 세계환경발전위원회를 조직하고 2000년 이후까지 지속가능한 발전을 성취하기 위한 장기적 환경전략을 제출해 달라는 요구를 한다.[4] 이 위원회는 3년여 동안의 활동 결과물로 앞서 언급한 '우리 공동의 미래'를 발간하게 되고 이를 통해 지속가능한 발전에 대한 논의가 국제사회로 확대된다.

1992년 브라질의 수도 리우에서 열린 유엔환경발전회의(United Nations Conference on Environment and Development, UNCED)는 지속가능한 발전을 긴급히 추진해 나가야 함을 전 세계에 알리고 개발과 환경 쟁점에 대해 국제사회가 협력하도록 하는 데 큰 역할을 하였다.[5] 이 회의에서 채택한 리우선언의 '개념'과 '원칙'에서는 "지속가능한 발전을 위해서는 환경보호가 발전의 한 부분이어야 하며, 이를 발전과 분리해서 고려해서는 안 된다"고 천명하고 있다.[6]

2002년 남아프리카공화국의 요하네스버그에서 열린 지속가능한 발전에 관한 세계정상회의(World Summit on Sustainable Development, WSSD)는 1992년 리우회의에서의 합의 사항이 얼마나 지켜졌는지를 평가하고 앞으로의 실천을

교육실천가를 위한 사회환경교육론 1

도모하기 위해 개최되었다. 회의 결과 채택한 선언문에서는 지속가능한 발전의 중추가 되는 영역(경제 개발, 사회 개발, 환경 보호)의 상호 연계 고리를 강화하고 장려하기 위해 지역은 물론이고 국가적, 국제적 차원에서 공동의 책임을 질 것을 약속했다.

이상에서 살펴본 바와 같이 지속가능한 발전에 대한 국제사회의 논의는 인류의 삶이 환경에 바탕을 두고 있으므로 개발과정에서 환경을 고려해야 한다는 인식에 기초한다. 경제 성장 지상주의에서 환경보전과 경제발전의 조화가 필요하다는 지구적 공감대를 반영한 '새로운 세계관'이 필요했고, 이것이 지속가능한 발전이라는 새로운 용어로 나타났다는 평가도 있다.[7] 지속가능한 발전에 대한 이들 국제협약이나 선언문은 강제적 구속력이 없기 때문에 그 자체로는 한계가 있지만 개별 국가의 정책 수립에 영향을 미치고 나아가 국제적 환경규제나 관련된 의정서를 작성하는 데 기초가 된다는 점에서 그 의의를 찾을 수 있다.[8]

지속가능한 발전 개념의 특징[7]

세계환경발전위원회가 1987년에 펴낸 '우리 공동의 미래'에는 지속가능한 발전의 핵심 개념과 원칙이 제시되어 있다. 보고서는 인류가 수많은 성공과 희망의 징후들을 만들어왔지만 현재의 발전 경향은 가난과 질병에 시달리는 사람들의 수를 증가시키는 동시에 환경을 악화시키고 있다고 진단

---

(7) 이 설의 내용은 세계 환경교육위원회가 펴낸 '우리공동의 미래(WECE, 1987)'의 내용 중 일부를 요약 정리한 것이다.

한다. 따라서 인류에게는 새로운 성장 즉, '지속 가능한 발전'이 필요한데, 여기에는 두 가지 핵심 개념이 포함되어 있다.

- 욕구 : 특히 세계의 가난한 사람의 필수적인 욕구. 여기에 일차적인 우선권이 부여되어야 한다.
- 한계 : 기술과 사회조직의 상태가 현재와 미래의 욕구를 충족시킬 수 있는 환경의 능력에 미치는 한계를 알아야 한다.

핵심 개념에는 지속가능한 발전을 통해서 모든 사람의 기본 욕구를 충족시키고 더 나은 삶에 대한 열망을 달성할 수 있는 기회를 전 세계인으로 확장해야 한다는 의미가 담겨 있다. 이와 함께 환경자원을 다루는 기술과 사회 조직의 특성, 인간 활동의 영향을 흡수할 수 있는 환경의 수용 능력은 지속가능한 발전에 일정한 한계를 부여한다는 점을 지적한다.

이러한 개념 정의에서 지속가능한 발전에 대한 몇 가지 중요한 특징과 논쟁거리가 제기된다. 이후에서는 지속가능한 발전 개념의 중요 특징을 먼저 살펴보고 다음으로 주요 논쟁점을 알아보겠다.

1) 깊이 연관된 문제 : 경제성장, 환경문제, 빈곤

세계환경발전위원회가 제시한 지속가능한 발전 개념은 경제성장과 환경문제, 빈곤이 서로 깊이 연관된 문제라는 점을 강조한다. 이들 사이의 연관성은 그 이전의 국제회의에서도 제기되었지만, '우리 공동의 미래'를 통해 더욱 구체화된다. 당시까지 환경오염은 경제발전의 결과물로 인식되었지만 빈곤 역시 환경파괴를 가속화한다는 점을 보고서는 지적한다. 개발도상국은 심각한 경제적 압력에 직면하고 있기 때문에 보유하고 있는 환경자원을 과도하게 개발할 수밖에 없는 실정이다. 저개발국가의 가난하고 굶주린 사람은 살아남기 위해 토지와 자연자원을 과도하게 착취하게 되고 고갈된 자원으로 인한 영향 역시 고스란히 받게 되어 빈곤에서 벗어나기 어렵다. 빈곤은 지구 환경 문제의 주요 원인이자 결과라고 할 수 있다.

보고서는 또한 그동안 경제성장이 환경에 미치는 영향에만 관심을 두었다고 말하면서 환경적 압박 즉, 토양, 물, 대기, 산림 파괴가 경제에 미치는 영향에 관심을 기울여야 한다고 주장한다. 환경자원의 토대를 훼손한다면 발전은 유지될 수 없다는 것이다. 따라서 경제학과 생태학은 환경을 보호하기 위해서만이 아니라 발전을 증진하기 위해서도 통합되어야 한다고 주장한다. 나아가 환경문제와 경제문제는 수많은 사회적 · 정치적 요인과 연결되어 있다고 본다. 예를 들어 급속한 인구성장은 지구환경에 큰 부담을 주고 삶의 질을 떨어뜨린다. 그런데 대부분의 인구성장은 소득이 낮은 국가, 생태적으로 불리한 지역과 가난한 가구에서 일어난다. 이와 함께 여성이 일할 수 있는 기회나 교육에 대한 접근성, 혼인 연령과 같은 사회적 지위와도 밀접하게 연관되어 있다.

지속가능한 발전의 세 개의 주요 측면으로 사회, 환경, 경제가 제시되는 것은 이러한 맥락이라고 볼 수 있다. 요하네스버그에서 열린 세계정상회의(WSSD)는 '경제 개발, 사회 개발, 환경 보호' 이들 세 영역 사이의 상호 연계 고리를 강화할 것을 주장한 바 있다. 유네스코는 지속가능한 발전의 서로 연결된 세 개의 측면을 다음과 같이 설명한다. 이때 정치는 사회영역에 포함되는 것으로 본다.[9]

• 사회 : 의견 표명 및 정부의 선출, 동의 형성, 차이에 대한 해결의 기회를 보장하는 민주적이고 참여적인 시스템과 함께 변화와 발전에 있어 사회

기관 및 이들의 역할에 대해 이해하기

- 환경 : 자원 및 물리적 환경의 연약성 그리고 인간 활동과 결정이 이들에 미치는 영향력 인식하기. 환경에 대한 관심을 사회적이고 경제적인 정책 개발로 이어지게 노력하는 것
- 경제 : 경제 발전의 한계와 잠재력 그리고 이들이 사회와 환경에 미치는 영향력에 대해 민감하기. 이와 함께 환경과 사회 정의에 대한 관심에 기초하여 개인적이고 사회적인 소비 수준을 평가하는데 노력하기

이들 세 요소는 진행 중이면서도 장기적으로 진행되는 변화의 과정을 가정한다. 따라서 인간 사회가 끊임없는 변화 속에 있는 것과 마찬가지로 지속가능한 발전은 역동적인 개념이다. 지속가능한 발전은 현 상태의 유지라기보다는 변화에 대한 암시이자 방향이다. 빈곤을 지속가능한 발전에 대한 쟁점과 연결하는 것은 국제 사회가 환경보호만큼이나 박탈과 무기력을 종식시키는 것을 미래의 세계에 대한 관심의 핵심으로 본다는 것을 의미한다. 이 방정식의 균형을 맞추는 것이 지속가능한 발전이 안고 있는 핵심적인 도전이다. 이들 세 영역 사이의 상호관련성에 대한 기초는 문화 영역을 통해 가능하다. 문화는 맥락과 역사, 전통에 따라 차이가 나는 존재의 방식이자 연관 짓고, 믿고 행동하는 방식이다. 인류는 문화 속에서 삶을 영위한다.[10]

하지만 '사회, 경제, 환경의 조화=지속가능한 발전'이라고 공식화하는 것은 지나친 단순화이며[11], 이들이 서로 분리될 수 있는 어떤 것으로 이해될 수 있는 위험이 있다. 지속가능한 발전에 대한 논의에서 이들 세 영역을 중요하게 간주하는 것은 이들을 구분해서 사고하는 것이 아니라 지속가능한 사회를 만들어가는 과정에서 반드시 고려하고 균형을 이루어야 하는 최소한의 영역을 꼽은 것이라고 볼 수 있다. 따라서 영역 각각에 대한 관심뿐만

아니라 이들 사이의 연관성을 보고 총체적으로 사고하는 것이 필요하다.[12]

2) 형평성의 원칙 : 개발로 인한 이익과 비용의 공평한 분배

지속가능한 발전 개념의 또 다른 중요한 측면은 형평성(equity)이다. 세계 환경발전위원회는 지금까지의 발전은 그 토대를 이루는 환경을 파괴했을 뿐만 아니라 기아와 빈곤의 문제를 심화시켰다고 진단하면서 형평성의 문제를 제기한다. 형평성은 개발 또는 경제성장으로 얻은 이익의 분배와 필연적으로 발생하는 자원고갈이나 환경오염 비용의 분배가 일치하지 않음을 인식하고 약자들의 삶의 조건과 현실을 고려해야 한다는 것이다.[13]

개발로 인한 이익과 비용을 분배할 때 누구를 고려해야 하는가에 따라 세대 내 형평성(intragenerational equity), 세대 간 형평성(intergenerational equity), 종 간 형평성(interspecies equity)으로 구분할 수 있다. 개발의 결과 나타난 자원고갈과 환경오염의 영향은 지구적 차원에서는 저개발국가에게, 한 국가 내에서는 가난한 사람들에게 더 큰 영향을 미친다. 개발의 성과가 좀 더 공평하게 분배되어야 할 뿐만 아니라 환경 문제가 가난한 나라와 빈곤 계층에 미치는 영향을 고려해야 한다는 것이 '세대 내 형평성'이다. '세대 간 형평성'은 지속가능한 발전의 고전적 정의에 나타나 있듯이 고려의 대상을 '미래 세대'까지 확장해야 한다는 의미이다. '종 간 형평성'은 인류가 아닌 다른 종의 생존도 고려해야 한다는 의미이다. 종 간 형평성은 인간과 다른 생명체가 동일하다는 주장이라기보다는 생태계 보전과 생물다양성 유지의 중요성을 강조하는 것이라고 볼 수 있다.[14]

이하에서는 지속가능한 발전을 둘러싼 주요 논쟁점을 살펴보겠다.

3) 지속가능한 발전 = 지속적인 경제 성장?

지속가능한 발전을 둘러싼 논쟁의 핵심은 '발전'의 성격에 대한 것이다. 세계환경발전위원회는 '우리 공동의 미래'에서 환경의 쇠퇴와 빈곤, 인간의 고난의 계속적인 증가가 아니라 새로운 경제성장의 시대적 가능성을 전망한다. 새로운 경제성장은 환경자원의 토대를 유지하고 확장하는 정책에 기반을 둔 성장이자, 빈곤과 저개발 문제를 해결하기 위한 지속적인 경제 성장이다. 여기에는 개발도상국이 커다란 역할을 수행하고 막대한 이익을 거둘 수 있는 새로운 경제성장기가 오지 않는다면 빈곤과 저개발 문제는 해결될 수 없다는 가정이 깔려 있다.

보고서는 높은 수준의 경제성장과 빈곤의 만연은 공존할 수 있기 때문에 발전의 성과와 영향을 공정하게 분담할 것, 자원과 에너지 사용을 줄여서 성장의 지속가능성을 높일 것을 주장한다. 이러한 언급에도 불구하고 '우리 공동의 미래'에서 말하는 지속가능한 발전은 '지속적인 경제 성장'을 기초로 한다고 볼 수 있다. 따라서 지속가능한 발전 개념이 환경과 경제의 조화를 강조하는 것 같지만 실제로는 기존의 경제 중심적 성장 체제를 유지, 강화시키기 위한 수식어로 사용되는 경우가 많다는 비판이 존재한다.[15]

4) 환경 : 발전을 위한 자원?

지속가능한 발전을 둘러싼 또 다른 논쟁은 지속가능한 발전 개념에서 환경 또는 생태계가 어떻게 간주되는가 하는 것이다. '우리 공동의 미래'에서 환경과 발전은 분리된 과제가 아니라 연결되어 있고, 환경자원의 토대를 훼손하면 지속적인 발전은 불가능하다고 본다. 자연 또는 생태계는 궁극적인 한계가 존재하기 때문에 성장을 위해 지속적으로 사용하기 위해서는 자원을 공평하게 사용하고 환경에 가해지는 압력을 줄이기 위해 기술적, 제도적 노력을 쏟아야 한다고 주장한다.

재생가능한 자원의 경우 어떻게 하면 이들 자원을 지속적으로 사용할 수 있는가를 연구해야 하며, 재생 불가능한 자원은 사용을 금지하는 것이 아니라 고갈률을 고려하고 재사용이나 절약을 위해 끊임없이 노력해야 한다는 입장이다. 멸종 위기에 처한 생물 종을 보호하고 일정한 등급 이상의 지역을 보호지역으로 설정하는 것은 비용이 들지만 장기적인 관점에서 보면 발전의 기회가 더 많아지기 때문에 필요하다고 본다. '우리 공동의 미래'에 제시된 지속가능한 발전 개념에서 환경과 생태계는 지속적인 경제 성장을 위한 '자원'인 셈이다.

지속가능한 발전이 추구하는 발전이 무엇이냐 또는 지속시켜야 할 것이 무엇이냐에 대한 질문은 '지속가능성'에 대한 논의로 모아진다. 지속가능성은 크게 약한 지속가능성(weak sustainability)과 강한 지속가능성(strong sustainability)으로 구분된다. 환경·자연·생태계를 지속적인 경제성장을 통해 인류의 웰빙을 도모하는 자원으로 간주하는 경우 약한 지속가능성을 지지하는 것이다. 생태계의 건강과 생태학적 순환이 지속되는 것 자체가 목적인 경우 강한 지속가능성으로 볼 수 있다.

약한 지속가능성을 지지하는 입장에서는 환경관리의 목적은 지속적인 이윤 창출에 있으며 생태계 가치의 보존 역시 그 자체가 목적이라기보다 경제성장의 자원이라는 점에서 의미가 부여된다. 지속적인 경제 성장은 당연시된다. 이와 달리 강한 지속가능성의 입장에서는 생태계의 건강과 생태적 과정의 지속성 자체가 목표이며 경제규모의 축소를 통해서 지속가능성을 실현할 수 있다는 입장을 지지한다.[16] '우리 공동의 미래'에 제시된 지속가능한 발전 개념은 '약한 지속가능성' 개념에 가깝다고 볼 수 있다.

지속가능한 발전은 지구 미래에 대한 일종의 좌표이자 지향으로 간주된다. 하지만 외면상으로는 환경을 염려하여 지속시키려 하지만 실상은 경제성장을 지속하려는 수사(rhetoric)에 불과하다거나[17], 미래 세대의 욕구가 무엇인지 불분명하기 때문에 다음 세대를 고려하는 것은 실질적으로 어렵다는 비판, 현 세대 내의 국가 간, 계층 간의 형평성은 고려하지 않았다는 비판이 존재한다. 지속가능한 발전의 옹호자들은 이러한 비판은 지속가능한 발전의 의미를 제대로 파악하지 못한 것이며, 여기서 말하는 발전은 현재의 경제성장을 이룬 서구의 모델이 아니며 환경, 사회, 경제 세 가지 영역이 조화롭게 고려된 미래에 대한 새로운 패러다임이라고 주장한다. 또 지속가능한 발전이 대두된 초기에는 현 세대의 형평성에 대한 고려가 부족했지만 이후 환경정의의 관점에서 정의롭고 공정한 발전을 지향하고 있다고 주장한다.

피엔(Fien)과 틸버리(Tilbury)는 지속가능한 발전에 대한 다양한 해석이 존재하는 것은 그 용어를 사용하는 사람마다 아래 질문에 대한 답이 다르기 때문이라고 보았다.[18]

- 어느 정도의 시간의 지속성을 말하는가? 인류의 수명, 이번 또는 다음 세대? 생태학적 생애라는 스케일에 관심이 있는가?
- 어떤 종류의 발전을 지속시키고자 하는가? 사회적, 문화적, 정치적, 정신적, 경제적 발전을 지속시키고자 하는가? 이들은 서로 구분될 수 있는가?
- 지속가능하기 위해 어떤 변화가 필요한가? 어떻게 변화 가능한가?
- 경제성장에는 어떤 암시를 주는가? 지속가능한 사회에서 경제적 성장에 한계는 있는가? 그렇다면 그것은 무엇인가?

'우리 공동의 미래'를 통해 제시된 지속가능한 발전에 대한 논의는 환경문제와 경제발전, 빈곤의 문제가 서로 독립된 것이 아니라 깊이 연관된 문제라는 인식을 국제사회로 확산하는 데 있어 중요한 역할을 하였다. 또한 생태계와 환경에 대한 영향을 줄이고 개발의 성과와 피해를 공평하게 분담하는 '새로운 성장'의 필요성을 제기했다는 점에서 의미가 있다. 하지만 '우리 공동의 미래'에서 말하는 지속가능한 발전은 '지속적인 경제 성장'이며, 환경과 생태계는 지속적인 경제발전을 위한 자원으로서 의미를 가진다는 비판을 면하기는 어렵다.

그렇다면 이렇게 복잡하고 논쟁적인 지속가능한 발전을 우리 교육자들은 어떻게 다루어야 할까? 또한 지속가능한 발전과 교육의 관계를 어떻게 바라봐야 할까? 다음 절에서는 먼저 지속가능발전교육에 대한 국제사회의 논의, 지속가능발전교육의 정의와 주요 원칙을 알아본 다음, 지속가능한 발전과 교육의 관계에 대해 살펴보겠다.

지속가능발전교육에 대한 국제사회의 논의

지속가능한 발전에 있어 교육의 중요성은 일련의 국제회의를 통해 강조되어 왔다. 지속가능한 발전을 위해서는 사람들의 태도나 가치체계의 변화가 필요한데 이를 위해서는 교육이 핵심적인 역할을 한다고 보는 것이다. 1987년 발간된 '우리 공동의 미래'나 1991년 IUCN, UNEP, WWF가 공동으로 발간한 '지구를 위한 보살핌(Caring for the Earth)', 1992년 '유엔환경발전회의(UNCED)에서 채택한 '환경과 개발에 관한 리우선언'과 '의제 21' 등이 그 예이다.

'우리 공동의 미래'에서는 지속가능한 발전을 이루려면 환경적 능력의 한계를 넘어서지 않고, 모든 사람이 함께 나눌 수 있는 소비수준을 지키도록 하는 것을 포함한 일련의 가치체계의 변화가 필요하다고 본다. 그리고 이를 위해서는 교육과 함께 논쟁, 대중적 참여를 위한 광범위한 홍보가 필요하다고 주장한다.[19]

'지구를 위한 보살핌(Caring for the Earth)'은 사람들이 지속가능한 삶에 대해 배우고 이를 받아들이고 살아가도록 하는 데 있어 교육이 매우 중요한 역할을 함을 밝히고 있다.

지속가능한 삶은 개인, 공동체, 국가, 세계 등 모든 수준에서 새로운 패턴이어야 한다. 새로운 패턴을 채택하는 것은 많은 사람들의 태도와 실천에서 의미심장한 변화를 요구한다. 교육 프로그램이 지속가능한 삶을 위한 윤리의 중요성을 반영하도록 해야 한다.[20]

1992년 유엔환경개발회의에서 채택한 '환경과 개발에 관한 리우선언'은 원칙 9와 10에서 지속가능한 발전에 있어 교육의 중요성을 강조한다. 또한 리우선언의 구체적인 실행지침인 의제 21의 제36장 '교육, 공공인식 및 훈련'에서는 지속가능한 발전을 위해 교육 전반에 걸쳐 다음과 같은 전환이 필요하다고 지적한다.

• 교육의 질 향상 : 평생교육에서 시민들의 삶의 질 향상에 필요한 지식, 기술, 가치 습득을 재조명
• 교육과정 변화 : 지속가능한 세계를 만들기 위하여 취학 전부터 대학교육까지 교육과정 전반에 대한 혁신
• 지속가능한 발전에 대한 대중 인식 제고 : 책임 있는 시민의식 개발을 위해 지방과 국가, 전 세계의 노력이 필요함
• 노동인력 훈련 : 관리자와 노동자가 지속가능한 생산 및 소비 양식을 채택하도록 교육함

유엔이 리우회의의 결정 사항에 대한 후속 조치를 위해 조직한 지속가능
발전위원회(Commission for Sustainable Development, CSD)는 유네스코를 의제 21
의 실무담당기구로 지정하고, 지속가능발전교육을 추진하기 위한 실행계획
을 작성하도록 한다. 이처럼 국제회의를 통해 지속가능한 발전에 있어 교육
이 중요하다는 점이 강조되었음에도 이후 추진 실적은 미비한 것으로 평가
된다.

1997년에 발간된 유네스코의 보고서 '지속가능한 미래를 위한 교육(Edu-
cating for a Sustainable Future)'에서는 교육을 "중요하지만 잊힌 리우 의제"로 평
가한다. 1997년 유네스코와 그리스 정부 주최로 그리스 데살로니키에서 열
린 '환경과 사회 : 지속가능성을 위한 교육과 공공인식'이라는 주제의 회의
에서 채택한 '데살로니키 선언(Thessaloniki Declaration)'에서도 비슷한 비판이
제기된다. 선언문은 지속가능한 발전에 있어 교육의 중요성을 재차 확인하
면서, 리우회의 이후 5년 동안의 진전은 불충분하였다고 진단하고, 추가적
인 노력이 필요하다고 권고한다.[21]

지속가능발전교육에 대한 국제사회의 노력은 2002년 열린 지속가능한 발
전에 관한 세계정상회의(WSSD)에서 큰 전기를 맞게 된다. 세계정상회의에
서는 지속가능한 발전의 비전을 확장하고 새천년개발목표(Millennium Develop-
ment Goals, MDGs)와 만인을 위한 교육(Education for All, EfA) 행동 틀의 교육적 목
표들을 재차 확인하면서 '지속가능발전교육을 위한 10년'을 제안한다. 이후
2002년 12월에 열린 제57차 유엔총회에서 2005-2014년을 유엔 지속가능
발전교육10년(UN Decade of Education for Sustainable Development, DESD ; 2005-2014)
으로 채택하고 이를 선포한다. 이후 유네스코는 유엔 지속가능발전교육10
년 사업의 선도 기관으로 선정되어 관련 활동을 적극적으로 펼치게 된다.

유엔 지속가능발전교육10년과 그 이후

1) 유엔 지속가능발전교육10년의 비전

'유엔 지속가능발전교육10년'의 선도 기관으로서 유네스코가 2005년 발간한 유엔 지속가능발전교육10년 (DESD)을 위한 실행계획 초안에는 지속가능발전교육의 정의와 주요 특징이 제시되어 있다.[22] 우선 지속가능발전 교육을 통해 다음과 같은 전 지구적 비전을 달성하고자 한다.

우리나라의 유엔 지속가능발전교육10년 국가추진전략 [23]에서도 위의 지속가능발전교육에 대한 비전을 채택하였다. 실행 초안에 따르면 지속가능발전교육은 근본적으로 가치(values)의 변화를 요구하며, 지속가능발전교육이 촉진해야 할 가치들은 적어도 다음의 것을 포함해야 한다.

- 전 세계 모든 사람의 존엄성과 인권 존중, 사회적, 경제적 정의를 위한 헌신
- 미래 세대의 인권에 대한 존중과 세대 간 책임을 위한 헌신
- 지구생태계의 보호와 복원을 포함한 다양한 생명공동체 존중 및 배려
- 문화적 다양성 존중과 지역적 · 지구적으로 관용, 비폭력, 평화의 문화 마련

또한 교육은 지속가능발전을 위해 요구되는 가치의 획득과 확산을 촉진하는 전략의 핵심이며 다음과 같은 역할을 할 수 있다고 본다.

- 교육은 우리들 모두가 지구적 규모에서 긍정적인 변화를 일으킬 수 있는 힘과 책임을 가지고 있음을 일깨워 주어야 한다.

- 교육은 사회에 대한 비전을 현실로 옮길 수 있는 사람들의 역량을 강화하는, 지속가능한 발전으로의 변혁에 있어서 최우선적인 동인이다.
- 교육은 지속가능한 미래를 위해서 요구되는 가치, 행동, 생활방식을 촉진한다.
- 지속가능발전교육은 모든 공동체의 평등, 경제, 생태의 장기적 미래를 고려하여 의사결정을 하는 방법을 배우는 과정이다.
- 교육은 미래지향적 사고를 위한 역량을 구축한다.

실행 초안에 제시된 지속가능발전교육의 핵심적인 특징은 다음과 같다.

- 간학문적이고 총체적 : 지속가능발전교육은 분리된 교과목이 아니라 전체 교육과정에 반영됨
- 가치 내재적 : 지속가능한 발전에 깔려 있는 가치와 원칙을 명시화하여, 이들을 검토하고, 논쟁하고, 검증하고, 적용하도록 함
- 비판적 사고와 문제 해결 : 지속가능한 발전이 직면한 도전과 딜레마를 표현하는데 자신감을 갖도록 함
- 다양한 학습 방법 사용 : 예술, 드라마, 논쟁, 경험 등 다양한 교수학습 방법의 사용. 단지 지식을 전달하는 가르침에서 학습자와 교수자가 함께 지식을 얻는 과정에 참여하는 것으로, 또한 자신이 속한 교육기관의 환경을 결정하는 데 참여하는 것으로 바꾸기
- 참여적 의사결정 : 학습자가 어떻게 배울 것인가 하는 의사 결정에 참여함
- 적용 가능성 : 학습 경험을 매일 매일의 개인적, 전문적 삶에 통합하기
- 지역적 관련성 : 지구적 쟁점뿐만 아니라 지역의 쟁점을 드러내고, 학

습자가 가장 많이 사용하는 언어를 쓰기

또한 지속가능발전교육에서는 다음 세 가지 관점이 중요하게 간주된다. : 사회문화적 관점, 환경적 관점, 경제적 관점. 이들 관점 각각의 주요 주제는 다음 표1과 같다.

표1. 지속가능발전교육의 주요 관점

사회문화적 관점	환경적 관점	경제적 관점
• 인권, 평화, 안보 • 양성 평등 • 문화적 다양성과 문화 간 이해 • 건강과 에이즈 • 거버넌스	• 자연자원(물, 에너지, 농업 등) • 기후변화 • 농촌 개혁 • 지속가능한 도시화 • 재해 예방 및 완화	• 빈곤 퇴치 • 기업의 책임 및 책무 • 시장 경제

유엔 지속가능발전교육10년 동안 지속가능발전교육에 대한 세 단계의 모니터링과 평가를 수행할 것을 권고하는 국제이행계획(International Implementation Scheme)도 발표되었다.[24] 이를 위해 세계 모니터링 · 평가 틀(The Global Monitoring Framework, GMEF)이 개발되었다. 이 틀은 이해당사자들 사이의 인식을 증대하고 반성과 학습의 기회를 제공하며, 형식교육, 지역사회, 기업, 정부 등 여러 영역에서 진전 상황과 과정을 모니터링 하는 것이 목적이다. 이와 함께 유엔 지속가능발전교육10년의 결과와 영향뿐 아니라 맥락과 구조, 과정과 학습에서의 변화를 측정하고, 이에 대한 지구적, 지역적 지도를 그릴 수 있게 해주는 것을 목적으로 한다.[25]

그 결과로 2009년과 2012년, 2014년에 각각 '맥락과 구조', '과정과 학습', '성과와 영향' 등에 초점을 맞춘 모니터링 및 평가 보고서가 발간되었다.[26,27,28] 단계별 평가의 초점과 자료수집 방법은 표 2와 같다.

표2. 유엔 지속가능발전교육 10년 모니터링 및 평가

단계	초점	자료 수집 방법
1단계	맥락과 구조 : DESD를 지원하는 맥락과 구조, 기제	국가별 설문지, 관련 연구 및 전문가 회의, 이해관계자 자문 및 설문, DESD에 대한 유네스코의 기여도에 대한 자체 평가
단계	과정과 학습 : DESD에 부합하는 학습 과정, ESD의 SD에 대한 사회적, 경제적, 교육적, 환경적 측면에서의 기여도	문헌분석, 이해당사자 경험 면담, 사례조사, 간략한 설문, UN 관련 기관의 내부 평가
단계	영향과 결과 : ESD가 교육 시스템과 SD를 위한 노력에 반영된 성과와 도전 과제	'맥락과 구조' 및 '과정과 학습' 보고서, ESD의 현황에 대한 개별 국가 및 이해당사자의 평가

2) 우리나라의 유엔 지속가능발전교육10년

유엔 지속가능발전교육10년 기간 동안 우리나라에서 진행된 성과는 다음과 같다. 초기에는 대통령자문 지속가능발전위원회(PCSD)를 중심으로 지속가능한 발전을 이행하기 위한 방안으로서 지속가능발전교육을 강조하였다. 2005년 발표된 '유엔 지속가능발전교육10년 국가추진전략'에서는 목표, 추진 전략과 중점 과제를 제안했다. 추진 전략에는 지속가능발전교육의 체계와 기반 구축, 지속가능발전교육에 대한 인식 증진, 개인과 집단의 학습과 실행 역량 강화, 이해당사자들의 의사소통과 파트너십, 교육과 학습이 지속가능한 발전과 지속가능한 사회 형성에 핵심전략이 되게 하기 등이 포함되어 있다.[29]

2013년에 발간된 유엔 지속가능발전교육10년 국가보고서에 따르면 2005년에 제안되었던 국가추진전략은 꾸준하게 적용되고 있다.[30] 특히 지속가능발전법(2007), 환경교육진흥법(2008) 등 관련법과 이를 수행하기 위한 지방의 조례가 제정되고 구체적인 정책들이 추진되는 등 지속가능발전교육을 위한 체계와 기반 구축을 위한 노력이 가시적으로 나타났다. 또한 유네스코한국위원회에는 지속가능발전교육위원회(2009)가 구성되어 핵심적인 역할을 수행한다. 이러한 법과 제도의 정비는 "위계적 맥락의 한국적 상황에서 위에서부터 아래로(Top-down) 지속가능발전교육 수행을 위한 기본적인 체계를 제공[31]"하는 데 큰 기반이 되었다고 평가된다.

유엔 지속가능발전교육10년 동안 지속가능발전교육을 수행하는 과정에서 다양한 파트너십과 네트워크가 형성되었다는 점 또한 주요 성과로 평가된다. 예를 들어 유네스코한국위원회가 지속가능발전교육 콜로키엄과 같은 여러 협력 사업을 추진하면서 한국과학창의재단, 서울시교육청 등 여러 기관과 파트너십을 맺었다. 이 시기에 그린캠퍼스협의회, 시민사회네트워크, 기업 네트워크 등 다양한 네트워크도 형성되었다.

'유엔 지속가능발전교육10년 국가보고서'에는 학교 교육, 교사 교육, 고등교육(대학), 직업교육훈련(TVET), 의제 21(Agenda 21), 지속가능발전교육 지역전문센터(RCE), 시민사회단체(NGO), 민간(기업), 유네스코한국위원회 등 사회 각 영역별로 지속가능발전교육의 현황과 주요 사례들이 소개되어 있다. 이를 통해 짐작해볼 수 있듯이 사회 각 영역에서 지속가능한 사회를 만들기 위한 다양한 교육적 실천들이 진행되었다. 표 3은 보고서에 제시된 영역별 지속가능발전교육 우수 사례 일부를 요약한 것이다.

이러한 성과에도 불구하고 지속가능성 또는 지속가능발전교육이 우리 사회 전체로 확산되거나 주류화 되었다고 보기에는 어려움이 있다. 이러한 한계를 극복하기 위한 제안 사항은 다음과 같다. 일차적으로 지속가능한 발전 또는 지속가능성을 지향하는 정부의 정책 기조가 마련될 필요가 있다. 2012년 리우+20으로 지칭되는 세계정상회의에서는 새천년개발목표(MDGs)를 지속가능한 발전목표(SDGs)로 전환하기로 합의한 바 있다. 이러한 국제 사회의 흐름이 국가의 정책 방향에 반영될 필요가 있다.

표3. '유엔 지속가능발전교육10년' 동안의 지속가능발전교육 우수 사례[32]

영역	사례	특징
학교 교육	중고등학교 환경프로젝트 수행 및 발표	· 중고등학생들이 '환경' 교과와 연계하여 환경 및 지속가능발전교육에 대한 프로젝트를 수행함 · 프로젝트 수행 결과를 발표, 공유하는 대회를 환경교사모임 주최로 개최함
교사 교육	서울시교육청과 유네스코 한국위원회의 교원 직무연수	· 2010-2013년까지 매년 2차례 연수 개최 · 초중고 각각에 대해 기본, 심화, 원격과정의 연수 시행 · 학교급과 유형별로 연수모델을 개발하여 보급과 확산의 기반을 구축함
고등교육 (대학)	서울여자대학교 바롬인성교육 과정	· 공동체생활교육으로 진행되는 교육과정 · 글로벌 시민소양교육을 목표로 3가지 교육과정을 운영함. 각각의 주제는 자아정체성과 비전 확립, 공감적 의사소통 능력 함양, 세계적 관점에서 사회문제 인식 및 해결임
직업교육훈련 (TVET)	LG전자 기후변화교육	· 2009년부터 임직원을 대상으로 기후변화의 원인 및 현상, 화학물질 관리 및 규제 등에 대한 온라인 교육을 실시함 · 협력사 직원들을 대상으로는 2006년부터 유해물질 관리 정책과 친환경인증제에 대해 교육을 하고 있음 · 기업이 기후변화에 대응하고 화학물질 안전사고 위험을 줄이기 위해 노력하는 사례
의제 21 (Agenda 21)	시흥의제 21 에너지 저감 마을 만들기	· '친환경 마을 만들기 사업'의 일환으로 '에너지 저감 마을 만들기-CO_2 Diet Village' 사업을 추진함 · 에너지와 기후변화를 주제로 마을에서 다양한 형식의 학습활동이 이루어지고 주민 자치 역량이 강화됨
지속가능발전교육 지역전문센터 (RCE)	통영 RCE 시민교육위원회 프로그램	· 시민교육을 담당하고 있는 39개(2013년 기준)의 기관과 단체들이 실무 협력 체제를 구축한 사례 · 지역축제(한산대첩, 어린이날, 바다의 날) 및 교육 프로그램을 공동 기획하고, 정기교육을 통해 시민교육 담당자 및 단체장의 역량을 강화하는 노력을 하고 있음
시민사회단체 (NGO)	사람과 두꺼비의 공존을 위한 도전 '두꺼비 친구들'	· 2003년 청주시 산남마을 택지개발지구에서 국내 최대 두꺼비 서식지가 발견되면서 개발과 보존을 지지하는 집단 사이에 대립이 발생함 · 지역의 많은 어린이와 주민이 참여하는 보존운동을 통해 2004년 두꺼비생태공원 조성을 위한 상생협약이 체결됨 · 양보와 타협을 통해 개발에 대한 시고 다른 생각의 차이를 좁히는 노력을 진행했다는 점에서 의미가 있음

민간(기업)	사람이 중심이 되는 평생학습 체제 구축 : 유한 킴벌리	· 사람에 투자하고, 사람이 중심이 되는 경영 철학을 기반으로 직원들의 역량 강화를 위한 평생학습 체제를 마련하고 윤리경 영 및 사회적 책임 경영을 함
유네스코 한국위원회	지속가능 발전교육 콜로키엄	· 2010-2013년까지 16차례의 유관 기관과의 콜로키엄 개최를 통해 관련 전문가와 일반 대중들에게 지속가능발전교육에 대 한 인식을 확산하고 국내 파트너십/네트워크를 구축함
	지속가능 발전교육 공식프로젝트 인증제	· 교육 현장에서 실시되고 있는 지속가능발전교육의 우수 사례 를 발굴·지원·보급하기 위해, 일정 자격 요건을 갖춘 프로 젝트를 심사를 거쳐 선발하고 인증하는 제도를 운영함

이와 함께 지금까지 진행된 지속가능발전교육의 주요 성과와 우수 사례를 확산하고 지속가능발전교육에 대한 지원을 계속하는 것이 매우 중요하다. 지속가능발전교육에 참여한 주체가 각 영역에서 변화를 만들어 내는 데에는 지속적인 노력과 시간이 필요하기 때문이다. 예를 들어 지속가능발전교육을 위한 연수에 참여한 교사가 교과 수업이나 교과 외 활동에서 지속가능발전교육을 실천하기 위해서는 많은 노력과 시간이 필요하다. 그런데 교육과정이나 교사 연수 등에서 지속가능발전교육에 대한 강조와 지원이 중단되는 경우 지금까지의 성과는 더 이상 발전되기 어렵기 때문이다.[33]

3) 지속가능발전교육 국제실천프로그램

2014년 11월 일본 나고야에서 열린 제2차 유네스코 지속가능발전교육세계회의(UNESCO World Conference on Education for Sustainable Development)에서는 지난 10년의 성과와 도전 과제를 점검하고 향후 지속가능발전교육을 추진하기 위한 방안을 논의했다. 회의 결과 채택한 지속가능발전교육에 대한 아이치·나고야 선언(Aichi-Nagoya Declaration on Education for Sustainable Development)에서는 지난 10년간의 성과를 이어갈 수 있도록 2015년 이후의 교육 및 개발 의제에 지속가능발전교육을 주류화 할 것을 요청했다. 이와 함께 유엔 지속가능발전교육10년(DESD)의 후속 조치로 출범한 지속가능발전교육 국제실천프로그램(Global Action Programme on ESD: GAP, 2015-2019)에 대한 국제사회의 협력과 동참을 촉구했다.[34]

지속가능발전교육 국제실천프로그램(GAP)은 유엔 지속가능발전교육10년(DESD) 동안의 성과를 제도화하기 위한 노력으로 볼 수 있다. 이 프로그램은 교육계를 넘어 모든 영역에서 지속가능발전을 지향할 수 있도록 모든 사람들을 대상으로 하여, 교육과 학습의 방향을 전환하는 것을 목표로 한다. 지속가능발전교육 국제실천프로그램의 주요 실천 영역은 다음 5가지이다.[35]

• 발전적인 정책(advancing policy):
지속가능발전교육을 장려하는 환경을 만들고 시스템 차원의 변화를 유도하기 위해 교육정책과 지속가능한 발전 정책에서 지속가능발전교육을 주류화하기
• 학습 및 훈련 환경의 변혁(Transforming learning and training environment):
교육 및 훈련 상황에 지속가능성 원칙을 통합하기
• 교육자와 훈련가의 역량 강화(Building capacities of educators and trainers): 교육자와 훈련가들이 지속가능발전교육을 효과적으로 수행할 수 있도록 역량 강화하기
• 청소년에게 권한을 부여하고 움직이게 하기(Empowering and mobilizing youth): 청소년 대상의 지속가능발전교육 행동을 증가시키기
• 지역 수준의 지속가능한 해결책 모색을 촉진하기(Accelerating sustainable solutions at local level): 지역 수준의 지속가능발전교육 프로그램과 다자 간 네

지속가능발전교육 국제실천프로그램을 고려한 우리나라 지속가능발전교육의 추진 방향에 대한 제언은 다음과 같다.[36]

유엔 지속가능발전교육10년(DESD) 동안 여러 영역의 활동의 성과, 쟁점, 제언 등을 성찰적으로 주목하되, 교육자, 청소년 등 변화 주체의 역량을 강화하면서 이들이 적극적으로 목소리를 낼 수 있는 기회를 제공하고, 전 기관을 넘어 전 사회적으로 지속가능발전교육을 추진할 필요가 있다. 이를 통해 우리 사회는 머지않아 좀 더 지속가능한 사회에 근접해 있게 될 것이다.

지속가능발전교육을 둘러싼 쟁점

지속가능발전교육을 둘러싼 논쟁은 외부에서 미리 정해 놓은 의제이자 일관되게 정의하기 어려운 지속가능한 발전을 '위한(for)' 교육이 바람직한가라는 질문에서 출발한다.

1) 지속가능한 발전과 교육의 관계

21세기를 위한 세계교육위원회의 의장인 델로(Delos)는 교육이 평화, 자유, 사회정의와 같은 이상을 실현시키는 마법이라고 생각하지는 않지만 "개인적, 사회적 발전에 있어 근본적인 역할을 하고 ⋯ 빈곤과 배제, 무지, 억압, 전쟁을 줄일 수 있는 더 깊고 조화로운 인간 발달을 가능하게 하는 중요한 수단 중의 하나[37]"라고 본다. 앞 절에서 살펴본 지속가능발전교육에 대한 국제사회의 논의 및 유엔 지속가능발전교육10년(DESD) 실행초안에 제시된 내용을 보면, 교육은 지속가능한 발전이라는 수레를 움직이게 하는 일종의 '바퀴'로 설정되어 있다.

인류의 진보와 발전에 있어 교육이 중요한 역할을 해왔고 앞으로도 필요한 것이 사실이지만 교육이 지속가능한 발전과 같은 특정 목적을 위한 수단으로 간주되는 것에 대해서는 비판이 존재한다. 지클링(Jickling)과 같은 학자는 다음과 같은 질문을 던진다.[38]

- 교육이 지속가능한 발전과 같은 특정한 목표를 발전시키도록 해야 하는가?
- 교육의 역할이 사람들로 하여금 특정한 방식으로 행동하도록 하는 것인가?

지클링(Jickling)은 교육의 역할은 사람들로 하여금 스스로 생각하도록 하는데 있는데, '무엇을 위한(for)' 교육은 학생이 따를 것으로 기대되는 사고체계를 전문가가 미리 정해 놓는 것이라고 비판한다.[39] 빠르게 변화하는 사회에서 교육자의 임무는 학생들이 지속가능한 발전에 대한 서로 다른 입장을 비교하고 평가하여 스스로 판단을 내리도록 돕는데 있다고 본다. 더 근본적으로는 논리적으로 상충하는 '지속가능한(sustainable)'과 '발전(development)'을 연결하고 서로 다른 세계관이 상충하는, 그래서 일관성 있는 정의를 내릴 수 없는 지속가능한 발전 개념 자체에 문제를 제기한다. 지속가능한 발전처럼 잠정적인 개념 정의를 만족스럽게 내릴 수 없는 경우에 이것을 위한 교육이나 다른 제반 정책, 계획을 수립하는 것은 적절하지 않다고 보는 것이다.

멕퀸(Meckeown)과 홉킨스(Hopkins)는 지클링(Jickling)이 지속가능한 발전을 '위한(for)' 교육을 "형편없이 정의된 개념에 대한 주입이나 이데올로기"로 보고 있다고 비판한다.[40] 그러면서 모든 교육은 부모나 정부, 기업 등 각자의 입장에 따른 목적이 있고, 민주사회에서 지속가능한 발전을 위한 교육이 '주입'으로 끝난다면 우리 자신을 비난해야 한다고 주장한다. 교육 활동에는 모두 특정한 목적이 있다고 보고 지속가능발전교육은 특정 가치에 대한 주입이 아니라고 보는 것이다.

피엔(Fien)과 틸버리(Tilbury)는 지클링(Jickling)이 사회적 이상을 위한 은유인 지속가능한 발전을 다수의 가치 또는 원칙을 따르는 변화의 '과정(process)'이 아니라 하나의 '산물(product)'로 보고 있다고 비판한다.[41] 지속가능한 발전에 대해 한쪽으로 치우친 관점이 제기된 적도 있지만 20년 넘게 환경교육계에서 진행된 민주적 교육학(pedagogy)에 대한 다양한 논의를 지클링(Jickling)이 모르고 있다는 것이다. 그러면서 지속가능한 발전은 세계의 변화에 대한 거대한 담론이며, 이를 하나의 산물 또는 고정된 실체가 아니라 과정으로 보면 맥락에 따른 해석이 가능하다고 주장한다. 지속가능한 발전이 고정된 목표가 아니라 과정인 것처럼 지속가능성을 위한 교육은 모든 사람에게 의미 있는 '과정'이라는 입장이다. 지속가능성을 위한 교육은 개인, 집단, 환경 사이의 관계 형성을 동반하며 그쪽으로 나아가는 과정이라는 것이다. 또한 지속가능성을 추구하는 과정에서 모든 사람은 교육자와 학습자가 될 수 있다고 본다.

지속가능한 발전과 교육의 관계에 대한 서로 다른 입장은 인터넷을 통한 지속가능한 발전에 대한 논쟁 'ESDebate'에서도 드러났다.[42] 1999년 6월에서 2000년 3월 사이 진행된 이 논쟁에는 전 세계에서 50여 명이 참가했다. 'ESDebate' 결과 보고서는 많은 사람들이 지속가능발전교육을 (바람직한) 기준과 가치를 발전시키고 생활양식을 변화시키기 위한 도구(tool)로 보는 데 익숙하다고 평한다. 이 경우에는 소위 말하는 높은 수준의 사고 기능과 개인적, 사회적, 환경적 역량을 개발하는 데 관심을 기울인다.

반면 지속가능발전교육을 행동을 변화시키는 도구로 보는 것을 불편해하는 경우도 있다. 이들은 지속가능발전교육이 사람들로 하여금 그들 스스로 지속가능한 삶을 향한 길을 결정할 수 있도록 해야 한다고 본다. 따라서 전문가의 생각이나 이미 결정된 지속가능성의 기준과 가치에 반대한다. 물론 토론자 중에는 지속가능한 발전이라는 개념 자체에 문제를 제기하는 경우도 있었다.

지속가능발전교육에 대한 견해는 지속가능한 발전을 어떻게 보느냐에 따라, 교육이 지속가능한 발전과 같은 특정한 목표 달성을 위한 도구의 역할을 하는 것에 대해 어떻게 생각하는지에 따라 차이가 난다.

2) 환경교육과 지속가능발전교육의 관계

인터넷을 통해 진행된 지속가능한 발전에 대한 논쟁 'ESDebate'에서는 환경교육과 지속가능발전교육의 관계에 대해서도 다양한 의견이 제시되었다.[43] 많은 사람들은 윤리, 평등, 새로운 사고 및 학습 방법을 포함한 지속가능발전교육이 환경교육의 발전된 형태라고 보았다.

다른 한편으로는 지속가능발전교육은 환경교육의 한 부분이어야 한다거나 반대로 환경교육이 지속가능발전교육의 한 부분이라는 견해도 제기되었다. 후자의 입장에 선 사람들은 지속가능발전교육이 발전, 남북문제, 문화적 다양성, 사회적 및 환경적 평등과 같은 쟁점을 포함한다는 점에서 더 포괄적이고 종합적이라고 보았다. 환경교육과 지속가능발전교육에 대해 다양한 의견이 존재하지만 전체적으로 지속가능발전교육을 환경교육의 새로운 세대 또는 환경교육이 다음 단계로 발전된 형태로 본다고 평가되었다.

피엔(Fien)과 틸버리(Tilbury)는 좀 더 명확하게 지속가능발전교육과 환경교육을 구분한다. 지속가능성을 위한 교육은 환경교육이라는 이름하에 수행된 일의 본성과 많은 점에서 다르다고 본다.[44] 지속가능성을 위한 교육은 환경의 질, 인권, 평화, 여기에 내재된 정치적 맥락 사이의 긴밀한 연관관계를 발전시키는 데 초점을 둔다는 점에서 그렇다. 지속가능성을 위한 교육은 다양한 앎의 방식에 가치를 부여하고 사회변화에 대한 공동체 기반의 접근을 존중하는 대안적 인식론을 포함한다고 보는 관점도 있다. 이러한 접근은 교육의 초점이 학교에서 공동체로 확장될 것이라고 본다.[45]

헉클(Huckle)은 지속가능성을 위한 교육이 환경문제에 대한 사회정치적, 경제적 원인을 드러내지 않고 과학적, 기술적 해결책을 찾는 데 필요한 개념과 기술을 탐구하도록 하는, 교육에 대한 지배적인 담론에 문제를 제기한다고 본다.[46] 지속가능성을 위한 교육은 지속가능한 발전에 대한 서로 다른 해석에 대해 성찰하고 행동하는 데 힘을 줄 수 있다고 보는 것이다. 이러한 비판적 탐구 과정은 사람들로 하여금 지속가능한 발전을 강화하거나 저해하는 정치, 경제, 사회, 문화, 기술적, 환경적 힘뿐만 아니라 지속가능성의 복잡성과 이것이 시사하는 바에 대해 탐색하도록 한다. 이러한 점에서 지속가능발전교육은 환경교육과 다르며 그 의미가 있다는 것이다.

1 '우리 공동의 미래'에 제시된 지속가능한 발전 개념은 어떤 점에서 의미가 있고 또 논쟁 거리가 된다고 생각하는가?

2 지속가능발전교육은 교육을 지속가능한 발전을 위한 수단 또는 도구로 보는 접근이라고 생각하는가? 이에 대해 찬성 또는 반대하는 이유는 무엇인가?

3 자신이 생각하는 좋은 지속가능발전교육의 사례를 소개하고 그 특징을 말해 보자.

추천 도서

▶ 세계환경발전위원회, 조형준, 홍성태 옮김(2005). 『우리 공동의 미래』. 새물결.
▶ 한국국제이해교육학회(2015). 『모두를 위한 국제이해교육』. 살림터.

지속가능한 발전과 교육

1 "지속가능한 발전은 미래 세대의 욕구를 충족시킬 수 있는 능력을 위태롭게 하지 않고 현 세대의 욕구를 충족시키는 발전을 의미한다."

2 지속가능한 발전(Sustainable Development)에 대한 위의 고전적 정의는 1987년 세계 환경발전위원회가 펴낸 '우리 공동의 미래'에 실리면서 널리 알려지게 되었다. 위원회 의 장의 이름을 따서 브룬트란트 보고서로도 불리는 이 보고서가 발간되면서 지속가능한 발전에 대한 논의가 전 세계적으로 확산되었는데, 그 이전에 개최되었던 유엔 인간환경 회의(1972), 국제자연보전연맹회의(1980) 등 주요 국제회의에서도 관련 논의가 진행되 었다.

3 '우리 공동의 미래'에 제시된 지속가능한 발전에는 두 가지 핵심 개념이 포함되어 있다. 첫째, 지속가능한 발전을 통해서 모든 사람들의 기본 욕구를 충족시키고 더 나은 삶에 대한 열망을 달성할 수 있는 기회를 전 세계인으로 확장해야 한다는 의미가 담겨 있다. 둘째, 환경자원을 다루는 기술과 사회조직의 특성, 인간 활동의 영향을 흡수할 수 있는 환경의 수용 능력은 지속가능한 발전에 일정한 한계를 부여한다는 점이다.

4 세계환경발전위원회가 제시한 지속가능한 발전 개념에는 경제성장과 환경문제, 빈곤이 서로 깊이 연결되어 있다는 점이 강조되어 있다. 이들 사이의 연관성은 그 이전의 국제 회의에서도 제기되었지만, '우리 공동의 미래'를 통해 더 구체화된다. 보고서는 당시까지 환경오염은 경제발전의 결과물로 인식되었지만 빈곤 역시 환경파괴를 가속화한다는 점 을 지적한다. 또한 토양, 물, 대기, 산림 파괴 등과 같은 환경적 압박이 경제에 미치는 영 향에 관심을 기울여야 한다고 주장한다. 환경자원의 토대를 훼손한다면 발전은 유지될 수 없기 때문이다.

5 지속가능한 발전에 있어 교육의 중요성은 일련의 국제회의를 통해 강조되어 왔다. 지속
   가능한 발전을 위해서는 사람들의 태도나 가치체계의 변화가 필요한데 이를 위해서는
   교육이 핵심적인 역할을 한다고 보는 것이다. 2002년에 열린 지속가능한 발전에 관한 세
   계정상회의에서는 '지속가능발전교육을 위한 10년'을 제안하였다. 이후 2002년 유엔총
   회에서 2005~2014년을 유엔 지속가능발전교육10년(DESD)으로 선포하고 유네스코를
   선도 기관으로 지정하였다.

6 DESD의 비전이자 목표는 "모든 사람이 질 높은 교육의 혜택을 받을 수 있으며, 이를 통
   해 지속가능한 미래와 사회 변혁을 위해 필요한 가치, 행동, 삶의 방식을 배울 수 있는 세
   계"를 만들어 가는 것이다.

7 우리나라는 DESD 초기에는 대통령자문 지속가능발전위원회를 중심으로 지속가능한 발
   전을 이행하기 위한 방안으로서 지속가능발전교육을 강조하였고, 2005년 '유엔 지속가
   능발전교육10년 국가추진전략'을 발표하였다. 그 이후 지속가능발전법(2007), 환경교육
   진흥법(2008) 등 관련법이 제정되었고, 학교와 시민사회, 기업 등 각 영역에서 지속가능
   한 사회를 만들기 위한 다양한 교육적 실천이 진행되었다. 하지만 지속가능성 또는 지속
   가능발전교육이 우리 사회 전체로 확산되거나 주류화 되지는 못하고 있다고 평가되고
   있다.

참고문헌

1, 4, 19. WECD(1987). Our Common Future London: Oxford University Press, p. 87. [조형준, 홍성태 옮김(2005). 『우리 공동의 미래』. 새물결.]. London: Oxford University Press.

2, 6. 양준혁(2009). "국제환경법의 지속적 개발: 람사르협약 중심으로" 『성균관대학교 석사학위 논문』. p. 11.

3, 5, 18, 40, 43. / Fien, J. & Tilbury, D.(2002). "The Global Challenge of Sustainability, In Tilbury" D., Stevenson, R., Fien, J. & Schreuder, D. (Eds.). Education and Sustainability: Responding to the Global Challenge (1-12). Gland, Switzerland and Cambridge, IUCN, p. 2.

7. Mebratu, D.(1998). "Sustainability and sustainable development: historical and conceptual review" Environmental Impact Assessment Review. 18, 493- 520.

8. 정대연(2010). 『한국 지속가능발전의 구조와 변동』. 집문당. p. 141.

9, 10, 22. UNESCO(2005a). United Nations Decade of Education for Sustainable Development 2005-2014: Draft International Implementation Scheme. UNESCO.

11. 이선경(2015). 『왜 세계는 지속가능발전교육을 말하는가?』. 살림터. p. 222.

12. 김남수(2013). 『지속가능발전교육의 이해』. 미발간원고. p. 4.

13. 최병두(2009). 『제3세계 환경문제에 대한 환경 정의적 접근과 지리교육의 과제』. 한국지리환경교육학회지. 17(1), 62.

14. 토다기요시, 김원식 옮김(1996). 『환경정의를 위하여』. 창비. / Haughton, G.(1999). Environmental Justice and the Sustainable City. Journal of Planning Education and Research. 18, 233-243.

15. Bonnet, M.(2002). "Education for Sustainability as a Frame of Mind" Environmental Education Research. 8(1), 9-20. / 정규호(2005). 지속가능발전과 거버넌스, 지방의제 21. 도시와 빈곤. 8, 44-56.

16. Pearce, D. (ed.) (1993). Blueprint 3: Measuring Sustainable Development, Earthscan, pp 18-19. / Dobson, A. (1998). Justice and the Environ-ment. Oxford University Press, pp 33-61.

17. Bonnet, M. (2002). "Education for Sustainability as a Frame of Mind" Environmental Education Research, 8(1), 9-20.

20. IUCN, UNEP & WWF. (1991). Caring for the earth: a strategy for sustainable living. Gland, IUCN, UNEP, WWF, p. 5.

21, 23, 29. 이선경, 이재영, 이순철, 이유진, 민경석, 심숙경(2005). "유엔 지속가능발전교육10년을 위한 국가추진전략 개발 연구" 『대통령자문 지속가능발전위원회』.

24. UNESCO(2005b). United Nations Decade of Education for Sustainable Development 2005-1014: International Implementation Scheme. UNESCO. pp. 21-22.

25, 30, 31, 32, 35. 이선경, 김남수, 김이성, 김찬국, 이재영, 이종훈, 장미정, 정수정, 정원영, 조우진, 주형선, 황세영(2013). "지속가능발전교육10년(DESD) 국가 보고서 작성 연구" 『유네스코한국위원회』.

26. Wals, A.(2009). United Nations Decade of Education for Sustainable Development (DESD, 2005-2014): Review of Contexts and Structures for Education for Sustainable Development 2009 [신상일 옮김(2009). 유엔 지속가능발전교육10년(DESD, 2005-2014): 지속가능발전교육 맥락과 구조의 검토(2009), 서울: 유네스코한국위원회).] UNESCO.

27. Wals, A.(2012). Shaping the Education of Tomorrow. [황주리 옮김(2013). 『내일의 교육을 그리다』. 서울: 유네스코한국위원회.)]. UNESCO.

28. Buckler, C. & Creech, H.(2014). "Shaping the Future We Want: United Nations Decade of Education for Sustainable Development (DESD, 2005-2014) Final Report" UNESCO.

33. 유네스코 뉴스. 2014년. 12월호. https://www.unesco.or.kr/upload/etc/유네스코 뉴스_201412_702. pdf (2015.12.02. 접속)

34. UNESCO(2014). UNESCO roadmap for implementing the Global Action Programme on Education for Sustainable Development. UNESCO. p. 2.

36. Delors, J.(1998). Education: the necessary utopia. In Delors, J. (Eds.). Learning: the treasure within (11-33). UNESCO Publishing, p. 11.

37, 38. Jickling, B.(1992). "Why I don't want my children to be educated for sustainable development" Journal of Environmental Education. 23(4).

39. Meckeown, R. & Hopkins, C.(2003). "EE≠ESD: defusing the worry" Environmental Education Research. 9(1), 117-128.

41, 42. Hesselink, F., van Kempen, P.P.,Wals, A., editors(2000). "ESDebate International debate on education for sustainable development" Gland, Switzerland and Cambridge, IUCN, pp. 13-15.

44. Fien, J.(1995). "Teaching for a Sustainable World" : UNESCO-UNEP.

45. Huckle, J.(1996). Realising sustainability in changing times. In Huckle, J. & Sterling, S. (Eds.), Education for Sustainability. Earthstar Publications.

04

환경교육론

- **교과목 개요**
- 환경교육론에서는 환경교육의 개념과 정의, 유형, 목적과 목표, 국내외 주요흐름, 패러다임의 변화, 학교 교육과정 변천과정, 사회 환경교육의 성격과 배경, 국가수준의 환경교육 정책과 현황 등에 대해 폭넓게 다룬다.
- 환경교육에 관한 기초적인 지식과 시대적 흐름을 이해함으로써, 환경교육가로서의 정체성과 역할을 확인할 수 있다.

- **교육목표**
- 환경교육 전반에 대한 기본적 이해와 역사성을 이해하고, 그 흐름 속에서 현재와 미래의 환경교육의 동향을 파악 및 예측해 볼 수 있다.
- 사회 환경교육의 위치와 성격을 다양한 관점에서 이해함으로써 사회 환경교육자로서 역할과 활동방향에 대한 생각의 폭을 넓힌다.

- **교육내용**

1. 환경교육론	〈핵심개념〉 • 환경교육, 학교 환경교육 교육과정, 학교 환경교육사, 내가 생각하는 환경교육 〈세부목표〉 • 환경교육의 개념과 유형, 목적과 목표, 패러다임의 변화 등을 통해 환경교육에 대한 기초적 이해를 돕는다. • 환경교육의 주요 흐름과 우리나라 학교 환경교육 교육과정의 특징과 변천 과정을 이해함으로써, 학교-사회 연계를 통한 학습방안을 모색해 본다. • 학습자 스스로가 생각하는 환경교육에 대해 생각해본다.
2. 사회 환경교육과 환경정책	〈핵심개념〉 • 사회 환경교육, 환경정책 〈세부목표〉 • 사회 환경교육의 성격과 배경에 대해 이해함으로써 사회 환경교육자로서의 정체성에 대해 보다 깊이 이해한다. • 환경교육 정책 흐름과 현황을 이해하고, 지속가능한 사회를 위한 환경교육 정책에 대해 생각해 본다.

1

환경교육론

환경교육의 이해

1) 환경교육의 개념과 정의

• 환경

'환경(環境, Environment)'은 보통의 사람들이 평생에 걸쳐 일상적으로 사용하는 용어로 사전적 정의는 '우리'를 둘러싼 모든 것이다. 한자어로는 '고리, 돌다'와 '지경, 곳, 장소'의 합성어이고, 영어로는 '에워싸다(environ)'는 의미를 가진다. 환경생태학에서는 환경을 생물을 둘러싸는 외위(外圍)라고 설명한다. 이처럼 환경이란 용어는 어떤 것 혹은 곳을 '둘러싸다'는 의미와 '돌다(순환)'의 의미를 갖기 때문에, 인간(혹은 인간을 포함한 생물체)과 인간을 둘러싼 환경과의 관계는 중요한 관점이 된다.

보통의 사람들이 느끼고 이해하는 '환경'의 개념은 좀 더 복잡한 양상으로 나타난다. 많은 사람들은 '환경'을 자신이 처해진 상황과 연관 지어 인식하곤 한다. Sauve(1996)는 보통 사람들이 생각하고 있는 '환경'의 개념을 표 1과 같이 자연(nature), 자원(resource), 문제(problem), 생물권(biosphere), 삶의 터전(place to live), 공동체 (community project)의 6가지 범주로 나누어 설명한 바 있다. 보통 사람들은 위의 범주로 환경의 개념을 이해하고 있으며, 어떤 사람은 하나의 개념에 대해서 주요하게 인식하는가 하면 어떤 경우에는 여러 개념으로 이해한다는 것이다.

이처럼 보편적 의미로서의 '환경'은 인간 중심적 의미를 갖는 동시에 관계적 개념이며, 개인 혹은 시대적 상황에 따라 그 외연이 확장되기도 하고 축소되기도 하는 유동적인 개념이다. '환경'을 어떻게 이해하느냐는 환경교육의 내용과 방식을 결정하는 중요한 요소이므로 환경에 대한 폭넓은 이해는 환경교육의 첫걸음이라 할 수 있다.

표1. 환경에 대한 개념과 환경교육 방식의 유형화[2]

환경의 개념	환경과의 관계	주요 특성	환경교육의 방식
자연	감상하는, 소중히 여기는, 보전해야 하는	(오염 없이) 순수한, 거룩한 곳인, 모태와 같은 자연	자연감상 자연체험
자원	관리해야 하는	삶의 질을 지탱해주는 공동의 유산인 자원	자원절약운동 에너지소비 감소
문제	해결해야 하는	물리생화학적 환경을 위협하는 오염 등의 문제	문제해결 전략 사례연구
삶의 터전	알고 배워야 하는, 계획하고 보살펴야 하는	사회문화, 기술, 역사 등의 요소로 구성된 삶의 터전	'나'의 환경에 대한 이야기 생태조경
생물권	함께 살아야 하는(미래 세대까지도)	'우주선 지구' 상호관련성의 생물권	지구적 쟁점의 사례조사 우주관에 대한 이야기
공동체 프로젝트	참여해야 하는	사회비판적 분석과 정치적 관심이 필요한 지역 공동체 과제	사회변혁을 목적으로 하는 참여연구, 환경쟁점에 대한 포럼

• 환경교육

환경의 개념이 그렇듯, 환경교육의 개념은 시대의 변화나 그 필요성에 따라 변화해 왔다. 환경교육(Environmental education)은 교육학의 영역에서 환경문제를 다루게 되면서, 즉 환경문제 해결을 위한 사회적 필요에 의해 본격화 되었다. 하지만 그 이전에도 환경교육은 자연학습, 야외교육, 보존교육 등의 다양한 이름과 형태로 이루어져 왔다. 국제적으로 중요한 정의들을 살펴보면, 환경교육은 1970년 미국의 환경교육법(Environmental Education Act)에서는 "인간에 있어서 자연 환경과 인공 환경과의 관계를 다루는 과정"으로, 세계자연보전연맹(IUCN)은 "인간, 인간의 문화, 그리고 인간의 생물·물리학적 환경 간의 상호관계를 이해하고 올바로 평가하는데 필요한 기능과 태도를 개발시키기 위하여 가치를 인식하고 개념을 명백하게 하는 과정"으로, 소련의 트빌리시 회의 최종보고서에서는 "인간과 문명 그리고 생물 및 물리적 환경 사이의 상호관계를 이해하고 음미하는데 필요한 과정"으로 정의한 바 있다.[3] 이들의 공통점은 '관계'를 주목한다는 점이다. 인간과 인간이 만들어 낸 문화, 그리고 인간과 자연과의 '관계'를 어떻게 보느냐는 환경교육의 내용을 결정짓는 데 중요하게 작용한다. 우리 세대는 지금까지 우리의 필요를 많이 충족해 왔고, 이는 전 지구적 환경위기라는 위협으로 다가오고 있다. 지금의 환경위기는 인간의 무한한 욕망에서 비롯된 '인간과 환경과의 불평등한 관계'에서 비롯되었다고 볼 수 있다. 이러한 불평등은 비단 인간과 환경뿐만 아니라, 나라와 나라, 지역과 지역에서도 나타나고 있으며 전 지구적인 현상인 동시에 지역적인 현상이기도 하다. 결국 환경문제는 자연에 대한 인간의 가치관과 태도의 문제이며, 환경문제의 해결은 인간의 자연에 대한 가치관과 태도의 변화를 통해 가능하다. 따라서 환경위기의 시대에 환경교육의 사회적 역할은 점차 강조될 수밖에 없다.

한편 시대에 따른 개념의 변화를 살펴보면, 환경교육은 우리의 삶의 질이나 사회적 여건과 밀접하게 관련된다. 우리나라 환경교육의 초기였던 1980년대 전후로는 환경오염이나 문제해결을 위해 필연적으로 요구되는 교육적 활동으로 오염원 중심의 환경에 대한 이해나 공해추방, 자원절약 등의 캠페인성 교육활동이 주를 이루었다. 교육 프로그램도 '환경과 공해', '환경과 사회', '환경과 정치' 등 담론 중심의 전문 강좌가 주를 이루었다. 이후 대중인식확산을 위한 환경교육의 필요성이 제기되었고, 1990년대 중반부터는 체험형 환경교육이 활발하게 진행되었다. 생태적 감수성을 통해 환경의 중요성을 일깨우는 생태체험 중심의 교육활동은 실제로 대중들의 환경인식을 확산시키는 데 큰 역할을 해온 것으로 평가받는다. 한편으론 '건강, 먹을거리, 대안사회, 생태공동체' 등과 같이 환경교육의 주제 범위에 대한 인식이 확장되기도 했다. 이러한 시대적 흐름에 따른 개념의 변화는 Sauve(1996)가 언급한 환경에 대한 6가지 개념으로 볼 때,[4] 환경교육의 주제가 사회변화에 따라 자원, 자연, 문제 중심에서 삶의 질이나 공동체, 생물권의 범주로 확장된 것으로 해석가능하다.

한편 최근에는 사회적으로 행동하는 시민, 참여하는 시민들의 역할이 강조되고 있으며, '지속가능한 미래를 위한 교육'이 환경교육에서 중요한 패러다임으로 대두되었다. 이런 흐름을 반영하여, 2008년 제정된 「환경교육진흥법」 제2조에서는 환경교육을 '국가와 지역사회의 지속가능발전을 목표로 국민이 환경을 보전하고 개선하는데 필요한 지식 · 기능 · 태도 · 가치관 등을 배양하고 이를 실천하도록 하는 교육'으로 정의하고 있다.

종합해 볼 때, 환경교육은 '인간과 환경과의 관계'를 이해하고, 바람직한 관계개선을 통해 '지속가능한 사회'를 만들어가기 위한 교육과정이자, '개인의 인식과 행동, 사회의 변화'를 추구하는 교육과정이라 할 수 있다.[5]

2) 환경교육의 유형 구분

환경교육은 실시 주체와 내용, 지향 등에 따라 여러 유형으로 나타난다. 우리나라에서는 일반적으로 주로 환경 교육을 제도권 교육 체계 안에서 이루어지는 '학교 환경교육'과 제도권 밖에서 이루어지는, 즉 학교 밖에서 이루어지는 '사회 환경교육'으로 구분해 왔다.[6] 국제적으로는 '제도권'에서 실시하는지 여부와 더불어 '짜임새와 질서'(organized and systematic)를 기준으로 구분하는 것이 일반적이다. 제도권 안에서 이뤄지면서 짜임새와 질서를 갖춘 '형식교육(formal education)', 제도권 밖에서 이뤄지면서 짜임새와 질서를 갖춘 '비형식교육(nonformal education)', 제도권 밖에서 이뤄지면서 짜임새와 질서가 없는 '무형식교육 (informal education)'으로 구분하고 있다.[8] 사회 환경교육은 제도권 밖에서 이뤄지지만 일정한 형식을 갖춘 비형식교육과 일정한 형식 없이 불특정 다수를 상대로 하는 무형식교육을 포함한다.

각각의 특징을 살펴보면, 교육주체에 있어서 학교 환경교육은 학교와 교사가 주도하는 반면, 사회 환경교육은 민간단체나 기관주도형, 기업 주도형, 정부나 지자체, 공공기관 주도형, 이외에도 언론이나 자발적 성인학습공동체나 개인이 주도하기도 한다.

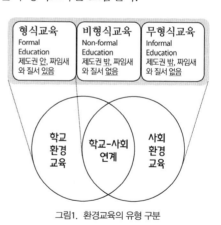

그림1. 환경교육의 유형 구분

---

(8) 환경교육의 범주에서 informal education과 nonformal education은 우리나라에서 각각 무형식 교육과 비형식 교육으로 번역어가 혼용되고 있다. 본문에서는 교육계 전반에서 informal이 무형식으로 해석되고 있는 것을 감안하여 informal을 무형식, nonformal을 비형식 교육으로 번역하였다.

교육 대상에 있어서는 학교 환경교육은 학생과 교사가 대상이 되지만 사회 환경교육은 전 생애주기별로 다양한 대상과 유형의 교육활동을 포함한다. 또한 학교 환경교육은 지속성과 체계성에서 장점을 가지고 있지만 다양성이나 현장성이 부족한 반면, 사회 환경교육은 지속성과 체계성은 부족하지만 다양성, 현장성, 현안이슈 접근에 있어서 강점을 갖는다.[7]

이러한 학교 환경교육과 사회 환경교육은 상호보완적인 관계를 형성하고 있기 때문에 협력과 연계의 중요성이 강조된다. 최근 정부나 지자체가 학교-민간 협력형 환경교육 지원 사업에 비중을 두고 지속적으로 실천사례들을 만들어가고 있는 것은 의미 있는 시도로 평가할 수 있다.

3) 환경교육의 목적과 목표[9]

환경교육의 정의와 목적에 대하여는 루카스(Lucas)의 논의가 널리 받아들여지고 있다.[8] 그는 환경교육을 목적을 크게 '환경에 대한(about)' 교육, '환경 안에서/으로부터(in/from)'의 교육, '환경을 위한(for)' 교육으로 나누어 설명한다. '환경에 대한(about) 교육'은 지식과 개인적 실천이 강조되며, 교사는 지식의 권위자로 학습자는 지식의 수동적 수용자로 인식된다. '환경 안에서의/으로부터(in, from)의 교육'은 생태적 경험이 강조되며, 교사는 환경 안에서의 경험의 조직자로, 학습자는 환경 경험을 통한 능동적 학습자가 된다. '환경을 위한(for) 교육'은 환경문제와 쟁점, 공동체적 실천이 강조되며, 교사는 공동 참여자이자 탐구자가 되며 학습자는 새로운 지식의 능동적 창조자로 볼 수 있다.

---

(9) 여기서 목적(goal)은 이루려 하는 일 또는 나아가려고 하는 방향, 목표(objective)는 목적을 이루기 위해 실제적 대상으로 삼는 것을 말한다.

표2. 환경교육의 목적에 따른 범주[3]

범주	환경에 관한 교육 (about)	환경 안에서의 교육 (in/from/through)	환경을 위한 교육 (for)
환경교육의 강조점	환경에 '관한' 지식	환경 '안에서의' 활동	환경을 '위한' 실천
	지식, 개인적 실천	생태적 경험	환경문제, 쟁점, 공동체적 실천
교사의 역할	지식의 권위자	환경 내에서의 경험의 조직자	공동의 참여자/탐구자
학습자 역할	지식의 수동적 수용자	환경 경험을 통한 능동적 학습자	새로운 지식의 능동적 창조자

그런데 이 세 가지 목적과 접근방식은 통합과 균형이 중요하다. 예컨대 환경교육의 세 가지 접근들이 분절적으로 수행되거나 역할분담의 차원으로 이해되는 것은 경계되어야 한다. 즉, '관한' 교육은 학교 환경교육에서 담당하고 '위한' 교육은 사회 환경교육에서 다뤄져야 한다는 식의 이분적인 전략을 지양해야 한다는 의미이다. 전통적인 교육 패러다임을 대표해 왔던 실증주의적 패러다임에서 '관한' 교육을 강조해왔지만 해석주의적 패러다임이나 비판주의적 패러다임이 등장하면서 '안에서의' 교육이나 '위한' 교육을 강조하는 등의 변화가 있었다. 하지만 결과적으로는 교육의 목적이 개개인의 총체적인 발달에 있으며, 이를 위해서는 지식과 이해, 개념, 기능, 태도의 균형 있는 발달이 필요하다. 환경교육은 개개인의 경험의 토대 위에서 이루어짐을 이해하고, 환경교육 교육과정을 계획할 때에는 개인적인 경험(experience)의 확장, 개인적인 관심(concern)의 개발, 개인적 실천(action)의 촉발 등을 통합적으로 고려하여야 한다(그림 2 참조).

한편 환경교육의 목표에 대한 논의는 국제적으로도 다양하게 진행되었다. 그중 대표적인 논의를 살펴보면 다음과 같다.[10] 우선 1975년 유네스코가

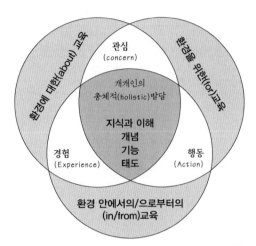

관심
(concern)

환경에 대한(about) 교육

환경을 위한(for)교육

개개인의
총체적(holistic)발달

지식과 이해
개념
기능
태도

경험
(Experience)

행동
(Action)

환경 안에서의/으로부터의
(in/from)교육

그림2. 환경교육의 목적과 접근방식(Palmer, 1998 참조)[11]

벨그라드에서 개최한 국제환경교육워크숍에서 채택한 벨그라드 헌장에서
는 환경교육의 목적으로 '생활의 질', '인간의 행복'을 화두로 자연적 · 인공
적 환경의 조화와 사회적 · 개인적 행복의 증진에 대한 공통의 이해를 강조
하면서, 인식 · 지식 · 태도 · 기능 · 평가기능 · 참여의 6가지 목표를 제시하
였다.[12] 뒤이어 1977년 유네스코가 구소련의 트빌리시에서 개최한 '환경교
육에 관한 정부 간 회의' 보고서의 트빌리시 선언에서는 환경교육의 목적으
로 도시와 지방 간의 경제적, 사회적, 정치적, 생태적 상호의존성에 대한 인
식 증진과 함께, 환경에 대한 개인, 집단, 전체로서의 사회의 행동을 강조하
면서, 인식 · 지식 · 태도 · 기능 · 참여의 5가지 목표를 제시하였다.[13] 미국의
환경교육 목표는 이 트빌리시 선언을 준용한 바 있다. 한편 1980년 유네스
코보고서에서는 환경교육을 '인류가 생물적, 지리적, 사회적, 경제적, 문화
적 제 요소들 간의 복잡한 상호관련성을 이해하게 하고, 환경문제를 발견하
고, 해결하며 환경의 질을 관리할 수 있는 지식, 가치관, 태도, 기능을 습득

하게 하는 과정'으로 제시한 바 있다.[14] 이처럼 환경교육의 목표는 크게 인식 · 지식 · 태도 · 기능 · 참여의 영역으로 강조되어 왔으며, 이는 현재까지도 유용한 환경교육의 목표이자 준거가 되고 있다.

환경교육의 주요흐름

1) 국제적 흐름

전 세계적으로 환경문제가 확산되면서 환경교육이 본격적으로 시작된 시기는 통상 1970년대로 알려져 있다. 1970년에는 미국의 환경교육법이 제정되었고, 1972년에는 스톡홀름회의에서 '인간환경선언(Declaration on Human Environment)'과 함께 '인간 환경에 관한 행동강령'을 채택하고 유넵(United Nations Environmental Programme, UNEP)을 설립하는 등 환경교육의 역할 수행이 본격화된 시기이다. 이어 1975년 벨그라드에서 개최된 〈국제환경교육워크숍〉에서는 '벨그라드 헌장'이 채택되었고, UNESCO-UNEP 국제환경교육프로그램이 만들어졌으며, 1977년에는 트빌리시에서 개최된 〈환경교육에 관한 정부 간 회의〉의 '트빌리시 선언'을 통해 환경교육의 필요성이 강조되었다.

2000년대 들어서면서는 유엔의 'UN 지속가능발전교육10년(UN Decade of Education for Sustainable Development, DESD : 2005~2014년)' 선포를 계기로, 국제적으로 환경교육의 목표가 지속가능발전교육의 차원으로 재정향되는 흐름도 나타나 현재까지도 환경교육의 범주를 확장하는 데 영향을 미치고 있다. 한편 2015년은 유엔 '새천년개발목표(MDGs)'상에서 '지속가능발전목표(Sustainable Development Goals, SDGs : 2015~2030년)'로 전환되는 시점이다. 동시에 '유엔 지속가능발전교육10년'이 종료되고 Post-DESD가 시작되는 해이다. 이런 변화에 따른 새로운 환경교육 정책이슈가 부각되고 있다. 환경, 사회, 경제의 연계성과 국가 간 역할 및 사회구성원들의 지역 간, 계층 간, 세대 간, 이념 간, 인종 간 연계성을 고려한 환경교육의 중요성이 증대될 전망이다. 아울러 국제사회에서는 지구의 생명지원 체계인 생태계와 기후체계의 근간이 위협받고 있는 상황에서 생물 종 다양성, 기후변화, 환경보건 등에 대한 정책 수요가 계속해서 늘어날 것으로 예측된다.[15]

한편 2015년 유네스코는 '모두를 위한 교육(Education For All)'의 Post-2015 교육 의제 중 하나로 「2030년까지 모든 학습자가 지속가능발전교육(ESD)을 통해 지속가능한 사회를 위한 지식, 기술, 가치, 태도의 습득을 추구할 것」을 추가하였다. 관련하여 국내에서는 '모두를 위한 환경교육(Education For All, EEFA)'이 이후 환경교육의 담론으로 제시되기도 하였다.[16] 이들은 특히 '모두'의 개념을 종, 계층, 세대, 공간, 시간의 한계를 넘어서는 개념으로 해석하면서, 환경, 사회, 경제의 균형을 넘어서 사회적 형평성을 보다 강조하는 새로운 차원의 지속가능발전교육 담론을 제안하고 있다.

이러한 국제적 흐름은 한국의 환경교육에도 많은 영향력을 발휘해 왔는데, 이 장에서는 한국의 학교 환경교육의 변천과정에 대해서 살펴보고, 사회환경교육에 대해서는 다음 장에서 다룬다.

2) 한국 학교 환경교육의 변천 과정

• 학교 환경교육의 시기별 특징

학교 환경교육은 관점에 따라 여러 가지 시기구분이 가능하다. 최돈형·이성희(2012)는 동시대의 사회경제변동과 전환적 계기를 중심으로 한국의 학교 환경교육에 어떤 일들이 일어났는지 살펴봄으로써, 학교 환경교육의 시기를 여명기(해방 후~1971년), 형성기(1972~1986년), 확산기(1987~1996년), 전환기(1997~2011년)로 구분하였다.

각 시기별 특징을 살펴보면, 여명기(해방 후~1971년)는 환경교육의 개념이 정립되지 않았고 세계적인 환경교육의 영향을 받기 이전의 시기로 환경보다는 자연이라는 말이 더 많이 쓰이지만 환경교육의 논의는 시작된 시기이다. 형성기(1972~1986년)는 자연보호운동에서 환경보전교육으로 진화하고 공해교육이 강조된 시기로, 1972년 유엔인간환경회의 등 세계적 흐름에 영향을 받기 시작하는 것으로 파악된다. 이 시기 환경교육의 정의와 개념, 방법론에 대한 논의가 시작되고 다학문적 접근도 나타났는데, 제3차 교육과정과 제4차 교육과정을 중심으로 학교 환경교육이 형성되고 실시되었다. 확산기(1987~1996년)는 삶의 질에 대한 논의가 화두가 되어 환경교육에 대한 국민의 관심과 인식이 높아져 학교 환경교육의 발전을 가속화한 시기로, 제5차 교육과정에서 중점사항 중의 하나로 환경교육이 부각되었고 학교 환경교육이 강화되었으며, 1992년에는 독립교과화가 선언되기에 이른다. 전환기(1997~2011)는 경제사회적 영향이 컸던 시기로 지속가능발전교육, 녹색성장교육, 기후변화교육 등 시기에 따라 서로 다른 지향이 강조되기도 하였지만, 전반적으로는 지속가능발전교육 패러다임적 전환이 이루어져 환경교육이 지속가능발전을 목표로 하고 있음이 명확해진 시기로 평가된다.[17]

- 환경과 교육과정의 특징과 변천과정

환경문제해결의 필요에 의해 환경교과가 독립과목으로 신설된 제6차 교육과정(1992년 고시)에서는 자연과학적 접근과 환경문제해결 중심의 내용체계를 갖추기 시작했다. 체험환경교육을 중심으로 환경교육의 대중화 흐름이 두드러졌던 1990년대 중반에 고시된 제7차 교육과정(1997년)에서는 생태·인문 사회적 접근과 환경감수성이 강조되면서 환경교육의 주제범위가 넓어졌다. 또한 세계적으로 유엔 지속가능발전교육10년의 영향이 미치던 시기에 제시된 2007 개정 교육과정에서는 지속가능발전교육 내용이 추가 강조되었다. 2009 개정 교육과정에서는 당시 정부의 정책기조에 따라 녹색 성장의 개념이 추가되고 강조되었다. 최근 2015 개정 교육과정에서는 내용 체계에 있어서 통합적 접근이 강조되면서 전체적인 변화가 두드러졌다. 특히 환경의 체계를 생태체계와 사회체계로 새롭게 설정하면서 사회적 접근이 강조되었고, 지역환경탐구, 생활주제탐구, 사례심층탐구, 문제해결학습 등의 환경 탐구가 강조되었다.

1992년 6차 교육과정 개정 시 환경교육의 독립교과체계를 갖춘 지 20년을 넘어서는 시점에서 학교 교육과정에서 환경교과의 역할, 타 교과 연계형 환경교육의 가능성 확대 등 앞으로의 과제를 면밀히 점검해야 할 시기이다. 1990년대 이후, 학교 교육과정에 제시된 환경교육의 목적과 목표 변천과정은 표3, 2015 개정 교육과정의 중학교와 고등학교 환경과목의 내용체계는 각각 다음 표4, 표5를 참고할 수 있다.

표3. 중·고교 환경과 교육과정에 나타난 환경교육의 목적과 목표[18]

교육과정	학습	목적과 목표	비고
제6차	중학교	우리 삶의 터전인 환경에 대한 종합적 이해를 통하여 환경 문제에 대한 올바른 가치관과 태도를 가지게 하고, 쾌적한 환경을 만들기 위한 여러 활동에 적극적으로 참여하고 실천하도록 한다.	환경문제, 환경의 질, 환경관 강조
	고등학교	인간과 환경과의 관계를 총체적으로 이해하게 하고, 환경을 보전하는 데 필요한 태도와 가치관을 가지게 하여, 환경의 질을 개선할 수 있는 바람직한 환경관을 형성하게 한다.	

제7차	중학교	환경에 대한 이해를 바탕으로 올바른 가치관, 감수성 및 태도를 기르고, 환경 문제의 해결 방안을 탐구하여 쾌적한 환경을 보전하기 위한 활동에 적극적으로 참여한다.	환경감수성 추가
	고등학교	인간과 자연과의 관계에서 나타나는 상호작용을 전체적으로 이해하고 환경 문제의 올바른 인식과 그 문제점에 대한 감수성을 가지며 환경 보전, 환경 문제의 예방과 해결에 필요한 가치와 태도를 기른다.	
2007 개정	중학교	환경감수성과 인식을 길러 환경과 인간의 관계를 바르게 이해하며, 환경에 대한 지식의 탐구와 문제 해결 능력 및 기능을 갖추고 지속가능발전을 위한 환경 의사 결정력과 환경친화적 가치관을 함양하여 환경 보전을 위한 활동에 참여하고 실천한다.	지속가능발전 추가
	고등학교	환경과 인간의 상호관계를 여러 차원에서 이해하고, 환경 문제 해결을 위한 능력을 길러 올바른 가치 판단과 의사 결정을 할 수 있도록 하며, 나아가 친환경적 생활방식을 익혀 지속가능발전에 기여한다.	
2009 개정	중학교	자신의 주변과 지역 환경에 대한 탐구를 통하여, 인간과 환경을 통합적으로 이해하고 창의적 문제해결력을 기른다. 특히 환경 체험을 강조하여 환경 감수성과 환경친화적 가치관을 기르고, 개인·사회적 실천과 협력을 통해 지속가능한 녹색 사회를 구현하는데 참여하는 시민을 양성한다.	녹색사회 구현, 녹색성장 실현, 세계시민 추가
	고등학교	환경·경제·사회 간의 상호 관련성을 이해하고, 환경에 관한 의사 결정력과 문제 해결 능력을 함양하며, 환경에 대한 바람직한 가치관과 태도를 기르고, 환경친화적 생활을 통하여 높은 삶의 질과 지속가능한 저탄소 녹색 성장의 실현에 기여하는 세계 시민을 양성하는 것을 목표로 한다.	
2015 개정	중학교	자신의 주변과 지역 환경에 대한 탐구를 통하여 인간과 환경의 관계를 이해하고, 다른 사람들과 더불어 지구 생태계 내에서 조화로운 삶을 살아가는데 요구되는 의지와 역량을 갖추어 지속가능한 사회를 만들도록 참여하게 하는 데 있다.	통합성 강조에 따른 전체 체계개편, 탐구활동 강조
	고등학교	행복과 자아실현을 추구하는 개인으로서 환경과 타인을 배려하는 범위 안에서 지속가능한 방식의 삶을 살아가는 동시에 책임 있는 시민으로서 환경적, 경제적, 사회적으로 지속가능한 사회 체계를 이해하고 이를 추구하는 데 필요한 의지와 역량을 갖추도록 하는 데 있다.	

표4. 중학교 환경과목의 내용체계_2015 개정교육과정[1]

영역	핵심개념	일반화된 지식	내용 요소	기능
환경과 인간	환경의 의미	환경은 다양한 의미가 있으며, 환경관은 환경을 바라보는 자신의 관점을 갖는데 도움을 준다.	· 환경의 다양한 의미 · 환경관과 나의 관점	· 다양한 관점과 의견 비교하기 · 자신의 경험과 느낌을 표현하기 · 조사하고 해석하기 · 타인 의견 경청하기 · 탐구를 계획하고 수행하기
	인간의 환경 영향	인간 활동은 환경에 영향을 미친다.	· 우리 생활이 환경에 미치는 영향 · 환경에 대한 배려와 책임	
	환경 체험	우리는 체험을 통해 자신이 살아가는 환경에 의미를 부여하고 관계를 맺는다.	· 체험과 공감 · 학교 환경 탐사	
환경의 체계	생태계의 구성과 상호작용	생태계는 인간을 포함한 물, 공기, 흙, 생물 등으로 구성되며 이들은 서로 영향을 주고 받는다.	· 생태계의 의미와 구성요소 · 물, 공기, 흙, 생물 등의 역할과 소중함 · 물, 공기, 흙, 생물 등과 인간과의 관계	· 상호영향 분석하기 · 해결방안 도출하기
	환경 문제 및 보전	환경 문제는 생태계 내의 복합적인 관계 속에서 발생하며 환경 문제 해결과 개선을 위해 우리의 다양한 노력이 필요하다.	· 환경 문제와 물, 공기, 흙, 생물, 인간 등의 상호작용 · 환경 문제와 환경 보전의 사회적, 문화적, 경제적 측면 · 환경 문제 해결과 환경 개선을 위한 노력	· 사례에서 의미 도출하기 · 실천방안 구상하기 · 타인 의견 경청하기
지역 환경과 지구 환경	지역 환경 탐구	각 지역은 환경적 특성을 갖고 있으며 우리는 자신의 지역 환경 안에서 살아간다.	· 자신이 사는 지역의 환경 이해 · 지역 환경 개선을 위한 참여 방식 · 지역 환경 탐구 수행	· (현황, 역할, 특징 등) 조사하기 · 탐구를 계획하고 수행하기 · 자료 분석하고 설명하기 · 해결방안 설계하기 · 해결방안과 영향 평가하기 · 사례에서 의미 도출하기 · 해결 방안 토의, 토론하기
	자원과 에너지	인간이 이용한 자원과 에너지는 시대에 따라 변화해왔고, 이러한 자원과 에너지의 이용은 환경에 영향을 미친다.	· 에너지 이용의 변천과 환경 영향 · 자원의 의미와 우리 지역의 자원 순환 체계 · 에너지 이용에 관한 쟁점	
	지구 환경과 환경 문제	지구의 환경 변화는 넓은 시공간에 영향을 미치고 있으며, 환경 문제 해결을 위해 개인과 사회가 참여할 수 있다.	· 지구 환경과 지구 환경 문제의 특성 · 지구 환경 문제의 해결 방식	
	기후 변화	지구의 기후는 변화해왔고 현재도 변화하고 있으며, 인간 활동은 기후를 변화시키고 기후 변화의 영향을 받기도 한다.	· 기후 변화의 원인과 영향 · 기후 변화 대응을 위한 노력	

지속 가능한 사회	지속가능 발전	지속가능발전은 환경, 경제, 사회적 측면에서 우리 사회의 방향을 제시한다.	· 지속가능발전의 의미 · 지속가능발전의 해석과 적용	· (의미와 중요성, 필요성 등) 설명하기 · 조사하기 · 타인 의견 경청하기
	지속가능한 사회와 삶	지속가능한 사회를 위해서 바람직한 현재와 미래 사회의 모습에 대한 소통과 합의 과정이 중요하다.	· 지속가능한 생활양식과 사회 체제 · 함께 그리는 지속가능한 사회의 모습	
	환경정의와 참여	지속가능한 사회를 위한 개인의 생활양식과 사회 체제의 변화를 이루려면 환경정의의 추구와 시민의 참여가 필요하다.	· 환경정의와 참여 방식 · 사회 변화를 위한 우리의 참여	· 다양한 관점과 의견 비교하기 · 소통을 통해 합의하기

표5. 고등학교 환경과목의 내용체계_2015 개정교육과정[20]

영역	핵심개념	일반화된 지식	내용 요소	기능
환경과 인간	환경관	자연, 생태, 환경 개념은 비슷하지만 다르며, 환경에 대한 관점에 따라 인간의 위상은 달라진다.	· 자연, 생태, 환경의 개념 · 환경에 대한 다양한 관점	· 다양한 관점과 의견 비교하기 · 용어나 개념을 정의하기 · 자신의 입장과 견해 제시하기 · 타인 의견 경청하기 · 영향을 조사하고 추론하기 · 사례에서 의미 도출하기 · 발견하고 느낌 표현하기
	환경윤리	환경윤리의 대상은 인간에서 동물을 거쳐 모든 생물, 미생물, 미래 세대까지 확대되고 있다.	· 동물복지, 생명윤리, 생태윤리 · 미래 세대에 대한 책무	
	환경 체험	환경 체험은 자연과의 단절을 극복하고 자신과 지역의 관계를 더 잘 이해할 수 있는 중요한 과정이다.	· 일상적, 직접적인 자연체험 · 체험을 통한 지역의 이해	
환경의 체계	환경 체계의 구성	환경은 사회체계와 생태계의 상호 작용으로 형성되고 변화하는 복잡하고 역동적인 체계이다.	· 환경 체계 구성과 상호 작용 · 전통 생태지식과 지속가능성	· 개념과 실제 세계를 연결하기 · 요소 간의 관련성 파악하기 · 발견하고 열거하기 · 상호관련성 분석하기 · 실천방안 수행하기 · 영향을 조사하고 추론하기 · 자료 분석하고 설명하기
	생태계	생태계는 육상·습지·수생 생태계로 나눌 수 있으며, 항상성을 유지하기 위한 고유한 특성을 갖고 있다.	· 생태계의 특성 · 생태계의 종류 · 생태계의 변화	
	환경과 사회체계	환경의 변화는 산업화와 소비 사회, 정보화와 지식사회, 다원화, 위험사회 등 사회체계의 변화와 밀접하게 연관되어 있다.	· 대량생산 소비사회 · 환경권과 환경갈등 · 위험사회와 환경정의 · 환경과 예술	

	생태계와 사회체계의 상호작용	생태계와 사회체계는 물, 토양, 대기, 생물 등 생태계 구성 요소를 매개로 서로 연결되고 상호작용한다.	· 물 환경 · 토양 환경 · 대기 환경 · 생물 환경	· 자신의 입장과 견해 제시하기 · 타인과 토의하기 · 타인과 경험에 공감하기 · 해결방안 도출하기
환경 탐구	환경 사례 심층 탐구	다양한 관점에서 통합적이고 심층적으로 환경 사례를 탐구할 때 지속가능한 사회에 대한 이해가 가능하다.	· 물, 토양, 대기 환경 사례 · 생물, 생명윤리 환경 사례 · 기후 변화와 에너지 환경 사례	· 탐구 문제 설정하기 · 탐구를 계획하고 수행하기 · 해결방안과 영향 평가하기 · 사례에서 의미 도출하기 · 통합적으로 분석하기 · 의미와 시사점 발견하기 · 해결방안 도출하기 · 의미 토론하기
	생활 주제 환경 탐구	음식, 주거, 교통, 소비는 중요한 생활환경 주제이면서 개인과 공동체의 지속가능한 삶을 구성하는 핵심 요소이다.	· 음식 관련 환경 주제 · 주거 관련 환경 주제 · 교통 관련 환경 주제 · 소비 관련 환경 주제	
	환경 프로젝트	통합적이고 심층적인 프로젝트 학습은 환경 문제와 같이 복잡한 현상을 이해하는 적절한 방법이다.	· 문제 탐색, 문제 설정 · 탐구 계획 수립, 역할 분담, 발표 및 평가	
지속 가능한 사회	지속가능한 사회 체계	환경뿐만 아니라 경제적, 사회적으로도 지속가능해야 한다.	· 과학기술의 양면성, 적정 기술 · 환경재난과 안전	· (의미와 중요성, 필요성 등) 설명하기 · 시사점 발견하기 · 탐색하고 방안 모색하기 · 비교하고 견해 제시하기 · 합의를 통한 참여하기
	지속가능한 삶의 양식	행복한 삶을 위해서는 지속가능한 삶의 양식을 추구해야 한다.	· 일상생활과 삶의 양식 · 녹색 산업과 일자리 · 형평성, 참여	

       교육실천가를 위한 사회환경교육론 1

1 내가 생각하는 '환경교육'은 무엇인가? 환경교육의 궁극적인 목적은 무엇인가?

   – 내가 생각하는 환경교육에 대해 정리해 보자.

   – 다른 사람(동료)이 생각하는 환경교육에 대해 이야기를 나누자.

   – 우리가 생각하는 환경교육에 대해 정리해 보자.

   ※ [확장] 시간이 흐른 후에 내가 생각하는 환경교육에 대해 다시 한 번 질문을 던져 보자. 어떤 변화가 있다면 자신의 교육경험 성찰을 통해 변화의 이유를 찾아보자.

2 환경에 '대한' 교육, 환경 '안에서의/으로부터의' 교육, 환경을 '위한' 교육에 대해 각각의 학습 경험을 떠올려보자. 한 가지 교육상황을 설정하고 세 가지 목적을 통합할 수 있는 환경교육 활동에 대해 토론해 보자.

3 지금까지 학교 환경교육의 변화과정을 살펴보고, 앞으로 학교 환경교육에서 강조되어야 할 관점이나 지향에 대해 토론해 보자.

추천 도서

▶ 남상준(2010). 『환경교육론』. 대학사.

▶ 최석진, 최경희, 김용근, 김이성(2014). 『환경교육론』. 교육과학사.

▶ 최돈형, 이성희(2012). 『한국 학교 환경교육사 산책』. 이담북스.

▶ Paul Hart, 최돈형, 진옥화, 이성희 옮김(2007). 『교사가 생각하는 환경교육』. 원미사.

환경교육론

1 환경교육(Environmental education)은 인간과 환경과의 관계를 이해하고, 바람직한 관계 개선을 통해 지속가능한 사회를 만들어가기 위한 교육과정이자 개인의 인식과 행동, 사회의 변화를 추구하는 교육과정이라 할 수 있다.

2 우리나라에서 환경교육은 통상 실시 주체와 내용, 지향 등에 따라 제도권 교육 체계 안에서 이루어지는 '학교 환경교육'과 제도권 밖에서 이루어지는 '사회 환경교육'으로 구분한다. 국제적으로는 제도권 안에서 이뤄지면서 짜임새와 질서를 갖춘 '형식교육', 제도권 밖에서 이뤄지면서 짜임새와 질서를 갖춘 '비형식교육', 제도권 밖에서 이뤄지면서 짜임새와 질서가 없는 '무형식교육'으로 구분하고 있다. 사회 환경교육은 비형식교육과 무형식교육을 포함한다.

3 학교 환경교육은 학교와 교사가 주도하는 반면, 사회 환경교육은 민간단체나 기관주도형, 기업 주도형, 정부나 지자체, 공공기관 주도형, 이외에도 언론이나 자발적 성인학습 공동체나 개인이 주도하기도 한다. 학교 환경교육에 비해 사회 환경교육은 지속성과 체계성은 부족하지만 다양성, 현장성, 현안이슈 접근에 있어서 강점을 갖는다. 이러한 특성의 학교 환경교육과 사회 환경교육은 상호보완적인 관계를 형성하고 있기 때문에 협력과 연계의 중요성이 강조된다.

4 환경교육은 주요목적에 따라 지식과 개인적 실천을 강조하는 '환경에 관한(about)' 교육, 생태적 경험이 강조되는 '환경 안에서/으로부터(in/from)'의 교육, 환경문제와 쟁점, 공동체적 실천이 강조되는 '환경을 위한(for)' 교육으로 나눌 수 있다.

5 전 세계적으로 환경문제가 확산되면서 환경교육이 본격적으로 시작된 시기는 통상 1970
   년대로 알려져 있다. 1970년 미국의 환경교육법 제정, 1972년 스톡홀름회의의 '인간환
   경선언', 1975년 벨그라드 회의의 '벨그라드 헌장' 채택, 1977년 트빌리시 회의의 '트빌
   리시 선언'은 대표적인 국제환경교육의 사건들로 평가된다. 2000년대에는 '유엔 지속가
   능발전교육10년(2005~2014년)' 선포를 계기로, 환경교육의 목표가 지속가능발전교육
   의 차원으로 재정향되는 흐름이 나타나 환경교육의 범주를 확장하는 데 영향을 미쳤다.

6 학교 환경교육은 세계적인 영향을 받기 이전의 여명기(해방 후~1971년), 자연보호운동
   에서 환경보전교육으로 진화하고 공해교육이 강조된 형성기(1972~1986년), 학교 환
   경교육이 강화되고 1992년에는 독립교과화가 선언되었던 확산기(1987~1996년), 경
   제사회적 영향이 깊던 시기로 지속가능발전교육 패러다임적 전환이 이루어신 전환기
   (1997~2011년)로 구분할 수 있다.

7 우리나라 학교 환경교육의 교육과정 변화를 살펴보면, 환경교과가 독립과목으로 신설된
   제6차 교육과정(1992년 고시)에는 자연과학적 접근과 환경문제 해결 중심의 내용체계를
   갖추었고, 제7차 교육과정(1997년)에서는 생태 · 인문 사회적 접근과 환경감수성이 강조
   되어 환경교육의 주제범위가 넓어졌다. 2007 개정교육과정에서는 지속가능발전교육 내
   용이 추가 강조되었고 2009 개정교육과정에서는 녹색성장의 개념이 추가되었다. 최근
   2015 개정교육과정에서는 통합적 접근이 강조되면서 전체적인 변화가 두드러졌는데, 특
   히 지역환경탐구, 생활주제탐구, 사례심층탐구, 문제해결학습 등이 강조되었다.

참고문헌

1. 정문식, 박석환.(1997).『환경생태학』. 신광문화사.
3, 12. UNESCO(1977). "Intergovernmental Conference on Environmental Education, Final Report; Tbilisi. UNESCO" Paris, UNESCO.
2, 4. Sauve, L.(1996). "Environmental Education and Sustainable Development; A Further Appraisal" Canadian Journal of Environmental Education.
5. 장미정(2011).『환경교육운동가를 만나다』. 이담북스.
6, 14. 박태윤 외(2001).『환경교육학개론』. 파주: 교육과학사.
7. 김수연(2007). "학교와 지역 환경단체의 환경교육 협력 실행과정에 대한 연구: 교사와 안내자의 파트너십 형성과정을 중심으로" 서울대학교 박사학위논문.
8, 9. Lucas, A. M.(1972). "Environment and environmental education: conceptual issues and curriculum implications" Ph.D. thesis, Ohio State University.
10. 최석진, 최경희, 김용근, 김이성(2014).『환경교육론』. 교육과학사.
11. Palmer, Joy A.(1998). "Environmental Education in the 21st Century: Theory, Practice, Progress and Promise" Routledge, London.
13. UNESCO(1977). "Final Report; Tbilisi. UNESCO" Doc: UNESCO/UNEP/MP/U9(Paris, UNESCO)].
15. 정회성 외(2015). "제2차 국가 환경교육종합계획 연구보고서" 환경부.
16. (사)환경교육센터 모두를 위한 환경교육연구소(2015).『모두를 위한 환경교육 포럼 자료집』. (사)환경교육센터.
17. 최돈형, 이성희(2012).『한국 학교 환경교육사 산책』. 이담북스.
18. 서은정, 요하네스 자카(2013).『환경과 교육과정의 고찰 및 역량 기반으로의 개선방향에 관한 연구, 환경교육』. 26(1), 1-18.
19, 20. 출처: 국가교육과정정보센터 http://www.ncic.go.kr/

2

사회 환경교육과 환경정책

사회 환경교육의 이해

1) 사회 환경교육의 위치와 범주

환경교육은 지식의 습득뿐 아니라 가치관 함양과 이를 토대로 한 실천을 포괄하는 개념으로 장기간에 걸쳐 단계적으로 이뤄지는 전 생애과정이라는 특징을 갖는다.[1] 때문에 제도권에서 이뤄지는 학교 환경교육과 더불어 비제도권에서 평생에 걸쳐 이뤄지는 사회 환경교육이 중요한 역할을 담당하게 된다.[10] 앞서 살펴본 것처럼, 우리나라에서 환경교육은 일반적으로 학교 환경교육과 사회 환경교육으로 구분해왔다. 여기서 사회 환경교육은 제도권 밖에서 이뤄지지만 일정한 형식을 갖춘 비형식교육과 일정한 형식 없이 불특정 다수를 상대로 하는 무형식교육을 포함한다.

다른 한편 사회 환경교육은 교육주체나 대상에 따라 서로 다른 지향을 가

---

(10) 국내에서는 전통적으로 환경교육을 제도권 여부를 기준으로 학교 환경교육과 사회 환경교육으로 구분해왔다. 환경교육의 구분과 유형에 대해서는 앞선 장에서 다루었다.

질 수 있기 때문에 다양한 범주로 구분될 수 있다. 정부나 지자체 등 공공기관 주도의 환경교육, 기업 주도의 환경교육, 민간단체와 기관 주도의 환경교육, 기타 소모임이나 개인 주도의 환경교육까지 다양한 범주의 환경교육이 사회 환경교육에 속한다.

사회 환경교육의 범주는 내용적 측면에서도 학교 환경교육에 비해 더 다양하게 나타난다. 학교 환경교육은 통합교육이라는 방법을 활용할 수도 있기는 하지만 기본적으로 교과목으로 세분화된 영역을 벗어나기 어렵고 주제적 특성이 과목의 영역을 넘어서 다루기 어려운 측면이 있다. 그러나 사회 환경교육은 기본적으로는 자연환경과 생활환경을 주 영역으로 삼고 있지만 나아가 환경을 매개로 하는 사회교육, 평화교육, 다문화교육, 민주시민교육, 진로체험 등의 다양한 범주를 포괄할 수 있는 측면이 있다. 즉, 사회 환경교육은 일반적으로 미리 정해진 교육과정과 교과서를 기준으로 하는 학교 환경교육과 달리 비교적 자유롭고 다양한 주제, 내용, 형식을 갖는다. 아울러 사회 환경교육은 지도자의 교수가 중시되는 학교 환경교육과 달리 학습자의 자발성이 중시되며, 교육자는 지식의 전달자라기보다는 학습자가 자연스럽게 프로그램의 목적을 깨달을 수 있도록 안내하고 지원하는 촉진자의 역할을 한다.[2] 때문에 사회 환경교육의 주체, 대상, 형식은 물론, 주제와 소재도 다양하여, 그 영역과 역할은 다른 그 어떤 전문가보다도 다양한 지식과 기능을 요구한다고 할 수 있다.

2) 사회 환경교육의 성격

'사회 환경교육'이라는 용어 속에는 어떤 교육적 함의가 있을까? 우리나라에서는 '학교 밖에서 이루어지는 환경교육'을 '사회 환경교육'으로 불러왔는데, 이는 교육계 전반에서 '학교 밖 교육'을 '사회교육'으로 분류해 온 것과 같은 맥락이다. 애초 사회교육은 기존의 학교교육체제를 보완하거나 대체하는 역할을 해옴으로써, 사회와의 관련성, 소외계층과 공동체 중심, 사회변혁 지향 등이 사회교육의 본질적 가치를 이루어 왔다.[3] 그런데 사회 변화와 함께 사회교육에서 보다 다양한 가치를 다루게 되면서 '학교교육 이외의 교육'이란 포괄적 의미로 사회교육이란 용어를 사용하게 되었다.[4]

사회교육은 '사회에서 일어나는 교육'이라기보다는 '사회를 변화시키는 교육'으로 일컬어 왔다.[5] 그렇다면 사회변화를 환경교육의 목적으로 삼는 것은 '교육적인' 일인가? 교육은 단순히 어떤 정보를 전달하거나 살아가는 방법을 전수하는 차원에서 그치는 것이 아니라, 지금의 상태보다 더 나은 상태로의 변화를 추구한다. 여기서 어떤 변화를 추구하느냐, 나아가 교육의 목적을 어떻게 설정하느냐가 중요한데, 교육의 목적은 어떤 관점, 어떤 패러다임에 근거하느냐에 따라 달라지기 마련이다. 패러다임은 한 시대와 그 시대를 살아가는 개인과 사회의 가치관을 반영하며 교육의 범위를 확대시키기도 축소시키기도 하기 때문에, 교육의 목적은 어떤 개인의 속성을 변화시키는 수준에서 설정될 수도 있지만 조직이나 기관, 국가, 사회를 변화시키는 차원에서 설정될 수도 있다. 이러한 맥락에서 적극적 의미로서의 교육은 사회변화를 궁극적인 목적으로 삼을 수 있다.

앞서 살펴본 바와 같이 환경교육은 지구적 환경문제가 점차 심각해지면서 환경문제를 해결할 목적으로 등장하였기 때문에 기본적으로 사회변화의 지향성을 강하게 갖는다. 이런 맥락에서 사회 환경교육은 환경교육을 통해 환경문제를 해결하고자 하는 제도권 밖에서 다양한 형식으로 일반시민의 환경인식을 높여나가는 환경교육 활동으로 이해할 수 있다.[6]

3) 사회 환경교육의 배경

• 사회 환경교육의 필요성

우리 국민들의 환경의식은 높은 편이다. 2017 환경정책연구원의 환경의식 조사에 따르면 평소에도 환경에 관심을 가지고 있다는 사람들이 절반을 넘고(54%), 환경보전이 중요하다고 여기는 사람들이 열에 여덟(78%)이나 된다.[7] 2014년 환경부 환경보전의식조사에서는 국민의 91.8%가 환경문제에 관심을 가지고 있다고 답했다.[8] 이러한 관심과 중요도에 비해 만족도는 보통에 속하는 것으로 나타났고, 국민들이 가장 우려하고 있는 환경문제는 자연환경고갈, 대기오염, 쓰레기 증가, 수질오염 등으로 나타났다. 그리고 환경문제를 효과적으로 해결하기 위해서는 규제(17.2%)나 법(12.1%) 환경정보 및 환경교육의 확산(45.0%)으로 가장 중요다고 여기고 있다.[9] 기본적으로는 이러한 환경상황에 대한 인식과 현실을 기반으로 환경교육의 필요성이 제기된다고 할 수 있을 것이다. 즉, 환경에 관심을 갖고 환경문제를 인식하여 보다 체계적이고 전문적인 지식과 실천역량을 길러 문제를 해결해야 할 필요성이 있기 때문이다.

그런데, 앞서 2014년 환경부 조사에 따르면 높은 수준의 환경에 대한 관심과 비교적 열악하게 판단하는 환경상황에 비춰, 환경교육에 대한 필요성과 만족도는 매우 낮게 나타나고 있다. 우리나라 환경교육에 대해 일반국민의 15.3%, 전문가의 17.5%만이 만족한다고 응답한 반면, 불만족의 응답은 일반국민 47.9%, 전문가 47.0% 등을 보여 환경교육에 대한 만족도가 매우 낮은 수준을 보이고 있다. 더욱 깊은 분석과 성찰이 필요한 것은 지난 2008년 조사에 비해 일반국민의 불만족 응답이 크게 증가했다는 점이다. 전문가 부분에서는 만족도가 소폭 증가했지만 여전히 47%에 이르는 높은 불만족은 해소되지 않고 있다.

한편 최근 환경교육의 양과 질에서 많은 성장을 했다고 판단할 수 있는 객관적인 지표들이 많이 있다. 환경교육프로그램의 활성화라든가, 숲해설가, 자연환경해설사 등의 전문 인력과 환경교육단체의 증가 등이다.[11] 그럼에도 불구하고 환경교육의 경우 매우 낮은 평가를 받고 있다는 점이다.

특히 설문결과를 보면 현재 우리사회의 사회 환경교육을 가장 많이 담보하고 있는 사회교육단체에 대한 환경교육 신뢰도가 긍정적이지 않음을 보여주고 있다. 일반국민의 경우 바람직한 환경교육의 방식으로서 대중매체(55.5%)를 가장 많이 선호하고 있으며, 그 다음으로 학교 교육(36.7%), 사회교육단체는 4.8%에 불과하다는 점이다. 전문가의 경우에도, 일반국민의 의견과 차이를 보이긴 하지만, 기본적으로 사회교육단체나 종교단체 등을 통한 환경교육은 5% 미만의 선호도를 보이고 있다. 더구나 사회교육단체를 통한 환경교육을 선호하는 경우는 2008년 7.1%에서 2013년은 4.8%로 하락하는 현상을 보이고 있다.

이러한 지표들이 무엇을 말하고 있는 것일까? 일반적으로 서비스에 대한 불만은 서비스의 양 혹은 기회와 서비스의 질의 문제라고 보았을 때, 환경교육 불만족의 가장 큰 원인도 대상에게 특화된 재미있고 지속적이고 체계적인 환경교육기회와 프로그램의 부재일 것이다.[10] 최근 야외활동, 체험학습 등 수요의 비약적인 팽창과 더불어 자연휴양림, 공원, 환경교육시설 등의 환경교육 여건이 빠르게 성장한 것에 비해, 이러한 우호적인 조건에도 불구하고 적절한 환경교육프로그램이 제공되지 않았거나, 제공된 프로그램 품질의 문제로 인한 불만족을 유추해 볼 수 있다.

---

(11) 2015년 6월 기준 환경부 소관의 비영리법인은 504개, 비영리민간단체 184개, 사회적 협동조합은 4개이다. 2006년 등록 기준으로 보면 비영리법인은 304개, 비영리단체는 88개였으므로, 10년 남짓에 법인단체 모두 합해 177% 이상이 성장했다고 볼 수 있다. YMCA 등 환경 관련 활동을 수행하는 사회단체나, 타 부처와 지방자치단체에 등록된 환경교육관련 능을 포함하면 훨씬 더 많을 것으로 추측할 수 있다.(http://www.me.go.kr 참조)

아울러 시민들의 높아진 환경의식 수준, 여가수준, 학습수준은 이러한 불만족을 부채질하는 요소가 될 것이다. 이미 다양한 미디어나 체험을 통해 높아진 눈높이와 환경에 대한 인식, 지식, 요구도 등을 따라가지 못했다고 볼수 있을 것이다. 대개 신선함을 주었던 체험프로그램의 경우도 틀에 박힌 듯반복해서 접하면 식상하기 마련이듯, 환경교육 프로그램의 주제나 소재의 다양성, 대상에 따른 차별화된 다양한 프로그램의 지속적인 제공이 필요하다.

사회 환경교육은 참여자들에게 양질의 환경교육 프로그램의 제공을 통해환경교육 만족도와 참여율을 높이고 환경상황의 개선에 기여할 수 있도록해야 하는 목적이 있다. 이를 위해서는 양질의 환경교육 프로그램을 개발하고 운영할 전문 인력이 필수적이다. 현재 표출된 환경교육에 대한 불만족도와 사회교육단체의 신뢰도의 결여는 사회 환경교육의 전문성, 신뢰성, 공정성 등을 획기적으로 제고해야 할 상황임을 말해주고 있고, 이를 수행할 전문가로서 사회환경교육지도사의 필요성을 반증한다고 할 것이다. 즉, 환경교육 전문 인력이 학교, 기업, 사회단체 등의 다양한 위치에서 그 전문성과신뢰성, 공정성 등을 바탕으로 안정적으로 환경교육 프로그램을 제공하는'사회환경교육지도사'의 필요성이 제기되는 것이다.

• 사회변화의 트렌드와 사회 환경교육

'세상의 모든 것은 연결되어 있다'는 것은 환경을 이해하는 가장 중심적인 원리 중의 하나이다. 환경문제는 다만, 수질과 대기의 오염과 같은 환경공학적 문제나 야생동물 서식처의 파괴와 생물다양성 등의 생태학, 생물학과 같은 문제에 국한되어 있는 것이 아니라, 정치, 경제, 사회, 철학, 문화예술 등으로 세상의 모든 일과 연결되어 있는 것이다. 때문에 환경문제는 겉으로 드러나는 보이는 것만으로는 이해되지 않는 많은 것들이 있다. 환경문

　　　　　　　　　　　　　　　　教育실천가를 위한 사회환경교육론 1

제에 관한 인식은 위와 같은 제반 분야의 지식과 실천적 노력을 통해서 얻어지는 통합적이고 체계적인 것이라고 할 수 있다.

한편 교육의 영역과 개념 역시 우리가 일반적으로 이해하고 있는 '가르친다.' '가르침을 받는다.'는 일차원적이고 수직적인 단계에서 점차 벗어나고 있다. 기술과 매체의 발달에 따른 교육의 영역과 방법의 급격한 다변화는 전통적인 교육의 개념이 무력할 정도로 교육에 대한 인식과 범주를 변화시키고 있다. 교육기술이나 방법적 측면에서 원격매체, 멀티미디어, 온라인, 스마트 교육 등의 다양한 변화가 있기 때문이다.

시간적으로는 "공부는 때가 있다"는 말이 무색할 정도로 "평생학습"이 강조되고 있고, 학습과 교육이 이루어지는 공간은 '학교'의 울타리를 뛰어넘은 지 오래되었다. 한편, 지식을 습득하는 측면에서나 잠재력을 이끌어내는 측면에서도 교육의 주체와 대상이 엄격하게 구분되지 않고, 교수자와 학습자가 상호 역동적으로 섞이고 부딪치고 교차하면서 새로운 지식과 역량을 창출하기도 한다. 때문에 교육의 범주나 활동은 전통적인 교육자, 교사, 지도자, 선생님 등의 영역을 뛰어넘어 지도자, 안내자, 해설자, 코디네이터, 퍼실리테이터, 코치 등의 다양한 활동이 '교육'적 범주 안에 포함되기도 한다.

이처럼 교육의 영역과 방법 등의 환경변화는 사회 환경교육 영역에서도 활동영역과 방법, 진로 등에 영향을 주고 있다. 이러한 교육환경의 변화를 좀 더 세부적으로 읽어내기 위해서는 사회전체의 패러다임 변화를 볼 필요가 있다.[12] 사회 패러다임의 변화는 아주 다양한 측면에서 논의될 수 있지

---

(12) 패러다임이란 말은 이미 학계뿐만 아니라 사회 전반에 걸쳐 두루 통용되고 있는 용어이다. 원래 미국의 토마스 쿤(Thomas Kuhn)이 그의 역저 〈과학혁명의 구조〉에서 주장한 개념이다. 그 의미는 한 시대 특정 분야의 학자들이니 사회 전체가 공유하는 이론, 법칙, 지식, 가치, 심지어 믿음이나 습관 같은 것을 통틀어 일컫는 개념을 말하는 것이다.

만 큰 특징들만 살펴보자.

첫째, 전환(conversion)의 흐름이다. 물론, 어느 시대나 지역에서도 변화와 발전의 과정이 존재한다. 그러나 과거의 변화는 지속적으로 이어져온 물리적 연동성 때문에 예측 가능한 변화였다고 본다면, 지금 혹은 앞으로의 변화는 그 화학적 변동성으로 인해 질적 버전(version)이 다른 거의 예측이 불가능한 전환이 될 수 있다. 즉, 예전에는 물이 끓어가는 과정처럼 변화의 속도가 더디고, 뜨거워진다는 것을 예측이 가능했지만, 지금은 액체가 기체로 전환되는 만큼의 변화인 것이다. 애벌레의 고치 안에서의 변화가 아니라 탈피(脫皮) 수준의 변혁적 상황이다. 예전에는 존재하지 않았던 IT와 공학적 기술 등은 화학적 변화만큼이나 전혀 다른 새로운 문명을 낳고 있다.

둘째, 긴밀한 연결이다. 링크되어 있지 않으면 존재하지 않는 파일처럼 긴밀하게 연결되어 있어, 북경 나비의 날갯짓이 뉴욕의 폭풍을 일으키는 나비효과가 현실화될 만큼 긴밀한 네트워크 시대이다. 이제는 잊힐 권리, 검색되지 않을 권리를 주장할 정도로 인터넷, 모바일, CCTV 등의 유무선 관계에 속박되어 있다.

셋째, 융합(融合)의 흐름이다. 융합은 단순한 물리적 결합이 아니라, 화학적 변화를 포함한다. 최근 사회적 모든 현상에서 일어나고 있고, 한편 창조의 방법으로서 권장되고 있는 방법이기도 하다. 가상과 현실, 물질과 정신, 인문과 과학, 시간과 공간, 과거와 현재, 하드와 소프트의 다양한 영역에서의 융합, 복합 등이 일어나고 있고, 강조되고 있다. 이러한 교접이 새로운 창조를 낳고, 새로운 창조는 또 더 많은 융합을 일으킨다.

넷째는 가속화의 흐름이다. 변화의 속도가 일정하거나 일률적인 것이 아니라, 급속하게 가속되고 있다는 점이다. 모두가 격변의 시대를 실감하고 있다. 멧칼프의 법칙(Metcalfe's law)[13]처럼 네트워크가 확장될수록 변화는 급격하게 일어나고 기하급수적으로 확장되는 것이다. 마치 기화(氣化)의 시점, 물이 끓어 기체가 되는 순간의 급속한 변화처럼 가속도가 붙고 있는 것이다.

- 교육패러다임의 변화와 사회 환경교육

이러한 사회변화의 패러다임 속에서 교육환경 또한 총체적으로 달라지고 있다. 크게 보면 교육의 대상, 교육시간 및 장소, 교육의 방법, 교수와 학습자의 역할 등 변화가 일어나지 않는 것이 없다.

우선 교육의 대상 면에서 학습대상이 꾸준히 확대되고 있다. 이는 정보의 양이 폭발적으로 증가하고 예측 불가능한 사회체제의 변화가 가속화 되면서 학습의 대상이 전통적인 학생뿐만 아니라 주부, 노인 등 모든 층에게 확대되고 있으며 이는 평생학습의 활성화로 이어지고 있는 것이다. 숲해설가, 생태안내자, 환경강사의 교육대상만 보더라도 10대에서 70대까지 매우 다양하게 존재한다.

다음으로는 학습이 이루어지는 장소와 시간의 개념이 변화하고 있다. 전통적인 교육에서는 정해진 시간에 정해진 장소에서 학습이 이루어져 왔으나 IT기술의 발달은 학습자들이 필요한 시간에, 필요한 장소에서, 필요한 콘텐츠로 학습하는 것을 가능하게 하였다. 이제는 시도 때도 없이 공부할 수 있는 상황이 된 것이다.

이러한 기술의 변화는 교육방법에서의 패러다임뿐만이 아니라, 교육주체

---

(13) 컴퓨터 네트워크의 가장 일반적인 방법인 이더넷(Ethernet)을 발명하고 스리콤을 설립한 밥 메트칼프(Bob Metcalfe)가 지난 1980년 "네트워크의 가치는 참여자 수의 제곱에 비례한다."고 주장한 데서 나온 법칙이다.

의 역할까지도 변화를 가져온다. 과거 공급자 중심의 교육에서는 학습자들은 수동적인 수용자의 입장을 취하였으나 이제는 학습자들 중심으로 능동적인 주문과 탐색자로서의 역할이 강조되고 있는 것이다.

따라서 교육자의 경우도 기존의 교사와 지도자처럼 공급자의 준비된 지식의 주입과 제공은 무의미하다. 오히려 학습자의 주문형 교육내용에 대해 학습자들의 특성과 요구에 따라서, 학습자와의 상호작용과 피드백을 통해 학습의 방향을 안내해 주는 역할을 하는 것이다. 즉, 학습자 스스로 정보를 구축하고 지식을 형성하는 과정을 보조하는 퍼실리테이터(facilitator)의 역할이 더욱 적절하게 된 것이다.

기존의 교육을 지식의 반복적 주입이라는 측면에서 훈련(Training)이라고 본다면, 지금의 교육은 능동적 체득이라는 측면에서 체험학습(Experience Learning)으로 바뀌어 간다고 할 수 있다. 훈련이라는 패러다임의 경우 주입식 교육으로서 타율적이고 수동적인데 비하여 체험학습은 자율적이며 능동적이다. 이는 가르치는 사람 중심의 교육(Teaching)보다는 배우는 사람 중심의 학습(Learning)에 더 큰 비중을 차지하게 된 것이다. 이러한 교육 패러다임 변화에 대한 인식은 사회 환경교육을 어떻게 할 것인가 하는 방법론의 문제일 뿐만 아니라, 사회환경교육지도사가 나아가야 할 진로와 활동영역을 모색하는 중요한 문제의식을 제공한다. 융합과 복합, 네트워크의 다변화, 변혁의 흐름과 가속에 따른 사회의 패러다임 변화는 교육 패러다임 변화에도 영향을 미치기 때문이다.

사회 환경교육은 이러한 융합적 교육의 선도적 모델이라고 해도 좋을 정도로 형식과 비형식, 이론과 실제, 가상과 현실, 주제와 소재, 교육주체와 대상 등의 융합과 해체가 일어나는 교육이라고 할 수 있다. 비영리단체로 이해되던 환경교육단체나 환경운동단체가 사업을 통해 지속가능성을 추구하기도 하고, 영리 회사였던 기업들이 기업가치 확대 등을 위한 사회공헌사업 등을 통해 비영리 영역의 사업을 직접 개시하기도 한다. 이처럼 전통적인 정체성의 경계가 허물어지고 새로운 영역이 창출되기도 한다. 사회의 트렌드로 보면, 영리와 비영리의 경계를 논하는 것이 의미 없는 일이 된다. 교육 패러다임 변화의 측면에서 본다면, 사회 환경교육은 변화의 중심에 서 있는 교육모델의 하나라고 할 수 있을 것이다.

한국 환경교육 정책의 흐름

우리나라에서 환경교육이 본격적으로 추진된 것은 1980년대 이후로서, 시대적으로 환경문제가 심각해지면서 법률적, 제도적인 조처가 강화되었다.[1] 1990년대는 초등학교에서 환경과목을 별도로 지도할 수 있게 되었고 중·고등학교에 환경과가 독립하여 설치됨으로써 학교 환경교육의 획기적인 전기가 마련된 시기이다. 한편 2008년 제정된 환경교육진흥법은 그간 꾸준히 확대되어 온 환경교육에 대한 수요와 공급을 제도적으로 반영하고 국가 수준의 환경교육 정책을 구체화하는 계기가 되었다. 나아가 환경교육 진흥법 제정은 환경교육 활성화뿐만 아니라 환경교육을 통한 지속가능한 사회 실현이라는 정책적 목표와 기능을 정립하는 전기가 되었다.

1) 환경정책기본법과 환경교육진흥법

한편 우리나라 환경정책의 근간이 되는 「환경정책기본법」은 환경교육 정책 진흥의 근거와 목표를 정하고 있다. 법 제8조(환경오염 등의 사전예방)는 "① 국가 및 지방자치단체는 환경오염물질 및 환경오염원의 원천적인 감소를 통한 사전 예방적 오염 관리에 우선적인 노력을 기울여야 하며, 사업자로 하여금 환경오염을 예방하기 위하여 스스로 노력하도록 촉진하기 위한 시책"을 명시하고 있고 동법 제24조(환경정보의 보급 등)는 "① 환경부장관은 모든 국민에게 환경보전에 관한 지식·정보를 보급하고, 국민이 환경에 관한 정보에 쉽게 접근할 수 있도록 노력하여야 한다." 나아가 동법 제25조(환경보전에 관한 교육 등)에는 "국가 및 지방자치단체는 환경보전에 관한 교육과 홍보 등을 통하여 국민의 환경보전에 대한 이해를 깊게 하고 국민 스스로 환경보전에 참여하며 일상생활에서 이를 실천할 수 있도록 필요한 시책을 수립·추진하여야 한다."라고 되어 있다.

환경교육진흥법은 환경문제의 특성을 반영한 사전 예방 전략의 요구 속에서 오랜 기간 많은 논의를 통해 2008년 3월 제정, 공포되었다. "우리나라의 경우 학교와 민간에서 환경교육이 실시되고 있기는 하지만 환경교육과 관련하여 법적 기반과 제도가 미흡하여 환경교육이 체계적이고 효율적으로 이루어지지 못하고 있는 실정이므로 이에 환경교육을 체계적, 종합적으로 진흥, 지원하는 내용의 법률을 제정함으로써 학교 및 사회에서의 환경교육이 활성화될 수 있도록 하고, 나아가 인간과 자연 그리고 현재 세대와 미래 세대가 서로 조화와 균형을 유지하는 지속가능한 발전을 실현하려는 것"[12]으로 입법 취지를 밝혔다.

환경교육진흥법의 주요 골자는 환경교육 진흥을 위한 국가와 국민의 책무를 명시하고, 이를 위해 5년 단위 '환경교육종합계획 수립', '사회환경교육지도사 양성', '환경교육 프로그램 인증제', '환경교육센터 지정제도' 등의 세부 정책 과제를 담고 있다. 법 시행 후 지방자치단체에서도 환경교육 조례를 제정하기 시작하여 광역자치단체 이외에 서울시 성북구(2011년 제정), 은평구(2017년 제정), 강동구(2018년 제정) 및 수원(2012년), 성남(2016년) 등 기초자치단체에서도 조례를 제정하는 경우가 늘고 있다. 시도교육청에서도 자체적으로 조례를 제정하는 경우가 증가하고 있으며, 국가 차원의 환경교육 정책을 주도할 기관인 국가환경교육센터가 지정되었다. 하지만 아직은 초기단계로 환경교육 진흥을 위해서는 많은 노력이 요구되고 있다. 더불어 중·고등학교에서의 환경과목 채택률은 2011년 12.5%, 2012년 11.4%, 2013년 9.8%로 법 제정 후 꾸준히 감소하고 있으며, 2016년 현재 8.9%까지 떨어졌다. 따라서 부분적인 환경교육 의무화, 국가환경교육센터 설립, 학교-사회 환경교육과의 연계성 강화 등을 골자로 한 개정안[14] 논의가 꾸준히 제기되어 왔다. 환경교육진흥법은 제정 이후 총 2차례에 걸쳐 일부 조항이 개정되었고, 2018년 5월, 환경교육의 활성화를 위해 학교가 적극적인 역할을 수행하도록 하는 내용을 담은 환경교육진흥법 개정안이 국회를 통과하였다.

2) 환경교육종합계획

2015년 제1차 국가 환경교육종합계획이 만료됨에 따라 2015년 말 제2차 국가 환경교육종합계획(2016~2020)이 공포되었다. '배려하는 삶을 위한 환경교육의 일상화'를 비전으로 '환경가치에 대한 인식 제고', '다양하고 내실 있는 환경교육 기회 확대'를 목표로 5대 분야 19개 과제를 담고 있다. 이에 따라 광역지방자치단체를 중심으로 지역 환경교육종합계획 수립 작업도 추진되고 있다.

---

(14) 이미숙(2014). KEI. 환경교육진흥법 개정 연구 중 일부: "제11조(환경교육의 추진) ① 국가기관 및 지방자치단체의 장, 「유아교육법」 제7조에 따른 유치원의 장, 「영유아보육법」 제10조에 따른 어린이집의 원장, 「초·중등교육법」 제2조 및 제60조의3에 따른 각급 학교의 장, 그 밖에 대통령령으로 정하는 공공단체의 장은 환경교육 인식 증진을 위하여 환경교육을 실시하고, 매년 그 실시 결과를 환경부장관에게 제출하여야 한다."

표1. 제2차 환경교육종합계획 분야별 목표 현황[13]

분야	추진목표	2015년	2020년
여건 변화에 대응하는 환경교육 내실화	융합형 프로그램 개발	없음	15개
	환경 분야 진로체험 연계 프로그램 운영	4개	51개
	환경교육 콘텐츠 개발	교구, 책자 등 20종	40종
	환경교육 프로그램 인증	324건	600건
맞춤형 환경교육 다변화	유아환경교육관	4개소	10개소
	환경 교양 강좌 개설 대학	약 20개 대학	50개 대학
	대상 맞춤형 환경교육 사업	3개	6개
	소외계층 대상 환경교육 사업 예산	1.5억 원	5억 원
지역기반 환경교육 활성화 지원	사회공헌 연계 환경교육 참여 기업	5개	20개 기업
	환경교육 시범학교, 방과 후 환경학교 운영	연 26개	연 60개
	지역기반 사회 환경교육 사업	부정기적	지자체별 정례화
환경교육자 역량 강화 및 지원 확대	사회 환경지도사 운영관리 시스템	운영 안함	운영
	교사 대상 환경교육 직무연수	연 800명	연 2,000명
	환경교육센터 내 환경교육 전문 인력	6명	20명
환경교육 추진기반 강화	광역지자체 지역환경교육센터 지정	6개	17개
	환경교육백서 발간	발간 안함	발간
	지역 환경교육 협의회 운영	없음	시·도별 운영
	부처 간 환경교육 협력사업	없음	8개
	개도국 대상 환경교육 사업	없음	10개국

3) 주요 환경교육 정책

• 학교 환경교육[14]

「환경보전에 관한 국민의식조사」[15]에서 향후 바람직한 환경교육 방식에 대해 일반국민 36.7%, 전문가 59.5%가 '학교 교육을 통해서'라고 응답했다. 이는 형식교육인 학교 환경교육이 갖는 중요성을 높게 인식하고 있다는 반증이다.

① 유치원

2012년 3월부터 신체운동 · 건강, 의사소통, 사회관계, 예술경험, 자연탐구 등 5개 영역으로 구성된 만 5세 누리과정이 도입되었으며, 환경교육은 주로 '신체운동 · 건강', '자연 탐구' 영역에서 '환경과 생활', '동식물과 자연' 지도서를 통해 이루어지고 있다.

② 초등학교

국어, 사회/도덕, 과학/실과 등의 교과목에 환경 관련 내용을 분산하여 교육을 실시하고 있으며, 2009년 개정 교육과정(2011년부터 시행)에 따라 '창의적 체험활동'(1~6학년: 연간 204~272시간) 및 방과 후 학교 등을 통해 환경교육을 실시하고 있으나 이는 학교의 재량으로, 모든 학교가 시행하고 있지는 않다.

③ 중학교

1995년부터 '환경'을 독립교과로 개설하여 학교장의 재량으로 선택할 수 있도록 하고 있으며, 2009년 개정 교육과정(2011년 중학교 1학년부터 적용)에서는 창의적 체험활동 시간을 연간 306시간 이상으로 두어 환경교육을 실시할 수 있도록 하였다. 2016년도 전국 3,245개 중학교 중에서 '환경과목'을 선택한 학교는 196개 교(전체의 6%)이다.

④ 고등학교

1996년부터 독립교과인 '환경과학'을 개설하여 학교장의 재량으로 선택할 수 있도록 하였다. 2002년 고등학교 1학년부터 적용되는 제7차 교육과정에서는 환경에 대한 자연과학적 접근과 사회과학적 접근의 조화와 통합을 강조하여 '환경과학'을 '생태와 환경'으로 전환하였으며, 2009년 개정 교육과정에서는 '환경과 녹색성장'으로 확대 개편하고 연간 136시간 이상의 창의적 체험활동 시간을 두어 환경교육을 실시할 수 있도록 하였다. 2016년도 전국 2,331개 고등학교 중에서 환경과목을 선택한 학교는 300개 교(전체의 12.8%)로 나타났다. 입시 위주의 교육 풍토, 국영수 중심의 교육과정 운영, 환경교육에 대한 학생 및 학부모의 수요 부족 등으로 환경과목을 선택한 학교 수가 점차 감소하는 추세이다.

표2. 시대별 학교 환경교육 현황

시기별	유아(유치원)	초등학교	중등학교
1980 년대		• 교육부 교육과정 운영지침에 '환경교육'은 교육활동 전반에 걸쳐 이루어지도록 규정(초등 1981, 중등 1989)	
		• 환경교육 시범학교 운영(1985~)	
1990 년대		• 환경교육 홍보단 구성 · 운영 (1999~)	• 중학교 '환경' 독립교과 개설(1995) 고등학교 '환경과학' 독립교과 개설 (1996)
2000 년대		• 환경체험교육 프로그램 운영 지원 (2000~) • 푸름이 이동환경교실 운영(2004~) • 초등학교 환경교재 개발(2006, 초록마을 · 나라 · 세상) • 환경교육포털사이트 운영 및 환경교육교구 대여사업(2008~)	• 재량활동시간에 한문, 환경 등을 우선 배정(2001) • 고등학교 환경과목을 '생태와 환경' 으로 전환(2002) • 중학교 환경교과서 '환경탐구' 개발 (2008)
		• 「환경교육진흥법」 제정(2008.3)	
		• 자연환경연수원 청소년 환경교육 프로그램 지원(2008~)	
2010년 이후		• 재량 · 특별활동시간을 창의적 체험 활동 시간으로 통합(2011)	• 환경과목을 '환경과 녹색성장'으로 개편(중 2014, 고 2013) • 고등학교 '환경과 녹색성장워크북' 개발(2010) • 꿈꾸는 환경학교 사업 실시(2017~)
		• 초등학교 환경교재(초록마을 · 나라 개정판 발간 2011)	
		• 방과 후 환경학교(2013) • 학교–민간단체 연계 환경교육 지원 사업(2013)	
		• 환경교육 종합계획(2011~2015) 수립(2010) • 환경교육 프로그램 인증제 시행(2010) • 국가환경교육센터 지정(2012)	

- 학교 환경교육 활성화 추진[16]

① 유아환경교육관 운영

3~7세 어린이를 대상으로 유아환경교육관[15]을 운영하는 등 직접 만지고 만들 수 있는 체험 위주의 교육프로그램을 통해 올바른 환경관 함양과 가정에서의 친환경 생활 실천을 도모하고 있다.

② 꿈꾸는 환경학교 사업

2017년 처음 시작된 꿈꾸는 환경학교 사업은 1985년부터 30여 년간 운영되어 온 환경교육시범학교 사업을 대체하는 학교 환경교육 지원 사업이다. 환경과목을 선택하고 환경전공 교사가 있는 학교를 중심으로 환경교육 모델 학교를 추진하고 있다. 중등학교 수준에 맞는, 통합성이 높고 지역과 학교의 여건을 반영한 프로그램을 통해 학교 환경교육을 활성화하며, 이를 위해 환경교실 조성, 교사 역량강화, 장비와 교구 지원, 학교 지원체계의 구축 등을 통해 환경수업의 질을 높이고자 하였다. 2017년에는 수도권의 4개 학교를 포함하여 전국 총 9개 학교가 선정되었다.

③ 푸름이 이동환경교실 운영

2004년부터 8톤 트럭 및 대형 CNG 버스를 개조한 이동교육차량을 이용해 초등학교를 직접 찾아가 체험환경 교육을 실시하는 푸름이 이동환경 교실을 운영하고 있다. 지역별로 총 7대의 차량을 운영하고 있으며 태양광 발전장치, 압전소자 등 각종 시청각 기자재를 탑재한 이동교육차량을 이용하

---

(15) (사)환경보전협회, 광덕산환경교육센터, 한국교원대 유아교육원 등 전국 3개 기관 운영 중(2018. 9. 현재)

여 동·식물, 물·공기·토양, 에너지 등을 주제로 교육프로그램을 진행하고 있다. 2017년에는 전국 1,021개 학교 기관을 대상으로 3,566회(85,606명) 교육을 실시하였다.

④ 환경교육교구 대여사업 추진

직접적 체험이 어려운 지구온난화, 기후변화 등에 대해 다양한 교구를 활용하여 학생들의 친환경 생활 실천을 유도하고자 일선학교 등에 환경교육교구를 무료로 대여하여 체험환경교육을 지원하고 있다. 생태, 물, 자원순환, 기후변화, 에너지 등 8개 분야를 주제로 94종 9,300여개의 환경교육교구를 개발하여 환경교육포털사이트 (www.keep.go.kr)를 통해 온라인 대여 서비스를 제공하며, 지도안, 학습지 등을 함께 게시하여 교육 시 활용토록 하고 있다.

⑤ 그린캠퍼스

차세대 친환경 인재를 양성하고 대학의 지속가능한 발전을 위해 환경친화적 교정 조성, 온실가스 감축, 그린리더 양성을 위한 교육과정 개발, 창의적 친환경 생활실천 운동 등 그린캠퍼스 조성 및 활성화 사업을 추진하고 있다. 2011년 10개 대학으로 시작하여 매년 전국 대학 대상 공모를 통해 그린캠퍼스 대학을 선정하여 3년간 예산 및 기술을 지원해 왔다. 2017년부터는 자발적인 그린캠퍼스 조성 지원을 위해 우수대학을 선정하는 형식으로 바뀌어, 우수대학에는 온실가스 감축을 위한 시설개선 비용 및 친환경 인식 전환을 위한 활동비를 지원하고 있다. 2018년 현재, 한국 그린캠퍼스 협의회 회원 대학은 총 50개 교(51개 캠퍼스)이다.

⑥ 자유학기제 연계 환경교육 활성화

중학교 자유학기제에 활용할 수 있는 환경 인프라를 활용한 프로그램 제
공(51개 프로그램 727회 운영)[17]을 목표로 2015년 4월 '자유학기제 연계 환경교
육 활성화 계획'을 환경부가 수립했으며, 자유학기제 우수지도안 공모 및
우수작 모음집과 자유학기제 맞춤형 교재(학생워크북 등) 및 e-learning 온라인
교재의 개발 보급 사업을 추진하였다.

- 사회 환경교육

사회 환경교육은 비형식교육의 한 분야이다. 우리나라는 1990년대부터
환경부와 환경시민사회단체에서 사회 환경교육을 활발히 추진하기 시작하
였다. 사회 환경교육은 일반 사회인을 대상으로 하는 일반교육과 환경 관련
공무원 및 환경 분야 종사자를 대상으로 하는 전문교육으로 구분할 수 있
다.[18] 2014년 기준 사회 환경교육 관련 민간단체는 약 700개로 추산되었다.

환경부는 1999년부터 약 300명의 '환경교육 홍보단'을 구성, 운영해 오
고 있다. 그리고 2000년부터 자연환경의 중요성과 생명의 소중함을 직접 체
험하고 느낄 수 있도록 학교 및 시민사회단체에서 운영하는 환경체험 교육
프로그램을 공모해 운영비를 지원하는 '환경체험 교육프로그램' 지원 사업
을 추진하고 있다. 2010년부터는 환경교육진흥법에 따른 '환경교육 프로그
램 인증제'를 운영해 2016년 11월 기준 380여 개의 프로그램이 인증, 운영
되고 있다. 또한 현장에서 활용 가능한 환경교육 자료를 제공하기 위해 환
경교육 포털사이트 '초록지팡이 (www.keep.go.kr)'를 운영해 학습지도안, 교육
동영상 등 총 29,000여 개의 교육콘텐츠를 탑재하고 있다.

환경교육의 범주에는 산림환경교육, 해양환경교육, 습지환경교육 등의 다양한 환경영역을 포괄할 수 있는데, 산림의 비중이 높은 우리나라에서는 산림청이 독자적으로 산림교육치유과라는 부서를 두고 산림환경교육을 실시하고 있다. 1999년 이후 숲해설이라는 이름으로 진행되어온 숲체험과 교육활동은 사회환경교육의 지평을 넓히는데 기여해 왔다. 2011년 '산림교육법 활성화에 관한 법률(2011.7.)' 제정을 계기로 그동안 숲해설가로 일원화되어 활동하던 전문가를 '산림교육전문가'로 통합하고, 숲해설가, 유아숲지도사, 숲길등산지도사 등으로 세분화하고 있다. 현재 전국적으로 56개의 민간단체, 공공기관, 대학 등에서 산림교육전문가를 양성하고 있으며, 산림교육전문가의 자격을 취득한 인원은 2018년 10월기준 15,172명이다. 아울러 산림교육프로그램 인증제도 운영하고 있는데, 2018년 10월 기준으로 130건이다.

① 환경교육센터 지정 현황

2010년 이후 전문 환경교육센터 설립이 지방자치단체와 시민사회를 기반으로 활발하게 논의, 추진되고 있다.

2009년 민간 주체의 첫 종합형 환경교육센터인 '광덕산환경교육센터' 건립 후 '수원시생태환경체험교육관' 등 다양한 유형의 센터가 문을 열거나 준비하고 있다. 또한 산림청도 '산림교육의 활성화에 관한 법률(2014. 3.)' 시행을 계기로 '산림교육센터'[16] 지정 및 설립에 앞장서고 있다. 그러나 여전히 환경교육진흥법에 따른 지역환경교육센터는 2018년 9월 기준, 전국 9개

---

(16) (영남권)부산 산림교육센터, (충청권)산림교육센터 천리포수목원, (강원권)산림교육센터 숲체원 등 전국 11개 기관이 지정을 받아 운영 중(2018. 3. 현재)

표3. 위계에 따른 환경교육센터 기능과 역할[19]

주요 기능	세부 기능	역할 구분		
		국가	지역	
			광역	기초
1. 환경교육 연구 및 조사	1. 환경교육 관련 연구 및 정책 개발 2. 환경교육 관련 조사 및 DB구축 3. 환경교육 종합계획 이행점검	- 국가 차원의 환경교육 연구 및 조사, DB구축 - 지역종합계획 추진 결과 평가 및 국가 종합계획 이행 관리 등	- 광역시·도 차원의 환경교육 연구 및 조사, DB구축 - 지역종합계획 및 정책 모니터링 등	- 지역 환경교육 관련 연구 및 조사, DB구축 - 기초지자체 환경교육 정책 모니터링 등
2. 환경교육 인력 역량 강화	1. 학교 환경교육 인력 역량 강화 2. 사회 환경교육 인력 역량 강화	- 환경교육 전문가 역량 강화(센터 실무자) 등	- 광역단위 환경교육 실무자 역량 강화 교육 등	- 지역단위 환경교육 실무자 역량 강화 교육 등
3. 환경교육 활동지원	1. 환경교육 콘텐츠 개발·보급 2. 환경교육 프로그램 운영 지원 3. 환경교육 기관·단체 컨설팅 4. 환경교육 정보 제공 등	- 국가 차원의 환경교육 프로그램, 교재, 교구 개발 및 보급, 지원 - 환경교육지원기금 마련 - 지역환경교육센터 운영 지원 및 컨설팅 - 국가 차원의 정보 수집, 가공 및 제공 등	- 광역시·도 차원의 환경교육 프로그램·교재, 교구 개발 및 보급, 지원 - 기초 환경교육센터 및 환경교육기관, 단체 컨설팅 - 광역시·도 차원의 정보 수집, 가공 및 제공 등	- 지역 기반 환경교육 프로그램, 교재, 교구 개발 및 보급, 지원 - 환경교육기관, 단체 환경교육 활동 컨설팅 - 지역 차원의 정보 제공 등
4. 환경교육 주체 간 연계 지원 및 홍보	1. 국내외 환경교육 기관, 단체 연계망 구축 2. 환경교육 관련 행사 개최 3. 환경교육 관련 대국민 홍보 등	- 국가 차원에서 국내외 환경교육 연계망 구축 - 국가 차원의 행사 개최 - 국가 차원에서 환경교육 홍보 등	- 광역시·도 환경교육 주체 간 연계망 구축 - 광역시·도 차원의 행사 개최 - 광역시·도 차원에서 환경교육 홍보 등	- 지역 환경교육 관련 주체 간 연계망 구축 - 지역민을 위한 환경교육 행사 개최 - 지역 내 환경교육 홍보 등
5. 환경교육 제도 운영 및 지원	1. 환경교육 관련 제도 운영 및 관리 2. 환경교육 관련 제도 지원	- 사회환경교육지도사 및 인증제 운영 등	- 광역시·도 차원에서 제도 운영 지원 등	- 지역 내 제도 홍보 및 참여 독려

광역시도, 8개 광역환경교육센터[17]와 14개 지역환경교육센터[18]에 그치고 있어 환경교육 수요를 효과적으로 수용하기 위한 거점 기관 운영이 턱없이 부족한 실정이다. 지정 요건[19]을 갖춘 환경교육센터의 위계별 기능은 표 3과 같다.

② 사회환경교육지도사 양성

사회환경교육지도사는 "지구환경보전과 지속가능한 사회를 지향하며 친환경적 삶의 실천을 시민들에게 확산하고 실천하기 위하여 소정의 교육을 받고 사회 각 분야에서 환경교육에 관한 제반 활동을 기획, 개발, 진행, 평가할 수 있는 자"[20]로 환경교육진흥법에 따른 국가 환경교육 지도자 자격 제도이다. 사회환경교육지도사는 간이 양성과정과 일반 양성과정을 통해 3급에서 1급까지 구분해 양성, 배출하게 되며, 현장 교육, 프로그램 기획, 기관 및

---

(17) (경기도)경기도환경보전협회, (강원도)강원도자연학습원, 한국DMZ평화생명동산, (경남)경상남도환경교육원, (충남)광덕산환경교육센터, (전남)전라남도자연환경연수원, (울산)울산광역시평생교육진흥원, (부산)부산환경보전협회, (사)부산환경교육센터 등 (2018. 9. 현재)

(18) · 경기도: 용인(용인시기후변화체험교육센터), 안양(안양천생태이야기관), 화성(화성시에코센터), 고양(고양생태공원), 양평(세미원), 안산(경기도청소년수련원, 안산환경재단), 광주(경기도청소년야영장), 시흥(시흥에코센터),김포(김포에코센터)
　　 · 충청남도: 서천(서천조류생태전시관), 금산(금강생태과학체험장), 서산태안(서산태안환경운동연합)
　　 · 전라남도: 신안(섬생태연구소) (2018. 9. 현재)

(19) (지역)환경교육센터 지정요건(제5조 관련)
　　 2 . 시설 및 장비
　　　　 가. 환경교육을 위한 상시 활용이 가능한 강의실, 실습장 등 환경교육시설과 교육장비를 확보할 것
　　　　 나. (지역)환경교육센터를 운영하는 관리사무실을 확보할 것
　　 3. 인력
　　　　 가. 환경교육을 전담하는 상근 전문 인력 2명 이상을 확보할 것
　　　　 나. (지역)환경교육센터를 운영하는 전담 관리자 1명 이상을 확보할 것

단체 운영 등의 기능과 역할을 담당하게 된다. 2018년 현재 수원시기후변화체험교육관, (사)환경교육센터, 광덕산환경교육센터, 경상남도환경교육원, 경상북도환경연수원, 원주지속가능발전협의회 등 6곳이 사회환경교육지도사 3급 양성기관으로 지정되어 있으며, 2015년부터 2017년까지 총 230명의 3급 지도자를 배출하였다. 또한 1급과 2급 사회환경교육지도사 양성, 배출 계획이 점진적으로 추진 중이거나 예정되어 있다.

③ 전문기술인력 환경교육

국립환경인력개발원, 환경보전협회 등에서 환경 관련 공무원과 환경 분야 종사자에 대한 전문교육을 실시하고 있다. 국립환경인력개발원에서는 환경보전에 관한 전문지식과 능력을 배양하기 위해 환경 분야에 종사하는 공무원과 환경산업체 등에 종사하는 전문기술인 교육을 실시하고 있으며 2015년도에는 172개 과정, 총 613회 (28,327명) 교육을 실시하였다. 또한 환경보전협회 등에서는 환경 관련 법령에서 정하는 기업체 환경기술인을 대상으로 법정교육을 실시하고 있다.

④ 시민 환경교육

시민 환경교육은 주로 민간단체 활동을 기반으로 이루어져 왔다. 민간 환경교육 단체에서는 2000년 이후 다양한 주제와 대상, 형식의 체험환경교육이 진행되고 있다. 주제 면에서는 숲과 생태 일반이 여전히 주류를 이루고 있으나, 자원 순환과 환경보건 등 생활환경 문제 예방과 해결을 위한 주제적 접근도 최근 들어 늘어나고 있다. 대상 면에서는 초등학생 등 청소년이 주를 이루고 있었으나 2010년 이후 유아에 대한 교육이 확대되고 있고 최근 들어서 우리나라가 고령사회[20]에 진입함에 따라 노인에 대한 환경교육이 점차 확대되고 있는 실정이다.

⑤ 지방자치단체들의 환경교육

2008년 환경교육진흥법 제정 후 17개 광역 지자체에서도 관련 조례와 제1차 지역 환경교육종합계획을 수립, 추진해 시민 직접 교육과 환경교육 콘텐츠 개발, 전문 인력 양성과 지역 환경교육 네트워킹, 환경교육센터 지정 등 환경교육 활성화를 위한 크고 작은 성과들이 나왔다. 경기도 하남시, 수원시 등에서는 기초지방자치단체 차원의 환경교육진흥조례가 제정되었으며, 충청북도, 경상남도, 강원도 등 일부 교육청은 '학교 환경교육지원조례'를 제정해 학교 환경교육 전반에 대한 진흥 정책에 적극 나서고 있다.

⑥ 환경교육네트워크 구성과 운영

환경교육에 대한 개인과 단체의 관심이 높아지고 있음에도 불구하고, 환경교육 관련 정보와 경험이 활발히 교류되지 못한다는 문제 인식에 따라 2005년 학계, 시민사회, 교사 등이 모여 한국환경교육네트워크(KEEN)를 결성하였다. 2016년 기준 충남, 전북 등 10개 지역네트워크가 구성돼 활동하고 있으며, 한국환경교육네트워크가 주축이 되어 개최하는 한국환경교육한마당은 환경교육인들의 정보교류와 협력의 장으로 그 성과를 확대해 가고

---

(20) UN에서 정한 기준으로 볼 때 '노인'이란 65세 이상을 말하며 UN의 기준에 따르면
      · 고령화사회(ageing society) : 65세 이상 인구가 총인구를 차지하는 비율이 7% 이상
      · 고령사회(aged society) : 65세 이상 인구가 총인구를 차지하는 비율이 14% 이상
      · 초고령사회 : 65세 이상 인구가 총인구를 차지하는 비율이 20% 이상
      우리나라는 2017년 고령인구 14.2%를 기록하여 고령사회에 진입하였음(통계청)

있다. 또한 '충남환경교육 프로그램 정보지 제작', '부산환경교육 프로그램 정보 박람회' 등 환경교육 공급자와 수요자를 연결하고 환경교육 전문가와 교육청, 시민사회를 연결하는 환경교육 거버넌스 체계도 지역적으로 성과를 내고 있다. 서울의 환경교육 관련단체들도 2015년 서울환경교육네트워크(SEEN)를 조직하여 정보공유 및 교류뿐만 아니라 정부 및 서울시, 서울시 교육청과의 거버넌스 확대를 꾀하고 있다. 2016년 기준 18개 회원 단체가 활동 중이다.

- 대국민 환경의식 강화
① 환경 관련 기념일

우리나라는 1996년에 세계 환경의 날인 6월 5일을 법정기념일인 '환경의 날'로 지정하고 정부기념식을 비롯해 전국적으로 환경보전행사를 개최하고 있으며 6월을 환경의 달로 지정하여 환경 관련 다양한 행사를 추진하는 등 국민의 환경보전의식 향상을 위해 노력하고 있다. '세계 환경의 날'은 1972년 6월 5일부터 16일까지 스웨덴의 수도 스톡홀름에서 '하나뿐인 지구'라는 구호 아래 113개 국가 대표와 3개 국제기구 및 257개 민간단체가 참가한 가운데 개최된 인류최초의 환경회의인 'UN 인간환경회의'의 시작일(6월 5일)을 그해 12월 열린 제27차 UN총회에서 세계 환경의 날로 지정하면서 시작되었다.

그 밖에 세계 물의 날(3월 22일), 지구의 날(4월 22일), 에너지의 날(8월 22일) 등에 시민들이 환경 파괴와 오염에 대한 경각심을 갖고, 일상 속에서 환경 보전에 대한 실천을 다짐할 수 있는 다양한 행사들이 개최되고 있다.

② 환경문화 보급사업

환경부는 해마다 문화예술 활동을 통한 환경보전 의식 진작을 위해 공공기관, 기업체, 은행, 언론사, 민간단체 등에서 개최하는 환경사진전, 환경미술전, 환경웅변대회, 환경음악경연대회 등 각종 환경문화행사를 지원하고 있고, 지방자치단체 역시 환경과 연계한 다양한 문화행사를 개최하고 있다. 한 예로 함평군은 함평자연생태공원에서 '나무, 잎, 열매에 마음을 담다'라는 주제로 자연미술 작품전시회를 개최하여 멸종위기종의 중요성을 알리는 기회를 제공하였다. 그 밖에 환경재단의 서울환경영화제, 환경운동연합의 환경음악회, ㈜환경교육센터의 에너지·환경탐구대회, 윤호섭의 '인사동 그린 디자인 운동', 풀빛문화연대의 숲공원 캠페인 '솔바람 한마당' 등 ~ 민간 차원의 환경문화 활동도 증가하고 있는 추세이다.

교육실천가를 위한 사회환경교육론 1

1 자신이 경험한 환경교육 가운데, 가장 기억에 남거나 의미 있었던 경험(프로그램이나 교육활동 사례)을 떠올려보자. 어떤 점에서 배움과 성찰을 주었는지 이야기해 보자.

2 환경교육의 시대적 흐름 속 자신을 위치시켜 보자. 환경교육의 시대적 맥락과 나의 생애 맥락에서 일치되는 경험이나 기억이 있는가? 혹은 서로 다른 경험이나 기억이 있는가? 사회 환경교육의 흐름이 내 삶에 미친 영향을 무엇이 있을지 이야기해 보자.

3 지금 시기에 강조되어야 할 환경교육정책은 무엇이라고 생각하는가? 새로운 정책을 제안한다면?

4 우리나라 환경교육 정책에서 우선 진흥해야 할 부분은 무엇인지 이야기해 보자.
   – 향후 필요한 사회 환경교육 진흥 정책은 무엇인가?
   – 향후 필요한 학교 환경교육 진흥 정책은 무엇인가?

추천 도서

▶ 변종헌(2014). 『시민교육의 성찰』. 제주대학교출판부.
▶ 이재영(2014). 『한국 환경교육의 흐름 1』. 공주대학교 출판부.
▶ 이재영(2012). 『한국 환경교육의 흐름 2』. 공주대학교 출판부.
▶ 이재영(2013). 『한국 환경교육의 흐름 3』. 공주대학교 출판부.
▶ (사)환경교육센터(2014). 『한국의 환경교육운동사』. 이담북스.
▶ 환경부(1995–2018). 『환경백서』. 환경부디지털도서관(http://library.me.go.kr)

사회 환경교육과 환경정책

1 사회환경교육은 제도권 밖에서 이뤄지지만, 일정한 형식을 갖춘 비형식교육과 일정한 형식 없이 불특정 다수를 상대로 하는 무형식교육을 포함한다. 사회 환경교육은 환경교육을 통해 환경문제를 해결하고자 하는 운동의 한 영역이면서, 제도권 밖에서 다양한 형식으로 일반시민의 환경인식을 높여나가는 환경교육 활동이라 할 수 있다.

2 사회 환경교육은 교육주체나 대상에 따라 서로 다른 지향을 가질 수 있기 때문에, 정부나 지자체 등 공공기관 주도의 환경교육부터 기업 주도, 민간단체와 기관 주도, 기타 소모임이나 개인 주도의 환경교육까지 다양한 범주로 나타난다. 또한 대상과 형식, 주제와 소재도 다양하기 때문에, 사회 환경교육가에게는 다양한 지식과 기능이 요구된다.

3 심층적 전환, 긴밀한 연결, 융합과 복합, 가속화의 사회패러다임 변화의 맥락에서 볼 때, 사회 환경교육은 융합 교육의 선도적 모델이라 할 만큼 형식과 비형식, 이론과 실제, 가상과 현실, 주제와 소재, 교육주체와 대상 등의 융합과 해체가 일어나는 교육이라 할 수 있다. 영리, 비영리 단체와 기관 간의 사회적 가치 추구나 사업영역의 확대 등 전통적인 정체성의 경계가 허물어지고 새로운 영역이 창출되기도 한다.

4 환경교육 정책은 '국가와 지역사회의 지속가능발전을 목표로 국민이 환경을 보전하고 개선하는 데 필요한 지식·기능·태도·가치관 등을 배양하고 이를 실천하도록 하는 교육', 즉 환경교육을 위한 정부, 단체, 개인 등이 추진하는 공익적 정책으로써 환경교육의 활성화와 환경교육을 통한 지속가능한 지역사회 건설을 목표로 하는 제도와 계획 등을 아우르는 개념이다.

5 우리나라에서 환경교육이 본격적으로 추진된 1980년대 이후, 법률적, 제도적인 조처가 강화되었다. 1990년대는 초등학교에서 환경과목을 별도로 지도할 수 있게 되었고 중ㆍ고등학교에 환경과가 독립하여 설치됨으로써 학교 환경교육의 획기적인 전기가 마련되었다. 2008년 제정된 환경교육진흥법은 그간 꾸준히 확대되어 온 환경교육에 대한 수요와 공급을 제도적으로 반영하고 국가 수준의 환경교육 정책을 구체화하는 계기가 되었다. 나아가 환경교육진흥법 제정은 환경교육 활성화뿐만 아니라 환경교육을 통한 지속가능한 사회 실현이라는 정책적 목표와 기능을 정립하는 전기가 되었다.

6 환경교육진흥법의 주요 골자는 환경교육 진흥을 위한 국가와 국민의 책무를 명시하고, 이를 위해 5년 단위 '환경교육종합계획 수립', '사회환경교육지도사 양성', '환경교육 프로그램인증제', '환경교육센터 시정세노' 등의 세부 정책 과제를 담고 있다.

참고문헌

1. 환경부(2015).『함께 잘 사는 길, 환경교육』.

2. 송영은, 이용환(2006). "사회 환경교육 지도자 양성을 위한 교육과정 개발"「농업교육과 인적자원개발」, 38(2). pp.203~223.

3. 오혁진(2010). "사회교육의 일반적 발달단계에 기초한 한국 사회교육사. 시대구분 연구"「평생교육학 연구」, 16(4). pp.81~105.; 한승희(2001).『민중교육의 형성과 전개』. 교육과학사.; Freire, P. Translated by Ramos. M. B.(1970). Pedagogy of the oppressed. New York: Seabury Press; 성찬성 옮김(1995).『페다고지: 억눌린 자를 위한 교육』. 한마당.; 장미정(2011). "환경교육 운동가의 정체성 변화를 통해 본 환경교육운동가 형성과정: 환경교육운동가의 기억과 구술을 중심으로" 서울대 박사학위논문.

4. 정지웅, 김지자(1986).『사회교육학개론』. 교육과학사.

5. 한승희(2001).『민중교육의 형성과 전개』. 교육과학사.

6. 장미정, 윤순진(2012). "한국 환경교육운동의 형성과정과 정체성"「한국지리환경교육학회」. 20(2). pp.85~105.

7. 한국환경정책평가연구원(2017), "2017국민환경의식조사", 「KEI포커스」, 제6권 3호(통권 제33호).

8. 환경부(2014), "환경보전에 관한 국민의식조사".

9. 한국환경정책평가연구원(2017), "2017국민환경의식조사", 「KEI포커스」, 제6권 3호(통권 제33호).

10. 환경부(2009). "사회환경교육지도사 자격제도 운영방안 연구"

11. (사)환경교육학회(2003). "우리나라 사회 환경교육 발전 방안 연구"「한국환경교육학회」. p.6.

12. 환경부(2007). "환경교육진흥법 입법 취지문" 환경부디지털도서관.

13. 환경부(2015). 제2차 국가 환경교육종합계획안. 환경부디지털도서관.

14, 16. 환경부(2015). 환경백서. 환경부디지털도서관.

15. 환경부(2014). "환경보전에 관한 국민의식조사" 환경부디지털도서관.

17. 환경부(2015). "2015년 주요 환경교육 실적" 2015 환경교육 관계자 워크숍 자료집.

18. 최석진 외(2014).『환경교육론』. 교육과학사.

19. 김인호(2009). "사회환경교육지도사 자격제도 운영방안"

20. 위계에 따른 환경교육센터 기능과 역할 연구(2015). 국가환경교육센터.

05

환경교육자원

■ 교과목 개요

• 환경교육을 계획 · 실행하는 데 있어 환경교육자원의 중요성을 알고 유용한 환경교육자원을 조사, 발굴, 목록화하여 환경교육에 적극적으로 활용할 수 있도록 한다.

■ 교육목표

• 환경교육자원의 개념, 종류, 기능을 이해하고 환경교육 계획과 실행에 활용한다.
• 환경교육자원 활용 실습을 통해 환경교육 현장에서 활용한다.
• 지역의 환경교육자원을 발굴, 조사하고 환경교육 목록과 환경지도를 작성해 본다.

■ 교육내용

1. 환경교육자원 이해	〈핵심개념〉 • 환경교육시설, 환경교육장, 환경교육자원의 이해 • 환경교육자원 종류, 환경교육자원 사례 〈세부목표〉 • 환경교육자원의 개념, 특성, 가치를 이해하고 교육 목표와 교육 상황에 맞춰 사용할 수 있다. • 환경교육자원의 종류별 사례를 살펴보고 환경교육자원의 활용과 필요성을 인식한다.
2. [실습 I] 환경교육자원 교재 · 교구 · 매체 활용	〈핵심개념〉 • 환경교육자원 활용, 교재 활용, 교구 활용, 매체 활용 〈세부목표〉 • 환경교육자원 중 교재, 교구, 매체 등을 활용해 조사 방법을 습득하고, 직접 정보와 자료를 찾아 환경교육자원을 활용한 교육을 기획해 본다.
3. [실습 II] 환경교육자원 조사 계획	〈핵심개념〉 • 환경교육장 조사, 환경교육자원 조사계획서 〈세부목표〉 • 환경교육자원 조사계획서를 작성한다. • 환경교육자원 조사방법을 안다. • 환경교육자원 조사내용을 목록화한다.
4. [실습 III] 환경교육자원 조사 활동	〈핵심개념〉 • 지역 환경교육자원 발굴, 지역 환경교육자원 조사 〈세부목표〉 • 환경교육자원 조사활동을 할 수 있다. • 환경교육자원 조사결과를 분류할 수 있다. • 환경교육자원 조사지역을 이해한다.
5. [실습 IV] 환경교육자원 활용	〈핵심개념〉 • 환경교육자원 지도 〈세부목표〉 • 환경교육자원을 분류하고 활용할 수 있다. • 환경교육자원을 활용하여 지도를 만들 수 있다.

1
–
환경교육자원 이해

환경교육자원의 의미

1) 자원의 의미

자원(資源, resources)이란 '인간의 생활(生活) 및 경제(經濟) 생산(生産)에 바탕이 되는 지하의 광물이나 임산물, 수산물 등과 같은 여러 가지 물자와 노동력(勞動力), 기술(技術) 등을 통틀어 이르는 말'이며 '어떤 목적에 이용할 수 있는 물자(物資)나 인재(人材)'의 의미를 포함하고 있다.

자원의 정의는 시대에 따라 달라질 수 있다. 고래기름은 16~19세기 비누의 원료나 등을 밝히는 램프 연료로 사용되었다. 고래의 남획으로 인해 개체 수가 감소하고 고래기름의 가격이 폭등하게 됨으로써 등을 밝히는 새로운 대체 연료가 필요하게 되었다. 등유가 풍부하게 생산되기 시작한 1860년대부터는 등유가 안전하고 효율적인 램프 연료로 사용되었다. 이렇듯 자원은 시대에 따라 새롭게 등장하기도 하고 역사 속으로 사라지기도 한다.

자원은 다양하게 분류할 수 있다. 크게는 천연/인공자원, 지상/지하자원, 동물/식물/광물자원, 사람을 인적자원, 토지를 토지자원으로 분류하며, 공기와 물도 가장 기본적인 자원이라고 할 수 있다. 미국의 '국가자원위원회'에서는 범위를 넓혀서 공장·농장 등의 생산시설, 사회제도와 조직, 국민의 의지·건강·관습·종교까지도 자원의 일부로 간주하고 있다.

2) 환경교육자원의 의미

환경교육자원(資源)은 '환경교육을 효과적으로 실행하는 데 있어 이용되는 교수(教授)·학습(學習) 자료와 환경교육장(場), 환경교육시설(施設) 등을 의미하며, 환경교육의 목적을 달성하고 실행하는 교수자(教授者)'를 포함한다.

교수·학습 자료는 '학습자에게 지식, 기능, 태도를 습득시킬 때 조건을 제시해 주는 사물이나 인물'로 규정할 수 있으며 다른 측면으로 보면 '시각 정보 또는 언어 정보를 파악하여 처리하는 데 쓰이는 그림과 사진, 매스미디어 등'도 범주에 속한다. 결국 교수·학습 자료는 교재(material)와 교구(equipment) 및 자료와 자원 인사를 포함하는 매체를 뜻한다.[1]

우리가 일반적으로 생각해 보면 환경교육장은 야외의 넓은 공간적인 장소의 의미로, 환경교육시설은 건물이나 공간의 일부를 채우는 도구나 기계, 설비 등의 의미로 볼 수 있다. 예를 들어 숲을 환경교육장이라고 하면 나무, 곤충, 돌, 안내표시판 등은 환경교육시설로 표현할 수 있다. 환경교육장(場, field)과 환경교육시설(施設, facilities)은 단어의 의미만을 보자면 차이가 있지만 '환경교육 교수·학습 시설'이라는 큰 틀에서 같은 의미로 사용하고 있다.[21] 환경교육장과 유사한 의미로 사용되는 용어로는 야외교육의 장, 야외학습

---

(21) 『환경교육학개론(박태윤 외 저, 2001)』에서는 환경교육장으로 『환경교육론(최석진, 2014)』에서는 환경교육시설이라는 용어를 사용하는데, 전자는 김인호(신구대학교 환경조경(학)과 교수)에 의해 집필되었고, 후자는 전자의 김인호의 집필 내용을 재구성하여 작성되었다.

장, 옥외학습장, 체험학습장, 자연학습장, 야외현장교육, 레크리에이션 공간 등이 있다.

환경교육장이란 환경교육을 위해 활용되는 공간으로 대부분 실내보다는 야외공간에 위치하며 환경문제에 대한 관심과 의식의 변화를 증진할 수 있는 장소를 말한다. 또한 환경교육장은 환경교육의 교육 내용을 보완하고 완결하는 교육자원이며 전통적인 학습공간인 교실을 제외한 야외에서 이루어지는 학습에 사용되는 수단이다. 특히 환경교육의 교수 · 학습법 중 현장체험학습이 주로 이루어지는 곳이다.[2]

환경교육자원의 이해

환경교육자원은 '환경교육 교수 · 학습 자료(이하 환경교육 자료)'와 '환경교육 교수 · 학습 시설(이하 환경교육 장 · 시설)' 두 개의 큰 범주로 구분하여 설명하고자 한다.

1) 환경교육 자료

• 환경교육 자료의 조건

유네스코에서 대표적으로 제시하는 환경교육 자료의 조건은 다음과 같다.[3]

첫째, 과학적인 타당성이 있어야 한다. 환경교육과 관련된 모든 학문에서뿐만 아니라 환경 보전에 이용되는 최신의 과학적 지식과 일치해야 한다.

둘째, '과학을 초월(beyond science)'할 수 있어야 한다. 과학적인 정보뿐만 아니라 환경적 고려, 사회적 · 경제적 · 미학적 · 윤리적인 여러 요소를 포함시켜야 한다는 것이다. 환경에 대하여 가르치는 것은 생태학적 개념을 단순히 전달하는 것만이 아니다. 여기에는 학생들로 하여금 환경에 관한 자기들의 느낌과 가치관을 밝히고 표현하도록 도와주며 학생들의 '정의적인' 측면을 발달시켜 주는 것이 필요하다.

셋째, 교육적인 질을 고려해야 한다. 환경교육 자료는 학습자의 정신적, 육체적 배경에 적합해야 한다. 환경교육 자료는 '실천에 의한 학습(learning by doing)'을 증진시켜야 하지만, 학습자 자신의 진취성과 감정의 중요성 및 그 역할을 인정하는 데 있어 혁신적이어야 한다.

넷째, 자료의 성격, 개발 과정, 사용에 있어서 비판적 사고를 가지고 이루어진 것이어야 한다. 환경은 우리의 삶과 연결된 부분이 많고 다양한 문제를 다룸에 있어 비판적 사고가 필요하다.

다섯째, 최소 비용으로 최대 효과를 올릴 수 있도록 가능한 저렴한 가격으로 만들어 좋은 효과를 거둘 수 있는 것이 필요하다. 환경의 자원들을 합리적으로 활용하는 것은 환경보전의 실천 활동이다. 환경교육을 위한 자료를 경제적으로, 합리적으로 조성하고 활용하는 것은 효율적 환경교육을 위한 하나의 필수적 선행 조건이 된다.

• 환경교육 자료의 분류

환경교육 자료의 종류는 문서 자료와 비문서 자료로 구분할 수 있다.[4] 문서 자료는 교과서, 교사용 지도서, 각종 지도, 학생용 참고 도서, 각종 간행물, 연감, 통계자료, 여행기, 보도기사(reportage), 연구 논문 등이 해당되며 각종 홈페이지, 블로그, 카페 등의 인터넷 자료도 이에 해당된다. 문서 자료는 일상생활에서 쉽게 접할 수 없는 환경에 대한 정보나 경험을 좀 더 구체적이고 적시적으로 얻을 수 있게 도와준다. 비문서 자료는 학습의 현장, 관찰 표본, 자원인사, 사진, 삽화, 슬라이드, 영화, 녹화 테이프, 프로그램 교수 용구, TV 및 라디오 뉴스 등이 해당된다. 비문서 자료는 읽기 자료에 비해 현장감과 사실성에 대한 구현이 가능하며 사람의 감성을 자극하여 개인과 집단의 행동과 참여를 쉽게 유도할 수 있다.[5]

표1. 환경교육 자료의 분류

구분		자료의 종류
자료의 형식	문서 자료	교과서, 교사용 지도서, 각종 지도, 학생용 참고 도서, 각종 간행물, 연감, 통계 자료, 여행기, 보도기사, 연구 논문
		각종 홈페이지, 블로그, 카페 등의 인터넷 읽기 자료
	비문서 자료	학습의 현장, 관찰 표본, 사진, 삽화, 슬라이드, 영화, 녹화 테이프, 프로그램 교수 용구, TV 및 라디오 뉴스
활용 방법에 따른 분류	체험 자료	직접 체험, 관찰, 견학, 조사
	시청각 자료	모형, 필름, 지도
	설명 자료	정보와 사고를 글과 문장으로 설명

2) 환경교육장 · 환경교육시설

• 환경교육장 · 시설의 필요성

환경교육의 바탕은 자연에 대한 풍부한 감수성과 인간에 대한 애정이다. 그러나 자연에 대한 감수성은 책을 읽는 것만으로는 생기지 않는다. 자연에 대한 진정한 배려는 자연이 생명을 만들어내는 것을 이해하고, 그 심미적인 깊이를 인식하는 것부터 시작된다.

환경교육에서 현장체험학습의 중요성에 대해서는 많은 연구 결과에서 밝혀졌다. 특히 야외환경교육(outdoor environment education)은 환경 태도나 가치를 증진하는데 매우 효과적인 방법이다.[6]

책임 있는 환경행동을 이끌기 위해 환경인식과 경향에 있어서 중요한 변수인 환경 감수성(environmental sensitivity)은 특정한 의미 있는 삶의 체험과 관련되어 있으며, 어린 시절의 야외에서의 자연체험이 가장 중요한 영향을 준다는 결과가 여러 연구에서 밝혀진 바 있다.[7] 폴크(Falk)와 볼링(Balling)의 연구결과에서는 교육자들의 현장체험학습의 중요성을 인식하고 있으며, 현장체험학습이 분명하게 인지적, 정의적 측면에서 학습효과를 높일 수 있음을 시사하고 있다. 아울러 학습자가 다양한 환경교육 활동을 하는 현장 체험학습의 시설이 학생들의 태도, 행동, 학습에 많은 영향을 미치는 것으로 조사되었다.[8]

현장체험학습을 통한 자연과의 직접적 접촉은 우리 안에 내재되어 있는 생태적인 감수성과 생태적 상상력을 자극한다. 자연은 교실에서 배우는 이론이나 지식에서 느낄 수 없는 독특한 감동과 경험을 제공한다. 자연과 환경에 대한 균형적인 가치관을 형성하기 위해서는 환경교육장을 활용한 현장 중심의 체험교육이 필요하다.

• 환경교육장·시설의 유형 분류

환경교육장은 활동 목적에 따라 5가지 형태로 분류하기도 하고,[9] 환경교육장이 적용받고 있는 관계법령에서 제안하고 있는 해당 교육장의 설립목적에 따라 '교육을 목적으로 하는 장'과 '환경보전을 목적으로 하는 장'을 두 축으로 구분하여 크게 4가지 유형의 환경교육장으로 분류하기도 한다.[10] 이 글에서는 활동 목적에 따라 분류한 5가지 유형을 소개하고자 한다.[22]

---

(22) 『환경교육학개론(박태윤 외저, 2001)』에 포함된 김인호의 집필 내용 중 일부를 재구성한 『환경교육론(최석진, 2014)』 216~219쪽 내용을 일부 인용하였다. 환경교육장 또는 환경교육시설은 '환경교육장·시설'로 수정하여 표기하였다.

표2. 활동 목적에 따른 환경교육장의 유형

구분	환경교육장 · 시설
주위 자연관찰학습	• 학교 옥외환경 • 어린이 놀이터 • 주변하천 • 근린공원 • 도시 자연공원 • 청소년 수련시설(생활권)
자연관찰 · 답사 방문 · 견학	• 자연학습원 • 식물원(수목원) • 자연휴양림 • 자연공원(국립공원, 도립공원) • 청소년 수련시설(자연권) • 하수처리장 • 정수장 • 쓰레기 매립장 • 시도별 과학관
체험 · 참여학습	• 학교 옥외환경 • 학교 주변 텃밭 • 자연학습원 • 관광농원 • 자연학교 • 주말농장 • 청소년 수련시설
역사 · 문화학습	• 사찰 • 서원 • 능 • 원 • 궁궐 • 성곽

▶ 유형1. 주위의 자연관찰학습을 위한 환경교육장 · 시설

가까운 곳에서 손쉽게 자연과 사회 환경에 대한 관찰을 할 수 있는 환경교육장 · 시설을 말한다. 변화에 대한 지속적인 관찰이 용이하며 필요하다면 교실에서의 수업 시에도 언제라도 활용할 수 있는 효율적인 장소이다. 대표적인 환경교육장으로는 학교 옥외 환경, 어린이 놀이터, 학교 주위의 하천이나 작은 산과 근린공원(근린생활권 근린공원, 도보권 근린공원), 도시 자연공원, 청소년 수련시설 중 생활권 수련 시설 등을 들 수 있으며, 지역적인 특성에 따라 더 많은 장소를 활용할 수 있다.

▶ 유형2. 자연관찰과 답사활동을 위한 환경교육장 · 시설

대규모의 공간적 범위와 다양한 자연환경 요소를 보유한 장소를 활용하기 위해 먼 거리를 이동하거나 숙박을 필요로 하는 경우에 해당한다. 이러한 장소들은 관찰과 답사가 동시에 가능하며, 장소에 따라 관찰을 위한 안내책자, 안내판, 안내원, 안내방송, 방문자센터, 자연관찰로 등의 교육 해설(interpretation) 시설이 설치되어 있다. 이동에 따른 시간의 손실은 있어도 다양한 자연환경을 직접 관찰하고 체험할 수 있는 장점이 있는 환경교육장 ·

시설이다. 대표적으로는 지역별로 설치되어 운영되고 있는 자연학습원, 식물원(수목원), 청소년수련시설 중 자연권 수련시설, 자연휴양림, 자연공원(국립공원, 도립공원) 등을 들 수 있다.

▶ 유형3. 방문과 견학활동을 위한 환경교육장·시설

환경문제의 현황과 폐해를 직접 목격할 수 있는 장소나 생활환경에 관한 관리와 보전의식을 고취할 수 있는 곳을 말한다. 또한 외부인의 방문·견학을 안내하기 위한 안내자와 안내프로그램이 있는 경우가 있어 교사들이 방문 전에 사전예약을 한다면 더 용이하게 활용할 수 있다. 이러한 환경교육장·시설에서는 학생들에게 충격적이고 폭로적인 사실을 알리기보다는 문제의 원인과 결과를 자신의 생활과 직접 관련지어 생각할 수 있는 교육이 필요하다. 대표적인 환경교육장·시설로는 하수처리장, 정수장, 쓰레기 매립장, 시도별 과학관 등을 들 수 있다.

▶ 유형4. 체험과 참여 학습을 위한 환경교육장·시설

보고, 듣고, 만지고, 냄새를 맡고, 맛보는 등의 오감을 이용한 환경교육에 추가되어야 할 것으로 강조되는 것이 바로 노작활동을 통한 자연과의 교류이다. 텃밭과 같은 장소는 학생들을 위한 최적의 학습 환경 중의 하나이다. 텃밭은 일 년 중 어느 때라도 학생들에게 다양한 체험을 제공할 수 있는 공간이다. 노작활동은 생명을 가꾸는 일의 소중함과 일하는 즐거움, 노동의 가치를 느끼게 해준다. 대표적인 환경교육장·시설은 학교 옥외 환경, 학교주변 텃밭, 자연학습원, 관광농원, 청소년 수련시설 등이 있다.

▶ 유형5. 역사와 문화학습을 위한 환경교육장·시설

어느 마을이나 지역도 역사적 맥락을 확인할 수 있는 많은 문화와 전통의 요소가 존재하고 있다. 이러한 학습을 할 수 있는 장소들은 지역주민이나 학생들이 지역과 마을의 정체성과 애착심을 고취시키는 데 많은 기여를 할 수 있는 곳이다. 지역주민들과 학생들에게 생활공간과 역사공간의 통시적인 맥락을 이해하면서 앞으로 어떻게 지역과 마을을 가꾸고 보전해야 하는지를 고민하는 계기를 제공한다. 나아가 지역의 합리적이고 환경친화적인 발전 방향을 설정하는 데 중요한 인식의 바탕을 제공할 수 있다. 대표적인 환경교육장·시설로는 사찰, 서원, 능, 궁궐, 성곽 등의 물리적인 형태로 남아있는 장(場)들과 지역의 고유한 풍습, 생활방식 등의 문화적인 장들이 포함될 수 있다.

환경교육 자료의 실제

1) 환경교과서

교과서(textbook)는 교육과정에 따라 편찬한 학교교육의 주된 교재로서 가르치는 데 사용되는 학생용 또는 교사용 도서를 의미한다. '교과용 도서에 관한 규정'에 따르면 우리나라 교과서는 국정교과서, 검정교과서, 인정교과서로 구분된다. 국정교과서는 교육부가 저작권을 가진 교과서를 말하며, 검정교과서는 교육부장관의 검정을 받은 교과서를 말하고, 인정교과서는 국정교과서나 검정교과서가 없는 경우 또는 이를 사용하기 곤란하거나 보충할 필요가 있는 경우에 사용하기 위하여 교육부장관의 인정을 받는 교과서를 말한다.

학교 환경교육 교재 중에 대표적인 것이 교과용 도서, 즉 교과서와 교사용 지도서이다. 우리나라 학교 환경교육 교과서는 교육 당국의 심의를 받는 검정교과서와 인정교과서가 발행된다.

우리나라 초 · 중등학교 교육과정에서는 제4차 교육과정에서부터 환경교육을 강조하여 왔다. 제6차 교육과정부터 환경교과가 독립교과로 신설되었으며 중학교 '환경' 교과서는 1종 도서로, 고등학교 '환경과학' 교과서는 인정 도서로 발간되었다. 제6차 교육과정에서 고등학교 '환경과학'은 교양 선택 교과의 7개 선택 과목 중 하나로 시행 되었다. 제7차 교육과정에서는 '생태와 환경'으로 과목명이 변경되었다. 이후 2007 개정교육과정에서는 '환경'으로 과목명이 변경되었으나 교과서로는 발간되지 못하였다. 2009 개정교육과정에서는 과목명이 '환경과 녹색 성장'으로 변경되었다가 2015 교육과정에서는 다시 '환경'으로 변경되었다.

• 초등학교 환경교과서

초등학교용 환경교과서는 환경부에서 발간하여 보급하고 있으며[23] 교사용 지도서를 포함하여 총 8종을 발간하고 있다. 2015년에 발간된 환경교과서는 새로운 교과서의 내용 체계를 반영하여 교사의 수업 준비와 진행이 수월하도록 구성하였다. 또한 교과 보조재가 아닌 독립적인 교과서로 교과 및 창의적 체험활동 시간에 활용이 가능하도록 하였다. 환경부에서 제작한 초등학생용 환경교과서는 환경교육포털사이트 초록지팡이(www.keep.go.kr)에서 신청을 받아 무료로 배포하고 있다.

---

(23) 이 교과서는 교육과정에 포함된 정규 교과서가 아닌 서울특별시교육감 인정도서이다.

표3. 초등학생용 환경교과서

대상	교과서명	구성	특징
1,2학년용	환경이야기가 샘솟아요	104쪽 8단원	• 계절, 주제 등을 고려해 각 단원별 스토리텔링 및 STEAM 교육 학습방법 반영 • 16차시용, 32차시용 연간 학습지도 가능 • 미디어자료(CD) 구성
	어린이 초록마을	86쪽 10단원	• 계절, 학습 장소 등을 고려해 단원을 선택하고 체험, 이해, 놀이 등 다양한 학습방법 반영(최대 30시간 학습 가능) • 3D애니메이션을 활용한 멀티미디어 학습자료 제공
3,4학년용	어린이 초록나라	110쪽 13단원	• 계절, 학습 장소 등을 고려해 단원을 선택하고 체험, 이해, 놀이 등 다양한 학습방법 반영(최대 30시간 학습 가능) • 3D애니메이션을 활용한 멀티미디어 학습자료 제공
5,6학년용	어린이 초록세상	137쪽 16단원	• 계절, 학습 장소 등을 고려해 단원을 선택하고 체험, 이해, 놀이 등 다양한 학습방법 반영(최대 30시간 학습 가능) • 3D애니메이션, 붙임딱지 등을 활용한 학습자료 제공

• 중학교 환경교과서

중학교 환경교과서는 제6차 교육과정에서 독립교과로 신설되면서 1992
년도에 교육부에서 '환경'교과서를 1종 도서로 발행하였다. 제7차 교육과정
에는 2001년에 3종의 '환경'교과서가 발행되었고, 2007 교육과정 개정에서
는 4종의 '환경'교과서가 발행되었다. 2009 교육과정 개정에 따라 2013년
에는 '환경과 녹색성장'교과서 3종이 발간되어 현재 사용되고 있다.

중학교 '환경과 녹색성장'교과서는 기후변화와 에너지 자원고갈 등의 환
경문제 해결과 지속가능발전을 위한 녹색성장의 필요성에 따라 개정된 과
목이다. 이 교과서는 중학교 선택 교과의 하나로 유치원과 초등학교의 환경
교육, 고등학교의 '환경과 녹색성장' 과목과 연계되어 있다.

• 고등학교 환경교과서

2009 교육과정에서 개정한 '환경과 녹색성장' 과목은 지구의 환경과 에

너지 위기를 극복하고 인류의 지속가능한 발전과 저탄소 녹색성장을 실현하기 위해 설정된 과목이다. 이 과목은 환경 · 경제 · 사회를 통합적으로 이해하고, 변화하는 사회에 책임 있게 행동하는 데 필요한 지식, 기능, 태도를 함양하여, 지속가능한 녹색 사회를 만들어 가는 데 선도적으로 참여하는 인간을 기르는 것을 목표로 한다. 이 과목은 고등학교 생활 · 교양 교과 영역의 한 과목으로, 유치원과 초등학교의 환경교육, 중학교의 '환경' 과목과 연계되어 있다.

이 과목의 주요 내용은 환경 프로젝트, 환경과 인류의 삶, 환경 문제와 대책, 자원과 에너지, 기후변화의 이해와 대응, 녹색성장과 지속가능한 사회, 녹색 사회로 가는 길 등으로 구성되어 있다. 특히, '환경 프로젝트'는 중장기적인 탐구 활동으로 학기 초부터 계획하여 학생 주도적으로 수행한다. 환경 · 경제 · 사회 간의 상호 관련성을 이해하고, 환경에 관한 의사 결정력과 문제 해결 능력을 함양하며, 환경에 대한 바람직한 가치관과 태도를 기르고, 환경친화적 생활을 통하여 높은 삶의 질과 지속가능한 저탄소 녹색 사회의 실현에 기여하는 세계 시민을 양성하는 것을 목표로 한다.[11]

표4. 중 · 고등학교 환경교과서 목록

대상	교과서명	저자	출판사	출판년도
중학교	환경과 녹색성장	이상원 외	천재교육	2013
	환경과 녹색성장	김영민 외	교학사	2013
	환경과 녹색성장	김용기 외	한국교과서	2013
고등학교	환경과 녹색성장	이상원 외	천재교육	2011
	환경과 녹색성장 워크북	정 철 외	두산동화	2011
	환경과 녹색성장	김영민 외	(주)교학사	2011
	환경과 녹색성장	최돈형 외	미래엔컬처그룹	2011

2) 환경교재(교보재)

교재(敎材, teaching material)에는 '교수·학습(교육) 자료'라는 의미가 포함되어 있다. 이 글에서 '교재'는 교과서(교사용 지도서)를 제외한 각종 지도, 학생용 참고 도서, 각종 간행물, 연감, 통계자료, 여행기, 보도기사, 연구 논문 등을 의미한다.

정규교과서가 아닌 보조교재로서 환경교육 교재는 여러 관련 기관과 단체들을 통해 개발·보급되었다. 대표적으로 환경부는 초등학교용 환경교재를 발간하여 보급하고 있고, 한국환경교육학회는 정기적인 학회지 발간과 학술대회를 통해 환경교육과 관련된 연구 자료를 발간하고 있다. 그 밖에도 환경교육민간단체 및 기업, 그리고 관련 기관들이 다양한 환경교육 교재와 단행본을 발간해 오고 있다.

• 환경 도서

학교 환경교육 교재가 학교의 학생을 교육대상으로 한다면, 사회 환경교육 교재는 유아부터 어린이, 청소년, 성인 일반, 주부, 노인, 군인 등 모든 사람을 대상으로 한다고 할 수 있다. 환경교육 주제 또한 기후변화, 에너지, 자원 순환, 물과 하천, 숲과 생태, 공기, 환경일반, 생태문화, 녹색소비, 먹을거리에 이르기까지 사회가 복잡해지고 새로운 환경문제가 나타남에 따라 다양해지고 확대되고 있다.

사회 환경교육의 추진 주체도 환경단체, 환경교육단체, 일반 시민사회단체, 기관, 기업, 정부나 지자체, 군부대, 언론 등 폭넓고 다양하다. 교육주제, 교육대상, 교육주체가 다양화되고 증가한 만큼 사회 환경교육에 활용되는 교재도 다양한 형태를 띠게 되었다.

환경을 주제로 한 다양한 도서들도 지속적으로 출판되고 있다. 환경부는

2년에 한 번씩 우수 환경도서를 선정해 목록을 발표하고 있고 매년 '환경도서 독후감 공모전'을 개최하고 있다. 환경정의는 2001년부터 '환경 책 큰 잔치(http://eco.or.kr/activity/ecobook)'를 통해 어린이 환경 책, 청소년 환경 책, 올해의 환경 책을 각각 12권씩 선정하고, 다음 100년을 살리는 환경 책, 우리시대의 환경 고전 등을 소개하고 있다.

- 환경잡지

잡지(雜誌, journal)는 하나의 제호 아래 여러 가지 주제의 글을 실은 정기간행물을 의미한다. 잡지는 신문과 단행본과 마찬가지로 문자, 그림, 사진 등을 포함하고 있다. 단행본과 달리 정기적으로 발행되어 특정 주제에 대해 시간에 따른 변화된 상황을 기사로 제공하기도 하고, 여러 저자가 하나의 주제를 다양한 시각으로 통찰하는 내용의 기사를 접할 수 있다. 환경부나 공공기관이 발행하는 잡지, 언론기관이 발행하는 잡지, 민간단체가 발행하는 잡지 등 다양한 형태의 잡지가 있다.

- 신문 활용 교육(NIE, Newspaper In Education)

NIE(Newspaper In Education)는 신문을 교재 또는 보조교재로 활용하여 학습자의 지적 성장을 도모하고 학습효과를 높이기 위한 교육으로 우리말로 '신문 활용교육'으로 풀이한다. 1930년대 미국의 대표적인 일간지인 '뉴욕타임즈'가 신문을 교실에 배포하면서 NIE는 시작되었다. 미국에서는 2004년 당시 950여 개의 신문사에서 NIE를 실시하였고, 10만여 개의 학교에서 NIE를 실천하고 있다. 세계 신문협회의 조사에 따르면 2002년 말 52개국이 NIE를 도입했다. 우리나라는 1994년 NIE 도입을 논의하기 시작해, 같은 해 한국 언론연구원이 고등학교 교사 대상 NIE 연수를 실시하였다.

NIE는 신문에 게재된 정보를 활용해 교육 효과를 높이고, 궁극적으로는 스스로 책임질 수 있는 교양 있는 민주시민 양성을 목적으로 한다. 매일 다양한 분야의 새로운 정보가 실리는 신문을 교육에 활용하면 유익하고 실용적인 학습이 가능하다는 것이 교육 전문가들의 일반적인 견해이기도 하다.

NIE의 검증된 교육 효과로는 ① 종합적인 사고 및 학습능력 향상 ② 독해 및 쓰기 능력 향상 ③ 논리성과 비판력 증진 ④ 창의력 증진 ⑤ 문제해결 및 의사결정 능력 배양 ⑥ 올바른 인성 함양 ⑦ 민주 시민의식 고취 ⑧ 공동체에 대한 관심 및 적응능력 제고 ⑨ 정보 및 자료의 검색·분석·종합·활용 능력제고 ⑩ 언론출판의 자유에 대한 인식 제고 등을 들 수 있다.

NIE는 신문 기사를 활용하는 방법, 사진을 활용하는 방법, 시사만화를 활용하는 방법, 광고를 활용하는 방법, 신문 형식 자체를 활용하는 방법 등이 있다. 학습자의 수준, 학습목표에 따라 다르지만 가장 주된 신문 활용방법은 환경기사를 매개로 환경교육에 활용할 수 있다.

3) 환경 교구

교구(敎具, teaching tools)란 학습을 구체화하고 직관화하여 효과적으로 지도하기 위하여 사용하는 도구이다. 일반적으로 교구란 교재를 구체적으로 나타내는 교육수단의 총체라고 할 수 있다. 학습의 실질적인 지원자 역할을 하는 교구란 '학습을 더 쉽고 구체적으로 전개시키기 위한 방법으로 사용되는 도구'인 것이다. 교구는 교과의 성질과 학습형태에 따라 매우 다양하며 특히 시청각 교구나 각종 실험·작업에 사용되는 작업 도구도 교구라 할 수 있다.

교육심리학자인 브루너(Bruner)는 교구의 개념을 매우 폭넓게 파악하였다. 그는 교구를 간접적 경험을 위한 교구, 모형 교구, 극화 교구, 자동화 교구 등으로 분류하였다. 이 분류에 의하면 영화, 텔레비전, 마이크로필름, 녹음기, 책, 시범 실험, 도해, 삽화, 모형 등 교구의 범위는 실로 넓고 다양하다. 이는 어떤 자료 혹은 도구가 수업을 위해 활용되었다면 교구로 간주할 수 있다는 것을 의미한다.

교구는 안내자로서 학습자에게 여러 가지 이로움을 준다. 교구 활용의 효용성을 살펴보면 다음과 같다.

첫째, 교구 사용은 기억을 오랫동안 유지시켜 준다. 교구의 사용은 직접적인 지식의 획득보다는 학습이 일어나는 상황이 발생한 환경을 통해 흡수한 인상이나 학습 활동에 대한 정보가 유지되도록 도와준다.

둘째, 교구 사용은 의사소통을 촉진한다. 교구를 활용하는 교수자와 학습자, 학습자와 학습자 간에 교류를 원활하게 한다.

셋째, 교구 사용은 사고하도록 돕는다. 감각적인 교구의 이용은 좌뇌와 우뇌의 활동을 자극한다. 학습자는 언어로 상황을 설명하고, 질문에 답하는 과정을 통해 더 명료한 생각의 구체화를 돕는다.[12]

최초의 체계적인 교구는 1837년 독일의 프리드리히 프뢰벨(Friedrich Frobel)이 만든 은물(恩物 : gifts)이다. 은물은 1837년 프뢰벨이 창안한 세계 최초의 놀이 교구로 보고, 느끼며 노는 동안 수 개념을 형성하도록 되어 있는 일종의 계획된 교구이다.

• 환경부 환경교육 교구

환경교육 교구는 직접적인 관찰과 체험에 학습자를 참여시키고 관심과 흥미를 유발하면서 환경교육을 하는 데 도움을 줄 수 있다. 2007년 환경부는 학교 수업에서 활용할 수 있도록 교과과정과 연계한 '환경교육용 이동교구 상자'를 개발하였다. 이와 함께 이 교구를 활용할 수 있는 교육프로그램과 지도안을 함께 제공해 오고 있다.

① 환경교육 교구 개요
- 주제 및 구성

표5. 주제 및 구성

대상	주제	구성
유아 6종	동식물과 자연	'도움을 주는 동물' 등 누리과정 연계교구 3종
	환경과 생활	'물고기는 맑은 물을 좋아해요' 등 누리과정 연계교구 3종
초등 75종	생태	'우리 참나무' 등 초등학생용 교구 30여 종
	물	'지켜야 할 우리나라 물고기' 등 초등용 교구 19종
	자원순환	'쓰레기마을 구축작전' 등 초등용 교구 6종
	기후변화	'기후변화 양팔저울' 등 초등용 교구 15종
	에너지	'에너지 플러스 마을 만들기' 등 초등용 교구 4종
	친환경소비	'나는 친환경 소비 왕' 등 초등용 교구 1종
중등 13종	생태	'그린 맵' 등 중등용 교구 4종
	기후변화	'도전 그린 벨' 등 중등용 교구 3종
	에너지	'온 맵시 쿨 맵시' 등 중등용 교구 2종
	친환경소비	'나는 친환경 소비 왕2' 중등용 교구 1종
	기타	'모의 창업박람회' 등 중등용 교구 3종

-교구 형태 : 놀이 교구, 입체퍼즐, 만들기 교구, 관찰표본, 보드게임, 분류
카드, 실험교구 등
-교구 구성 : 주요 교구, 보조 교구, 학습지도안(교사용 지도안), 학생용 활동지

② 환경교육 교구 이용
환경교육 교구는 초록지팡이 홈페이지(www.keep.go.kr)에서 목록을 확인하고 대
여 받을 수 있다. 홈페이지에서 각 교구상자의 지도안, 부록, 학생용 활동지를
다운로드 할 수 있다. 또한 각 교구의 조작게 활용에 대한 동영상을 볼 수 있다.

- 민간 환경교육기관, 단체의 환경교육교구

① 한국환경교육연구소

한국환경교육연구소에서는 2007년부터 환경교육전문가, 학교선생님, 숲해설가, 그린 리더들과 함께 다양한 교구를 개발하였다. 2007년~2010년에 걸쳐 환경부 '주제별 환경교육용 교구상자'를 개발하였고, 2009년~2011년에는 산림청의 지원으로 산림교육교구 'i 어린이 숲과 기후변화 교구 Cool-Cool 나무상자 i'를 개발했다. 각 교구를 활용할 수 있는 교육프로그램을 함께 개발하여 학교와 휴양림 등 다양한 교육 장소에서 활용할 수 있다.

② (사)환경교육센터

(사)환경교육센터는 2000년 설립초기부터 환경교육용 놀이교구를 개발, 제작, 보급해왔다. 초창기 주요활동이 현장체험환경학습이 활발했던 만큼, 환경놀이교구, 에너지보드게임, 물 교구상자, 기후적응 놀이상자, 환경놀이 플레이북 등 다양한 주제와 관련해서 현장교육은 물론이고 가족과 함께 확장활동이 가능한 활용도가 높은 교보재들을 교사, 학부모, 전문가 공동연구를 통해 꾸준히 개발보급해오고 있다. "이 소리 어때?!"(보드게임), "와글와글 소리주머니"(소리만들기 놀이세트), "알아두면 지구를 살리는 자원순환"(카드게임, 놀이상자), "스마트 기후적응 환경교육"(교구세트) 등이 있다. .

③ 에코샵 홀씨(www.wholesee.com)

2003년 6월에 설립된 에코샵 홀씨는 생태환경교육교구, 생태미술, 관찰과 측정모니터링 장비, 탐조장비와 그린라이프 제품 등 학교와 환경교육 현장에서 활용할 수 있는 다양한 교구를 개발하고 판매하는 기업이다. 에코샵 홀씨는 한국환경교육연구소의 환경부 '주제별 환경교육용 교구상자' 개발과 제작에 참여하였고, 2013년에는 국립생물자원관 교구개발 제작에도 참여하였다.

4) 환경교육 매체

매체(media)란 라틴어 'medius'에서 유래한 말로서, 사전적으로는 사이(between)를 의미하며, 원 자료와 수신자 간에 정보를 전달하는 모든 수단을 의미하는 광범위한 뜻으로 활용되고 있다.[13] 일반적으로 교수자료로서의 매체는 소프트웨어 활용의 의미와 전달 수단으로서 테크놀로지의 의미를 모두 갖고 있다. 17세기 도서에 최초로 삽화를 활용하고, 18세기 교실에서 칠판을 사용했던 것을 교수매체의 시초라고 본다.

시청각 매체의 종류는 다양한데 일반적으로 크게 아래와 같이 구분한다.

- 그래픽자료 : 삽화, 만화, 그림, 사진, 슬라이드, 포스터
- 영상매체 : TV뉴스, 환경다큐, 환경영화
- 오디오매체 : 라디오뉴스, 음향, 음악

요즘 대부분의 실내 강의는 파워포인트(powerpoint, PPT)로 작성된 강의안을 활용한다. 파워포인트는 대표적인 프레젠테이션 소프트웨어이다. 파워포인트는 프로그램이 제공하는 템플릿을 활용할 수 있으며, 위에 제시한 그래픽자료, 영상매체, 오디오매체 자료를 다양하게 활용할 수 있다. 즉 텍스트(문자), 그림, 사진, 도표나 그래프, 이미지, 음성, 음향, 음악을 삽입할 수 있고 동영상과 애니메이션을 삽입하여 작성할 수 있다.

환경교육에서 영상매체의 활용은 시청 이후 학습자들이 후속활동을 이어갈 수 있도록 유도해 준다. 소그룹끼리의 토의를 유도하여 학습자 상호 간

의사소통을 원활하게 하고 토론 주제에 대한 의욕과 동기 유발을 촉진한다. 주제에 대한 그룹 간에 의견 차이가 있을 경우에는 열띤 토론을 불러일으키는 장을 제공한다. 환경주제에 대한 찬반 토론이나 가치에 대해 첨예한 대립을 하기도 한다. 그 과정에서 서로 견해를 수용하고 다름을 인정하는 기회를 제공한다. 스토리가 있는 영화의 경우에는 역할극을 통해 영화의 장면을 연기함으로써 상황을 자신의 문제로 인식할 수 있도록 유도하기도 한다.

대표적인 영상매체 중 환경영화, TV방송(환경다큐), 유튜브 등의 사례를 통해 환경교육에서의 활용점을 살펴보도록 하자.

• 환경영화

영화를 통한 환경교육은 많은 것을 짧은 시간에 배울 수 있게 해주며 배운 것을 오래 기억하도록 해주는 장점이 있다. 영화 속 자연환경과 아름다운 장면은 시각적으로 깊이 각인되며 파괴되고 오염된 환경을 통해 충격과 슬픔을 느끼게도 한다. 다만, 영화를 어린이 환경교육에 이용할 때에는 공포를 불러일으키거나 부정적인 내용보다는 실천과 행동을 통해 환경을 보전하고 개선시킬 수 있다는 희망을 담은 내용을 활용할 필요가 있다.

▶ 사례1. 환경재단 그린아카이브

그린아카이브는 환경을 소재로 하는 우수 환경영상물을 확보하고 널리 보급하기 위해 서울환경영화제[24]에서 운영하는 영상자료원이다. '기록저장소'를 뜻하는 '아카이브'에 환경을 뜻하는 '그린'을 붙인 이름을 걸고, 환경

---

(24)   환경재단이 주최하는 서울환경영화제는 2004년에 시작된 국제영화제이다. 공식웹사이트는 www.gffis.org이다.

에 관한 다양한 영상콘텐츠 사업을 진행하고 있다.

그린아카이브는 2004년 이후 매년 서울환경영화제를 통해 제작된 영화는 물론 국내외에서 출품된 우수 환경영상 콘텐츠를 선별해 상영권을 확보하여 현재 310편에 이르는 작품을 보유하고 있다. 또한 이 작품들의 열람, 대여, 상영회 개최와 지원, DVD 제작과 보급 등을 통해 매년 1만 명 이상의 관객에게 환경에 대한 메시지를 전파하고 있다. 그린아카이브는 매월 정기 상영회를 진행하는 한편, 학교, NGO, 공공기관 및 기업 등을 대상으로 다양한 상영회 및 DVD 대여사업을 진행하고 있다. 그린아카이브의 프로그램은 환경오염 및 파괴, 기후변화, 멸종 위기의 생물 등 직접적인 환경 문제를 다룬 작품들부터 자연과 생태계의 신비, 건강한 먹을거리에 대한 고민 등 환경에 대한 다채로운 논의를 담은 세계 각국의 장·단편 영상물로 구성돼 있다. 환경영화의 작품 검색과 대여는 그린페스티벌 홈페이지(www.greenfesti-val.kr)에서 할 수 있다.

▶ 사례2. 환경영화교실 '숲과 나'

환경영화교실 '숲과 나'는 환경영화를 활용한 온라인 환경교육 사이트(www.forestsandi.org)이다. 이 사이트에서는 학교나 교육기관, 공동체 단위에서 환경 관련 활동과 수업에 활용할 수 있도록 환경영화와 교육 자료를 제공하고 있으며, 인터넷이 가능한 지역이면 전국 어디에서나 활용이 가능하다. 서울환경영화제에서 상영되었던 영화 중에서 57편을 선별하여 영상자료와 교육 지도안을 제공하고 있다. 온라인 회원가입을 하면 지도안을 다운로드할 수 있다.

• 방송매체

환경교육에서 활용할 수 있는 대표적인 방송매체는 EBS, KBS, SBS 등의 방송사에서 제작하여 방영하고 있는 환경과 생태를 주제로 한 다큐멘터리 프로그램이다. 신뢰할 수 있는 자료와 현장의 상황을 중심으로 구성된 내용으로 환경교육 현장에서 환경문제나 이슈에 대한 사실 전달과 문제제기, 논쟁과 토의의 소재로 활용할 수 있다.

표6. 환경영화 사례

영화명	개요	내용
투모로우 The Day After Tomorrow	미국/ 2004/ 123분/ 픽션	지구온난화로 인한 이상기후 현상을 보여주는 재난 영화
노임팩트맨 No Impact man	미국/ 2009/ 92분/ 다큐	작가이자 환경운동가인 '콜린'이 1년간 가족과 함께 지구에 무해(無害)한 생활을 하는 프로젝트 다큐멘터리
북극의 눈물 Tears In The Arctic	한국/ 2009/ 86분/ 다큐	'세계 극지의 해'를 맞아 기후변화로 인해 벼랑 끝으로 몰려가고 있는 북극의 광대한 자연과 그 자연 속의 원주민 이누이트의 삶을 통해 우리 코앞에 닥친 지구 온난화라는 대재앙의 경고를 보여준 TV 다큐멘터리를 영화로 편집하였다.
불편한 진실 An Inconvenient Truth	미국/ 2006/ 100분/ 다큐	미국 전 부통령이자 환경운동가인 앨 고어가 세계를 돌며 1000회 이상의 강연을 통해 지구온난화가 불러온 심각한 환경위기를 알리는 내용을 찍은 다큐멘터리
인터스텔라 Interstellar	미국, 영국/ 2014/ 169분/ 픽션	지난 20세기에 범한 잘못이 전 세계적인 식량 부족을 불러왔고, NASA도 해체되었다. 이때 시공간에 불가사의한 틈이 열리고, 남은 자들에게는 이 곳을 탐험해 인류를 구해야 하는 임무가 지워진다.
마션 The Martian	미국, 영국/ 2015/ 144분/ 픽션	NASA 탐사대는 화성을 탐사하던 중 모래폭풍을 만나고 팀원 '마크 와트니'가 사망했다고 판단하여 그를 남기고 떠난다. 극적으로 생존한 '마크 와트니'는 남은 식량과 기발한 재치로 화성에서 살아남을 방법을 찾는다.
리틀 포레스트 Little Forest	한국/ 2018/ 103분/ 픽션	무엇 하나 뜻대로 되지 않는 일상을 잠시 멈추고 고향으로 돌아온 '혜원'은 직접 키운 농작물로 친구들과 한 끼 한 끼를 만들어 먹으며 특별한 사계절을 보낸다.
옥자 Okja	한국, 미국/ 2017/ 120분/ 픽션	강원도 산골 소녀 '미자'에게 슈퍼 돼지 '옥자'는 10년간 함께 자란 소중한 가족이다. 그러던 어느 날 글로벌 기업 '미란도'가 나타나 '옥자'를 뉴욕으로 끌고 가고, '미자'는 '옥자'를 구하기 위해 위험천만한 여정에 나선다.

① EBS 지식채널ⓔ (http://home.ebs.co.kr/jisike/index)

지식채널ⓔ는 2005년 9월에 기획·편성된 프로그램으로 일주일에 세 편씩 방영된다. 'e'를 키워드로 한 자연 (nature), 과학(science), 사회(society), 인물(people) 등을 소재로 하여, 단편적인 '지식'을 입체적으로 조명해서 시청자에게 '화두'를 던지는 프로그램이다. '5분'이라는 짧은 시간에 전해지는 강렬한 메시지와 영상은 시청자들에게 당대의 예민한 시사쟁점을 제시함과 동시에 생각할 여지를 준다. 지식채널ⓔ는 환경에 대한 새롭고 인상적인 주제 의식 전달을 통해 환경교육(수업)에 활용도가 높다. 수업의 도입 부분에 학습자를 집중하게 하고 문제의식을 전달하는 데 활용할 수 있다. 홈페이지에서 다시보기를 통해 무료로 동영상을 볼 수 있다. 또한 DVD가 별도로 제작되어 있고, 책으로도 발간되어 판매되고 있어 환경교육 현장에서 활용도가 매우 높다.

② EBS 하나뿐인 지구 (http://home.ebs.co.kr/hana/main)

'하나뿐인 지구'는 1991년 9월 6일 첫 방송을 시작으로 국내 최장수 생태·환경 다큐멘터리 프로그램이다. 황폐한 지구 환경과 각박한 삶을 바라보며 환경문제, 사라진 자연과 인간 문화에 대한 이야기, 지구를 되살리는 대안적인 삶의 방식을 주제로 한다. 가장 오래된 프로그램인 만큼 생태, 환경에 대한 풍부한 동영상 자료들을 보유하고 있다. 환경오염, 환경사건, 환경문제 등 심도 있는 토론 수업에 활용할 수 있다. 홈페이지에서 무료로 다시보기를 제공하고 있으며, 인터넷만 연결된 곳이면 어느 장소에서든 활용가능하다.

③ KBS 환경스페셜 (http://www.kbs.co.kr/end_program/1tv/sisa/environ)

환경스페셜은 주변의 환경문제부터 시작해 산, 강, 바다, 습지 등 우리 산하를 건강하고 아름답게 만들고 더 나아가 핵이나 오염, 지구온난화 등으로 위기에 처한 지구환경을 지키기 위해 노력해 온 환경 다큐멘터리이다. 1999년 10월 6일 시작하여 2013년 4월 3일 총 539회차로 종영되었다. 환경교육에 활용하기 좋은 영상들이 많다. 환경스페셜은 탄소발자국, 동물실험 등 환경문제와 생태계의 아름다움에 대한 영상, 국제적인 환경문제 등 다양한 주제를 다루고 있다. 환경교육, 수업에 활용은 물론 환경을 공부하는 교육자에게도 유용한 동영상이 많다. 환경스페셜 홈페이지에서 다시보기가 가능하다.

④ SBS 물은 생명이다

이 프로그램은 급격한 산업화와 도시화 속에서 수많은 생명체가 살아가는 공간이자 인간이 생존하기 위해서 꼭 필요한 자원인 물의 중요성을 알리고, 물 자원과 인간의 생태환경을 지키는 방안을 고민해보는 프로그램으로 2001년 1월 12일부터 SBS가 '대국민약속'으로 시작한 프로그램이다. 생명의 근원인 물에 대한 주제로 제작된 다큐멘터리 프로그램으로 물 주제와 관련된 하천, 강, 생태사이트의 현재를 보여주고 있어 물 교육에 활용 가능하다.

• 유튜브 (YouTube)

유튜브(www.youtube.com)는 전 세계 네티즌들이 올리는 동영상 콘텐츠를 공유하는 세계 최대의 동영상 사이트이다. 유튜브에서 '환경', '환경오염', '환경문제' 등의 키워드로 검색을 하면 개인이나 기관, 단체, 방송사에서 제작해 올린 강의 영상, 광고, 애니메이션, 다큐멘터리 등 다양한 동영상을 찾을 수 있다. 유튜브에 올라온 동영상을 환경 관련 모임, 수업 등에 활용할 수 있다. 나아가 학습자들이 동아리나 팀을 구성하고 휴대폰을 활용하여 환경오염 현장이나 친환경적인 건축물이나 장소, 실천하는 모습 등을 촬영해 직접

UCC(User Created Contents) 동영상을 제작할 수도 있다. 환경을 주제로 직접 만든 동영상을 유튜브에 올려 직접 생산자가 될 수 있다.

5) 인터넷 · 웹사이트

인터넷은 전 세계에 거미줄처럼 연결되어 있는 컴퓨터들의 연결망이다. 정보의 접근이 용이하고 다양한 정보를 쉽게 접할 수 있는 장점이 있다. 환경교육자원으로 인터넷은 가장 간편하게 정보를 검색하고 얻을 수 있는 자원이다. 인터넷 검색을 통해 환경에 관련된 뉴스, 용어 정의, 행사 정보는 물론 환경교육에 활용가능한 문서(수업 지도안), 디지털 교재, 동영상, 연구논문 등 다양한 정보를 구할 수 있다.

인터넷의 교육적 특성을 살펴보면 다음과 같다.[25]

- 인터넷은 전자우편, 전자게시판, 채팅 등과 같은 기능을 통해 전 세계에 있는 다른 학생들, 교사들, 전문가들과의 상호작용이 가능하다.
- 인쇄매체에서 접하기 어려운 다양한 형태의 멀티미디어 정보 및 자원들을 인터넷상의 전자도서관, 데이터베이스, 박물관, 교육 관련 웹사이트에 접속하여 생동감 있는 자료와 정보를 접할 수 있다.
- 인터넷은 지역적으로 멀리 떨어져 있는 사람들과도 프로젝트나 주제 등을 중심으로 협력학습활동을 할 수 있다.
- 인터넷 환경에서는 하나의 주제나 프로젝트를 중심으로 공동체를 형성할 수 있다. 지역, 성별, 인종, 나이 등을 초월하여 다양하고 이질적인 공동

---

(25) 『교육매체 개발 및 활용의 이해(신재한, 2015)』의 103~104쪽 내용 일부를 요약 정리하였다.

관심에 대해 토의하거나 공통된 목적을 달성하기 위해 함께 일할 수 있다.
　• 인터넷은 학생, 교사, 전문가 및 자원들을 서로 연결시킴으로써 인터넷 상에서 모든 수업활동이 일어나는 '교실'이 될 수 있다.

　홈페이지가 단체, 기업 등에서 홍보용으로 제작하거나 정보를 제공하고 자 만들어졌다면 카페나 블로그는 개인이나 그룹 등이 적극적인 콘텐츠 생산자가 되어 만들어진다.

　인터넷 카페는 동호회나 모임 등이 사이버 공간에서 이루어지는 커뮤니티 공간으로 인터넷 포털사이트에서 제공 한다. 블로그(blog)는 웹(web)과 로그(log)의 줄임말로 1997년에 미국에서 등장한 용어이다. 개인이 자신의 관심사에 따라 일기, 칼럼, 기사, 사진 등을 자유롭게 게재할 수 있다. 일종의 1인 미디어로 개인출판, 개인방송, 커뮤니티 등 다양한 형태를 취한다.

　카페나 블로그는 인터넷상에서 환경교육 콘텐츠 생산자로서 유용한 환경정보를 게재하고 있다. 이미 홈페이지가 있는 단체나 기관에서도 별도로 블로그를 만들어 운영하기도 한다. 아래에 소개되는 카페나 블로그에도 환경교육에 참고할 수 있는 유용한 환경정보를 제공하고 있다.

표7. 주요 환경교육관련 인터넷 사이트(예시)

이름	홈페이지	내용
환경교육포털 초록지팡이	www.keep.go.kr	• 환경부에서 운영하는 국가 환경교육 통합 사이트이다. • 교수학습지도안, 동영상, 연구자료 등 환경교육 자료를 제공하고 있으며, 유아환경교육 및 푸름이 이동환경교실, 환경교육 교구, 환경교육프로그램 인증제 등에 대한 참여 신청을 할 수 있다.
산림청 휴양·문화 (숲에On)	www.forest.go.kr	• 산림청 홈페이지에 '휴양·문화'에는 산림휴양, 산림문화, 산림교육, 수목원, 우리 산/숲길, 산림치유, 산림/산촌생태마을/수목장림 등 다양하고 유용한 정보를 제공하고 있다.

국립생물자원관 한반도 생물자원 포털	www.nibr.go.kr	• 생물자원에 대한 주권 확립과 대국민 관심 제고를 위해 자생생물에 대한 종합정보 제공과 정보 공유를 목적으로 구축한 웹사이트이다. • 한국고유 생물자원, 법정관리 야생생물, 국가기후변화생물지표 100종, 교과서 수록 생물자원, 재미있는 생물이야기, 우리나라 나비 찾기 등 정보를 제공하고 있다.
케미스토리	www.chemistory.go.kr	• 케미스토리는 환경부가 만든 '어린이 환경과 건강포털' 사이트이다. • 생활 속 유해물질, 화학 상식, 유해물질 정보, 환경용어사전, 어린이 환경안전, 환경보건교육자료 등 정보를 제공하고 있다.
환경정보 네트워크	etips.me.go.kr	• 환경부에서 운영하는 환경종합정보 네트워크 사이트이다. • 물 환경, 자연환경, 기후대기, 자원순환, 환경보건, 환경산업, 친환경생활, 기타 등 8개 분야의 관련 기관과 단체를 검색하면 해당 홈페이지 정보와 함께 링크를 제공한다.

표8. 환경교육 관련 카페, 블로그, 웹진(예시)

이름	홈페이지	내용
ecoroko	www.ecoroko.com	• 견문을 넓히는 지식의 나눔, 친환경 블로그 • 녹색성장, 녹색기술, 녹색네트워크, 녹색디자인 등의 다양한 정보 제공
slowalk	www.slowalk.com	• 배려와 소통을 통한 디자인으로 움직이는 통합 커뮤니케이션 컨설팅 회사인 슬로워크에서 운영하는 블로그 • 환경, 디자인ㆍ아트, 캠페인, 음식ㆍ건강, 문화ㆍ사회, 텃밭ㆍ녹색 공간 등을 카테고리로 국내외에 독특하고 재미있는 사례를 제공함.
한국 환경교사모임	http://cafe.daum.net/ecoteacher	• 2004년에 만들어진 한국환경교사모임은 생태 지향적 삶, 지속 가능한 사회 건설, 생태 지향적 교육 실현을 목적으로 한다. • 학교 수업의 프로그램 개발 및 교육과정 개발, 학술연구, 사회환경교육과의 연계 등 환경교육의 질적ㆍ양적 성장을 위해 노력하고 있다.
자연스러움	blog.naver.com/mesns	• 환경부 공식 블로그 • 지식창고, 일상 속 환경이야기, 웹툰으로 보는 환경, 오늘의 환경기사 등 정보 제공
환경블로그 Eco Blog	eco.joins.com/en-vandme/ecoblog/	• 강찬수 외 10명의 환경 블로거가 링크되어 있다. • 각 블로그에서 새로운 글을 올리면 게시판 목록에 게시된다. • 환경블로그 이외에 환경기사, 지구온난화, 환경정보, 친환경/신재생에너지와 관련된 정보를 볼 수 있다.
조홍섭 기자의 물바람 숲	http://eootopia.hani.co.kr	• 한겨레신문사가 운영하는 물바람 숲은 환경전문가, 환경활동가, 기자가 함께 만드는 환경과 생태 분야의 전문 웹진이다. • 환경 이슈에 대한 현장 보고, 사진과 동영상, 논평, 문제제기, 토론과 논쟁 등을 소개하고 있다.

6) 앱(어플) · 스마트기기

모바일(mobile)은 '이동성이 있는'이란 의미의 형용사이다. 그러나 최근에 와서는 가정이나 회사 이외의 장소에서 휴대용 정보 단말기를 가지고 다니면서 인터넷이나 전화 회선을 통해 정보를 주고받는 것을 말하며, 휴대용 정보 단말기 자체를 모바일이라고도 한다.

스마트폰(smart phone)은 음성 통화 기능은 물론, 사용자가 필요로 하는 다양한 소프트웨어를 설치하여 활용할 수 있는 이동전화이다. 스마트폰은 휴대전화에 인터넷 통신과 정보검색 등 컴퓨터 지원 기능을 추가한 지능형 단말기로서 사용자가 원하는 애플리케이션을 설치할 수 있는 것이 특징이다.

앱(App. Application)은 컴퓨터의 다양한 소프트웨어와 동일한 개념으로 특정 기능을 수행하기 위해 스마트폰에 설치하는 일종의 응용소프트웨어라 할 수 있으며 '어플리케이션', '어플'로 부르기도 한다.

교육을 목적으로 개발된 앱은 교실학습이 학습자의 일상생활의 맥락으로 확장될 수 있게 하며, 자기 주도적 학습 도구로서의 가능성도 지니고 있다. 한국교육학술정보원은 교육현장에서 활용 가능한 교육용 앱 100개를 선정하고 기능 및 교육적 활용 방안을 구체적으로 제시한 자료를 발간하기도 하였다.

이와 같은 앱 중에는 GPS(Global Positioning System, 위성항법장치), 증강현실,[26] 멀티미디어 등을 활용하여 환경친화적인 생활을 위한 지식을 제공하거나 환경친화적 생활을 실천하기 위한 기능을 탑재한 '친환경 앱' 등이 개발되어 보급되고 있다. 단점은 앱의 활용도가 떨어지게 되면 업그레이드가 안 되거나 사라져 지속적으로 활용하는 데에 어려움이 있다는 것이다.

---

(26)　사람들이 보는 현실세계에 3차원의 가상물체를 띄워서 보여주는 기술

표9. 친환경앱(App)(예시)

이름	운영주체	내용
한국의 새	LG상록재단	• 국내 최초 그림 조류도감이자 탐조 활동의 지침서로 자리 잡은 '한국의 새' 조류도감을 앱으로 제작 • 18목 72과 450종 수록 • 탐조전문가용 Pro버전(유료) • 탐조초보자/청소년 교육용 Lite버전(무료)과 게임버전(무료) 제공
탄소나무 계산기	국립산림과학원	• 탄소배출을 계산하고 얼마만큼의 나무를 심어야 되는지 계산할 수 있는 앱 • 가정, 결혼, 돌잔치, 교통, 일반 행사에서 발생하는 이산화탄소 배출량과 이를 상쇄하기 위해 심어야 하는 나무그루 수를 계산해 줌
한국의 멸종위기 종	국립생물자원관	• 멸종위기 종의 보호와 관리를 위해 관련 정보를 더 쉽고 편리하게 활용할 수 있도록 함 • 우리나라 멸종위기 야생생물에 관한 특징, 분포현황, 생태특성, 위협요인, 문헌정보 등 제공
녹색여행 두발로	문화체육관광부 한국관광공사	• 보고, 걷고, 느끼는 두발로 떠나는 녹색여행 • 전국 곳곳의 자연경관, 역사, 문화자원이 뛰어난 문화생태탐방로를 안내하는 모바일 앱
2015 환경백서	(주)시에프코리아	• 환경부에서 발행하는 환경백서를 앱으로 제공
우리 동네 대기질	환경부 한국환경공단	• 내가 있는 장소의 대기오염정도를 알려줌 • 다양한 대기 오염도를 보기 쉽게 색으로 구분하여 수치 정보를 제공해 주고 그에 따른 행동요령을 알려줌
우리 동네 위험지도	화학물질감시 네트워크	• 우리 주변 화학물질 위험정보를 알기 쉽게 보여주는 앱으로 전국 3,268개 업체 화학물질 배출량, 위험정보를 제공
순환자원 거래소	환경부	• 버려지는 폐기물과 버리기 아까운 중고물품을 쇼핑몰 형태로 거래하는 방식으로 간편하게 이용할 수 있게 함
녹색제품	한국환경산업 기술원(KEITI)	• 녹색제품 검색과 인증 매장 검색
녹색 식생활	LIFEGOOD	• 식생활교육과 다양한 정보를 제공하며, 녹색물레방아 테스트를 통해 자신의 식생활을 진단하고 체크해 볼 수 있는 앱

환경교육장 · 시설의 실제

1) 학교 환경교육장 · 시설

환경교육은 환경교과와 같은 특정 교과목을 통해서 교실이나 강의실과 같은 실내 공간에 한정되어 이루어지는 것이 아니다. 학교와 가정, 나아가 사회와 세계와 연결되어 평생 동안 이루어져야 하는 교육이다.

학교교정 환경(school landscape)은 어린이, 청소년들에게는 학습의 공간이자 생활공간이며 지역주민에게는 휴식과 놀이의 공간으로 활용된다. 학교교정 환경은 중요한 환경교육장이자 다양한 역할과 기능을 갖는 교육자원이다. 또한 도시의 녹색네트워크(green network) 거점이며, 도심 속에서 생물들에게 서식 공간(habitats)을 제공하고 지역주민들에게 문화체육 공간으로 활용되는 지역공동체(social community)의 중심 역할을 한다.[14]

학교교정 환경이 중요한 이유는 학생과 교사들의 접근이 용이하고, 이동에 따른 시간과 비용 그리고 위험도를 줄여주고, 무엇보다도 '가르칠 수 있는 순간(teachable moment)'에 당장 활용이 가능한 것에 있다.[15]

표10. 학교교정 환경 내 도입 가능한 환경교육 시설[16]

제안시설	내용
산울타리	• 산울타리는 학생들에게 안전하고 다양한 놀이 공간을 제공한다. • 산울타리로의 개선은 학교의 환경친화성을 높이며, 지역과의 연계성을 높이는데 효과적이다.
상징수목 (정자목)	• 학교를 상징할 만한 큰 나무는 학교의 상징으로서 학생들에게 생명에 대한 경건함을 갖게 한다. • 말타기 놀이, 나무 크기 측정하기, 나무이름표 만들기 등 다양한 놀이와 체험환경교육에 활용할 수 있다.

화단	• 화단은 학생들이 스스로 키울 수 있고 직접적인 체험이나 관찰 대상으로 활용할 수 있다. • 교육적으로 활용할 수 있는 재배용 화단, 지표식물용 화단, 교육용 화단 등의 개념이 도입되어야 한다.
야생초화원과 잡초원	• 야생초화원은 우리나라 산야에 서식하고 있는 야생초화류를 여러 종류 모아서 심고 야생초화류의 종류를 학생들에게 소개하는 공간이다. • 잡초원은 자연의 방치된 곳에서 서식하는 잡초와 그 곳에서 서식하는 곤충들과 작은 동물들을 관찰할 수 있도록 조성하는 공간이다.
모래밭 흙놀이 공간	• 모래밭은 학생들에게 중요한 체험의 장(場)이며, 체육수업과 다른 교과에서도 함께 활용할 수 있는 공간이다. • 흙놀이 공간이 있다면 학생들의 체험의 폭이 넓어지고 교과 수업에서도 이용가치를 높일 수 있을 것이다.
바위놀이 공간	• 바위놀이 공간은 학생들의 활동 공간으로 직접적인 체험과 수업시간에의 활용과 지구규모의 환경 문제에까지 확대하여 환경 교육적으로 활용할 수 있다.
자연교실	• 교실도 '자연을 직접 느낄 수 있는 작은 박물관'이 될 수 있다. • 바람과 빛을 느끼면서 자연에너지를 느낄 수 있는 공간이며, 식물과 곤충을 기르는 공간으로써 '자연과 만나는 장', 체험의 감동과 발견을 '표현할 수 있는 장'이 될 수 있다. • 학교옥외 환경이 넓지 않고 빈 교실이 있는 도시의 학교에서 도입 가능한 환경교육의 장이라고 할 수 있다.
옥상정원	• 학교 옥상의 경량토를 이용하여 텃밭이나 야생초화원을 조성할 수 있다. • 태양에너지를 이용하는 시설물도 설치가능하다. • 옥상에는 야생동물 서식 공간 조성을 위한 새 먹이대, 새집, 작은 연못, 잠자리 산란장을 조성할 수 있다.
학교 내 뒤뜰	• 학교 뒤뜰은 쓰레기 재활용에 관한 시설을 도입할 수 있다. 음식물 쓰레기와 배출되는 쓰레기의 퇴비화를 통해 자원순환에 대한 체험과 교육이 가능하다.
습지(작은 연못) 실개천	• 수(水)환경은 야생동식물의 서식처를 제공하여 생물 종 다양성을 풍부하게 한다. • 작은 연못이나 실개천은 자연과 어울리는 놀이와 교육활동에 활용 가능하다.
학교 숲과 야외교실	• 학교 숲을 조성할 수 있다면 자연과의 감동적인 만남과 함께 자연과 인간의 생활이 연결되어 있음을 체험할 수 있다. • 숲은 학생들이 좋아하는 놀이장소로 도토리, 솔방울, 낙엽 등을 활용하여 여러 가지 놀이를 체험할 수 있다.
조류 관찰원 및 곤충 관찰원	• 새집을 만들어 두면 훌륭한 조류관찰 공간을 조성할 수 있다. • 대나무 통이나, 돌과 흙을 함께 쌓아두거나 비오톱을 조성해 두면 여러 곤충들의 서식지가 될 수 있다.
자연관찰로	• 자연관찰로는 해설자 없이 자연 학습을 위해 조성된 길이다. • 사계절에 특색 있는 자연관찰로 조성을 통하여 다양한 체험과 프로그램을 운영할 수 있다.

텃밭	• 학교에서 파종, 토양관리, 수확, 가공, 조리, 먹기까지의 과정을 학생들이 체험할 수 있는 공간이다. • 땅고르기, 씨뿌리기, 수확 등을 체험한다면 환경감수성이 증진될 것이다. • 낙엽과 남은 음식물을 재활용하여 텃밭의 퇴비로 사용하여 물질의 순환에 대해 학습할 수 있다.
사육원	• 동물과의 만남의 장임과 동시에 인간생활에 이용되는 가축들의 이해의 장으로 동물 사육장을 고려할 수 있다. • 닭이나 집오리를 사육하면서 우리 생활의 많은 부분을 동물들에게 의지하며 살아간다는 것을 이해할 수 있다.
야외공작교실 (작업 공간)	• 뭔가를 만들어 보고, 부숴 다른 것을 만들고, 낡은 것을 새로운 것으로 만드는 등 학생들이 자유롭게 사용할 수 있는 공간이다.

2) 사회 환경교육장·시설

지역 문제를 중심으로 다양한 이해당사자들이 함께 참여하여 실천하는 환경교육 프로그램들이 증가하고 있다. 지역의 자원을 활용한 환경교육을 '지역 기반 환경교육'이라고 할 수 있다. 지역 기반 환경교육은 효율적인 환경교육과 함께 지역의 환경문제를 해결하기 위해 유용하게 활용될 수 있다.[17]

지역 기반 환경교육을 통해 학생들과 지역으로 나가게 되면 실제 그들이 살고 있는 사회에서 어떤 환경문제가 일어나고 있는지 고민하고 이해할 수 있는 기회를 갖게 된다. 지역에서 현안이 되고 있는 문제를 조사하고, 다양한 이해당사자들의 입장을 들어보고, 해결 방안을 모색해 본다. 그 과정을 통해 현재의 환경문제를 개선시키기 위한 효과적인 환경교육 실천이 가능할 것이다.

지역에 위치한 사회 환경교육장과 환경교육시설을 적극적으로 활용하는 것도 지역 기반 환경교육의 범주에 포함 시킬 수 있을 것이다. 지역의 역사, 문화, 생태적 장소나 공간을 적극적으로 활용한다면 풍부하고 다양한 환경 주제를 다룰 수 있고 체험할 수 있을 것이다.

환경의식이 고양되고 환경보전에 대한 요구가 높아지면서 훨씬 다양하고 많은 환경교육장과 시설이 설립되고 운영되고 있다. 환경교육장과 시설은 환경교육 정책의 변화, 교육 대상자의 취향과 욕구의 변화, 사회문화적인 트렌드의 변화 등의 영향으로 다양해지고 있다. 1980년대 전후로는 환경오염 (공해)과 환경문제에 대한 환경강좌들이 많이 개설되면서 실내 강의장이 주요한 환경교육장이었다고 하면 1990년대에는 환경캠프와 생태기행 등 체험환경교육이 활성화되면서 아름다운 자연환경이나 생태파괴 지역이 주요 환경교육장으로 활용되었다. 옥상텃밭, 학교 숲, 궁궐, 생태공원, 논, 마을공동체, 농산어촌 마을, 생태마을 등 다양한 장소가 환경교육장으로 활용되고 있고, 시간의 흐름에 따라 새로운 환경교육장과 시설이 끊임없이 등장할 것이다. 많은 장소와 시설을 환경교육장으로 활용하게 됨으로써 교육대상자에게 다양하고 풍부한 환경교육의 내용과 생태적 감수성 등의 기회를 제공할 수 있을 것이다.

• 환경교육센터[18]

환경교육센터는 환경교육 활동에 필요한 인력, 시설·자원, 프로그램 등을 효율적으로 운영하여 지속가능발전을 실현하기 위한 교육을 상시적으로 추진하는 지역 교육거점이라고 할 수 있으며, 또한 교류와 협력을 위한 네트워크 거점이라고 정의할 수 있다. 환경교육센터는 환경교육, 자연교육, 생태교육, 자연해설, 지속가능발전교육 등 환경교육과 관련된 교육과 활동을 목적으로 하는 기관이나 시설, 장소를 의미하기도 한다.

표11. 국가환경교육센터 중장기 목표 및 세부 과업 현황

번호	목표	세부과업
1	국가 수준의 환경교육 기획과 연구	1-1 국가 수준의 환경교육 발전을 위한 기초연구 1-2 국가 수준의 환경교육 기획과 정책 연구 1-3 지역환경교육센터의 지원 연구
2	환경교육 주체 간 연계와 협력 지원	2-1 국내 환경교육기관·단체 간 연계와 협력 지원 2-2 국제 환경교육기관·단체 간 연계와 협력 지원
3	환경교육 관련 정보 허브	3-1 환경교육 정보의 수집과 정리 및 보관 3-2 환경교육 정보의 공유와 확산 3-3 환경교육에 대한 대국민 인식 제고와 홍보
4	환경교육 인력의 양성과 지원	4-1 환경교육 전문 인력 양성 지원과 활용체계 구축 4-2 환경교육센터(기관) 운영 인력의 양성과 지원
5	환경교육 프로그램 인증과 개발 및 보급	5-1 환경교육 프로그램 인증 5-2 환경교육 프로그램과 교재 개발에 대한 지원 5-3 환경교육 프로그램과 교재의 개발과 보급
6	환경교육 관련 기타 사업	6-1 환경교육의 진흥을 위하여 환경부령으로 정하는 사업 6-2 시의적으로 필요한 환경교육 관련 사업

환경교육진흥법 제16조에 따르면 환경교육센터는 '환경교육교재의 개발 및 보급, 환경교육 전문 인력의 양성 및 활용, 환경교육기관이 실시하는 환경교육에 대한 지원, 그 밖에 환경교육의 진흥을 위하여 환경부령으로 정하는 사업'을 추진하기 위하여 환경부장관이 지정할 수 있도록 되어 있다.

'국가환경교육센터 중장기 발전방안 연구'에 따르면 국가환경교육센터는 '지속가능한 사회의 삶의 질 향상을 위해 국민의 환경소양을 증진하는 국가환경교육의 핵심기관'을 비전으로 삼아 '국가 수준의 환경교육 기획과 연구' 등 6개의 목표 및 세부 과업을 추진하도록 하고 있다.[19]

환경교육진흥법에서 정하고 있는 환경교육센터 관련 규정을 살펴보면, 제16조에서는 환경교육센터 지정 목적, 지정권자, 환경교육센터 기능·역할 등을 다루고 있다. 동법 시행령 제15조는 환경교육센터 지정 요건, 지정신청 소관부서, 지정에 따른 행정절차 등을 다루고 있으며, 동법 시행규칙 제4조는 지정신청 서류, 지정서 양식, 제5조는 세부 지정요건 등을 다루고 있다.

표12. 환경교육진흥법에서 정하고 있는 환경교육센터 관련 규정

환경교육진흥법	환경교육진흥법 시행령	환경교육진흥법 시행규칙
제16조(환경교육센터의 지정) ①환경부장관은 환경교육 활성화를 위한 다음 각 호의 사업 추진을 위하여 환경교육센터를 지정 -환경교육교재 개발 및 보급 -환경교육 전문 인력의 양성 및 활용 -환경교육기관이 실시하는 환경 교육에 대한 지원 ②시도지사는 지역환경교육센터를 지정 ③환경교육센터 및 지역환경교육센터 지정요건 및 지원 등 필요사항은 대통령령으로 정함	제15조(환경교육센터의 지정 등) ①법에 따른 환경교육센터 또는 지역환경교육센터 지정요건 1.기본자격 요건 2.시설 및 장비 보유 3.전문 인력 확보 ②환경교육센터 지정 신청자는 환경부장관에게 해양환경 관련 신청자는 해양수산부 장관에게 신청하여야 함. ③지역환경교육센터 지정 신청자는 시도지사에게 신청하여야 함. ④지정신청에 따라 사업계획 및 장비 현황 등 검토 후 지정여부 결정 ⑤환경교육센터 또는 지역환경교육센터 지정 시 지정서를 신청인에게 교부, 인터넷을 통해 공고하여야 함. ⑥지정요건 세부사항은 공동부령 으로 정함	제4조(환경교육센터 등의 지정신청) ①환경교육센터 또는 지역환경교육센터 지정신청 서류 1. 사업계획서 2. 최근 1년간 환경교육 관련 실적 3. 환경교육 전문 인력 보유현황 4. 시설장비 보유현황 및 운용계획 ②지역환경교육센터 지정서 양식 제5조(환경교육센터 등의 세부 지정 요건) 영 제15조제6항에 따른 환경교육센터 또는 지역환경교육센터의 세부지정

환경교육센터의 기능과 역할을 크게 3가지로 분류할 수 있다.[20,21]

첫째, 교육 · 양성 기능이다. 환경교육센터의 교육 · 전시 · 홍보를 통해 시민을 직접 교육하고, 전문가 양성과 연수 프로그램을 제공하고, 인턴십 운영, 자원봉사를 양성하여 센터의 안정적인 운영을 위한 인력풀을 구성하도록 한다. 둘째, 연구 · 개발 기능이다. 생태와 자연환경을 조사하고 모니터링하는 기능을 갖는다. 환경교육센터는 특히 환경교육의 다양한 분야의 현황을 조사 · 연구하고, 환경교육 프로그램과 교재 · 교구를 개발하고 보급하는 기능을 수행한다.

셋째, 네트워크 기능이다. 환경교육센터는 정보와 자료를 수집하여 원하는 학습자나 시민, 단체에게 제공하고 교환하는 의사소통 기능을 갖는다. 그리고 국내외 단체와 정보교환과 활발한 교류를 통한 네트워크 형성에 노력해야 한다. 그 외에 소규모 단체들의 컨설팅을 통한 지원과 평가의 기능이

있다.

표13. 환경교육센터 유형

유형	특성
장소 중심형	• 환경해설의 가치가 높은 지역, 장소에 건립 • 장소적 특성, 자원의 생태 문화적 가치를 보전하면서 교육적으로 활용 • 탐방로, 안내판 등이 중심적인 시설로 구성 • 국립공원, 습지, 동굴 등에 위치하여 장소의 자원을 주제나 테마로 구성
시설 중심형	• 도시 지역에 위치하여 이용자들의 접근성이 높은 장소에 건립 • 전시장, 강연장, 자료실 등 시설물 위주 구성 • 주제 선정에 자유로움
프로그램 중심형	• 특정 지역이나 대규모 시설을 건립하지 않고 다양하게 존재하는 교육자원을 효과적으로 활용하기 위해 프로그램 개발과 운영에 중심을 둠 • 시설 관리와 유지비용을 최소화할 수 있고 프로그램을 다양하게 운영할 수 있음
종합형	• 엄밀한 의미에서 환경교육센터라 할 수 있으며 위의 3가지 유형을 통합적으로 수행할 수 있는 센터

환경교육센터의 유형을 일반적으로 장소 중심형, 시설 중심형, 프로그램 중심형, 종합형으로 분류할 수 있다. 환경교육진흥법에서는 환경교육센터 지정을 위한 기본 자격요건으로 ① 설립목적에 환경교육이 포함되어 있는 국가 또는 지방자치단체 소속 기관, ② 국가 또는 지방자치단체가 환경교육을 목적으로 설립한 법인, ③ 환경교육을 목적으로 하고 최근 1년간 관련 사업실적이 있는 비영리법인 또는 비영리민간단체 중 어느 하나에 해당해야 함을 정하고 있다. 지역환경교육센터의 지정 현황을 살펴보면 다음과 같다.

표14. 환경교육진흥법에 따른 지역환경교육센터 지정 현황

지역	연번	구분	센터명	지정일	소관부서
강원 (2)	1	광역	강원도 지역환경교육센터 1호 (강원도자연학습원)	2015. 03. 13.	강원도 환경과
	2	광역	강원도 지역환경교육센터 2호 (한국DMZ평화생명동산)	2015. 03. 13.	강원도 환경과
경남 (1)	3	광역	경상남도 지역환경교육센터 (경상남도환경교육원)	2015. 03. 02.	경상남도 환경정책과
경기 (9)	4	광역	경기도 지역환경교육센터 (경기도환경보전협회)	2015. 03. 10.	경기도 환경정책과
	5	기초	고양시 지역환경교육센터 (고양시생태공원)	2014. 11. 10.	경기도 환경정책과
	6	기초	안산시 지역환경교육센터 1호 ((재)경기도청소년수련원)	2014. 04. 23.	경기도 환경정책과
	7	기초	안산시 지역환경교육센터 2호 (안산환경재단)	2014. 10. 14.	경기도 환경정책과
	8	기초	화성시 지역환경교육센터 (화성시에코센터)	2015. 01. 09.	경기도 환경정책과
	9	기초	양평군 지역환경교육센터 (세미원)	2014. 10. 14.	경기도 환경정책과
	10	기초	용인시 지역환경교육센터 (용인시기후변화체험교육센터)	2016. 10. 12	경기도 환경정책과
	11	기초	안양시 지역환경교육센터 (안양천생태이야기관)	2016. 8. 31	경기도 환경정책과
	12	기초	광주시 지역환경교육센터 (경기도청소년야영장)	2017. 3. 29	경기도 환경정책과
충남(4)	14	광역	충청남도 지역환경교육센터 (광덕산환경교육센터)	(1차) 2013. 04. 30. (2차) 2015. 03. 31.	충청남도 환경정책과
	15	기초	서천군 지역환경교육센터 (서천조류생태전시관)	2013. 04. 30.	충청남도 환경정책과
	16	기초	금산군 지역환경교육센터 (금강생태과학체험장)	2015. 04. 01.	충청남도 환경정책과
	17	기초	서산태안 지역환경교육센터 (서산태안환경운동연합)	2016. 06. 30.	충청남도 환경정책과
전남(2)	18	광역	전라남도 지역환경교육센터 (전라남도자연환경연수원)	2013. 08. 21.	전라남도 환경보전과
	19	기초	신안군 지역환경교육센터 (섬생태연구소)	2015. 12. 08.	전라남도 환경보전과
울산(1)	20	광역	울산광역시 지역환경교육센터 (울산광역시평생교육진흥원)	2016. 04. 01.	울산광역시 환경정책과
부산(1)	21	광역	부산광역시 지역환경교육센터 (부산환경보전협회)	2016. 05. 31.	부산광역시 환경보전과

- 생태공원

생태공원이란 자연관찰과 학습을 목적으로 공원녹지를 생태적으로 복원하여 보전한 곳이다. 생태공원은 식물, 동물, 곤충들이 자연환경 속에서 성장하고 활동하는 모습을 이용자들이 관찰할 수 있도록 제공한 장소로 자연을 쉽게 접할 수 없는 도시인들이 작은 생물들이 살아가는 모습을 쉽게 다가가 관찰할 수 있도록 도시 인근에 조성된 공원을 말한다.

학습과 교육을 목적으로 생태공원이라는 개념으로 처음 조성된 것은 1952년 네덜란드에서였다. 그 이후 1980년대 이후에 영국을 중심으로 생태공원의 개념이 도입되고 독일, 캐나다 등지로 확산되었다.

생태공원의 기능으로는 다양한 소생물권을 형성, 소생물들의 서식처를 보호, 도시민들에게 생태적으로 안정된 생태계를 관찰하고 학습할 수 있는 공간 또한 생태공원에 대한 지속적인 조사와 모니터링을 통해 자료를 축적하며, 자연 생태계에 대한 이해 증진을 위한 정보 제공과 해설(안내) 기능을 가진다.

지자체가 운영하고 있는 대표적인 생태공원으로는 순천만 자연생태공원, 길동 자연생태공원, 고양 생태공원 등이 있고, 환경부에서 운영하고 있는 생태공원으로는 한강 생태학습장, 가평삼회지구 생태학습장, 양수리 환경생태공원 등이 있다. 생태공원에서는 다양한 생태체험 프로그램을 제공하고 있어 어린이와 가족단위의 체험이 가능하다.

표15. 생태공원 주요 사례

명칭	홈페이지/주요 현황
한강 생태학습장	www.hgeco.or.kr • 2004년 3월 개장 • 약 2만 평의 한강 생태학습장은 보전지구, 완충지구, 탐방지구로 구성되어 생물 서식 공간 기능과 생태교육장 기능으로 구성되었다. • 자연관찰교실, 철새탐조교실 등 생태탐방 프로그램을 운영하고 있다. • 그 밖에도 양수리 환경생태공원과 가평삼회지구 생태학습장 등이 있다.
길동 자연 생태공원	parks.seoul.go.kr/gildong • 1999년 5월 20일 개원 • 길동 생태공원은 생물의 서식처를 제공하고 종 다양성을 증진시키며 자연생태계의 생물들을 관찰, 체험할 수 있도록 하여 시민들에게 건강한 생태공간을 제공하고 환경의 중요성을 일깨워주기 위한 공간이다. • 생태학교, 청소년에코봉사, 청소년자연관찰, 공예체험, 성인/가족 프로그램, 식물/곤충/농사 체험 프로그램을 운영한다.
고양 생태공원	ecopark.goyang.go.kr • 고양시 최초로 생태를 주제로 조성한 새로운 개념의 공원이다. • 생태공원 안에 위치한 고양생태교육센터는 고양시 최초 생태전문교육장으로 공원 조성에 절감된 예산으로 건축되었다. • 상시프로그램, 특별프로그램, 양성프로그램, 찾아가는 생태교실, 호수공원생태교실 등의 프로그램을 운영하고 있다.
부천 자연생태공원	ecopark.bucheon.go.kr • 부천 자연생태공원 안에는 자연생태박물관, 식물원, 동물원, 농경유물전시관, 수목원이 함께 운영되고 있다. • 식물원, 박물관, 수목원에서는 각각 체험프로그램을 운영하고 있고, 전시행사와 자연생태박물관에서는 3D 입체영화를 상영하고 있다.
순천만 자연생태공원	www.suncheonnbay.go.kr • 순천만은 세계 5대 연안습지의 하나로 2003년 습지보호지역, 2006년 람사르 협약 등록, 2008년 국가지정문화재 명승 제41호로 지정되었다. • 동행해설 프로그램, 순천만 선상투어, 천문대 하늘체험, 순천만 여행, 순천만 생태체험, 순천만 정원체험

• 수목원 · 식물원

우리나라 최초의 수목원은 1967년 설립된 관악수목원이다. 수목원은 다양한 수종의 나무를 심고 가꾸어 시민이 아름다운 자연을 향유할 수 있는 휴양 공간으로 활용된다. 식물원은 다양한 식물 종을 수집하고 관리하여 식물 과학에 대한 연구 목적으로 조성된 곳이다. 수목원은 이러한 식물원의 목적과 함께 자연을 아름답게 가꾸고, 나무를 심어 가까이에서 자연의 신비와 아름다움을 체험할 수 있도록 해준다.

대표적인 수목원으로는 국립수목원과 홍릉수목원, 국내 최초 민간 수목원인 천리포수목원 등이 있다. 식물원으로는 남산식물원, 한택식물원 등이 널리 알려져 있다. 각 수목원과 식물원에서는 해설과 자연생태학교, 생태체험 프로그램, 해설가 양성 프로그램, 단체 대상 프로그램을 운영하고 있다.

표16. 수목원과 식물원 주요 사례

명칭	홈페이지/주요 현황
국립(광릉) 수목원	www.kna.go.kr • 국립수목원은 1999년 5월 24일 임업연구원 중부임업시험장으로부터 독립하여 신설된 국내 최고의 산림 생물 종 연구기관이다. • 광릉 숲은 설악산(1982), 제주도(2002), 신안 다도해(2009)에 이어 국내에서 4번째로 선정된 유네스코 생물권보전지역이다. • 주요시설로는 전시원, 산림박물관, 산림동물보존원이 있다. • 당일 참가 프로그램, 사전 신청 프로그램, 산림문화체험강좌, 식물교실, 전문가용 프로그램 등을 운영하고 있다.
홍릉수목원	www.kfri.go.kr, 국립산림과학원 • 1922년 서울 홍릉에 임업 시험장이 설립되면서 조성된 우리나라 최초의 제1세대 수목원이다. • 주요시설로는 탐방로, 시험림, 산림과학관 등이 있다. • 홍릉 숲 해설 프로그램을 운영하고 있으며, 평일은 단체예약을 통해 참여하고 주말은 일반인 대상으로 운영한다.
천리포수목원	www.chollipo.org • 1921년 미국에서 출생하여 1979년 한국인으로 귀화한 민병갈(Carl Ferris Miller)에 의해 설립된 국내 최초 민간 수목원이다. • 천리포수목원의 '수목원전문가 교육과정'은 2009년 산림청으로부터 국내 최초로 인증 받았다. • 수목원 해설프로그램은 개인 참여프로그램으로 1일 2회 운영된다.
한택식물원	www.hantaek.co.kr • 1981년 문을 연 한택식물원은 총면적 20만 평 규모에 9,700여 종의 식물을 보유하고 있다. • 교육도 다양하여 원예 조경학교, 자연생태학교, 가족 생태체험여행, 가드너와 식물원 산책, 친환경 양봉학교, 단체체험 프로그램을 운영한다. • '청소년자연생태학교'는 환경부 환경교육 프로그램으로 인증 받았고, 서울시 교육청 현장체험학습지정기관으로 선정되었다.

• 국립공원

국립공원은 한 나라의 자연풍경을 대표하는 장소로 국가의 법에 의하여 지정되고, 유지·관리되는 공원이다. 국립공원은 자연환경을 보호하고 가꾸고자 하는 기능 외에도 국민들에게 휴식과 여가, 레크리에이션 장소로 활용된다. 국립공원은 국제적으로도 의미가 있으며 한 나라를 대표하는 국제적인 관광지로서 의미 있는 곳이다.

세계 최초로 국립공원으로 지정된 곳은 미국의 옐로스톤 공원(Yellowstone 公園)으로 1872년에 지정되었다. 뒤이어 세계 여러 나라도 국립공원을 지정하고 자연 보전을 위한 특별 기구가 설치되었다. 우리나라에서는 국립공원을 지방자치단체에서 관리해 오다가 1987년 국립공원관리공단을 설립하면서 국가가 직접 관리하게 되었다. 국립공원관리공단은 환경부장관의 권한을 위탁받아 국립공원을 보호·보존하고 공원시설의 설치·유지·관리를 효율적으로 수행하여 국민의 보건과 여가, 정서생활의 향상에 기여함을 그 목적으로 한다.

우리나라에서는 1963년 12월 지리산이 최초의 국립공원으로 지정되었다. 현재 가야산, 경주, 계룡산, 내장산, 다도해해상, 덕유산, 무등산, 변산반도, 북한산, 설악산, 소백산, 속리산, 오대산, 월악산, 월출산, 주왕산, 지리산, 치악산, 태안해안, 한려해상, 한라산 등 22곳의 국립공원이 지정되어 있다.

국립공원관리공단은 홈페이지(www.knps.or.kr)를 통해 22곳의 국립공원의 탐방코스, 교통편, 탐방정보, 공원안내 정보를 제공하고 있으며, 국립공원 대피소를 안내하고, 야영장, 연수원, 탐방 프로그램 등을 예약할 수 있도록 하고 있다. 그 외에 국립공원자원, 안전 탐방, 국립공원문화 등에 대한 정보를 제공하고 있다.

- 자연사박물관

박물관은 고고학적 가치가 있는 자료, 미술품, 역사적 유물과 그 외 학술적 자료 등을 수집하여 보관하고 전시하여 시민들이 관람할 수 있게 한 시설이다. 넓은 의미에서 박물관은 미술관, 과학관, 기술관, 공립기록보존소, 사적 보존지역 등을 포함한다.

박물관을 의미하는 영어의 뮤지엄(museum), 프랑스어의 뮤제(musee), 독일어의 뮤제움(Museum) 등은 고대 그리스의 뮤즈(Muse) 여신에게 바치는 신전 안의 보물 창고인 무세이온(museion)이라는 단어에서 왔다.

자연사박물관은 과학박물관의 하나로 자연계를 구성하는 자료와 현상, 자연의 역사에 관한 자료를 자연사과학과 자연교육의 입장에서 다루는 박물관의 하나이다. 동물원, 식물원, 수족관, 야외 자연박물관 등도 자연사박물관으로 포함할 수 있지만, 여기에서 의미하는 자연사박물관은 건물 안에서 자연자료를 다루는 박물관을 의미한다.

자연자료라 함은 보통 생물 및 지학(地學) 자료를 말하지만, 특히 서양에서는 인간의 자연적 측면으로서의 자연 인류학, 고고학(考古學), 민족학 등을 자연자료에 포함시킨다.

우리나라에 최초로 설립된 이화여자대학교 자연사박물관과 국내 최초로 지방자치단체에서 만든 서대문 자연사박물관이 대표적 사례이다. 두 곳의 자연사박물관에서는 유치부와 초등학생을 대상으로 하는 자연사 관련 교육 프로그램을 운영하고 있다.

표17. 자연사박물관 주요 사례

명칭	홈페이지/주요 현황
이화여자대학교 자연사박물관	nhm.ewha.ac.kr • 1969년 11월 20일에 국내 최초로 설립된 자연사박물관이다. • 기획전시, 상설전시, e 러닝, 사이버 3D 박물관을 운영한다. • 7세부터 초등 6학년까지 자연사교실 교육프로그램을 운영하고 있다.
서대문 자연사박물관	namu.sdm.go.kr • 우리나라 최초로 지방자치단체에서 만든 자연사박물관이다. • 전시시설, 전시부대시설, 교육연구시설, 편의시설 등을 운영한다. • 박물관 교실, 박물관 투어, 체험교실 등 교육프로그램을 운영하고 있다.

• 궁궐 · 성곽

궁궐이란 용어는 궁(宮)과 궐(闕)의 합성어이다. 궁이란 천자나 제왕, 왕족들이 살던 규모가 큰 건물을 일컫는다. 궐은 본래 궁의 출입문 좌우에 설치하였던 망루를 지칭한 것으로, 제왕이 살고 있던 건축물이 병존하고 있어서 궁궐이라 일컫게 되었다. 우리나라의 대표적인 궁궐은 경복궁, 창덕궁, 창경궁, 덕수궁 등을 들 수 있다. 오랜 역사를 담고 있는 궁궐은 독특한 건축과 오랜 수령을 자랑하는 다양한 나무가 잘 가꾸어져 있어 생태교육이나 체험 환경교육에 활용할 수 있는 매력적인 공간이다.

대표적인 궁궐체험 프로그램으로는 궁궐길라잡이(www.palaceguide.or.kr)의 우리궁궐길라잡이가 진행하는 안내 해설 프로그램이다. 우리궁궐길라잡이는 주요궁궐을 찾는 내외국민에게 우리 궁궐의 역사와 가치를 설명하며, 우리 문화유산에 대한 올바른 시각과 자긍심을 고취시키고 보존하는 자원 활동봉사자이다. 2013년 5월부터 비영리 민간단체 '우리문화숨결'이라는 단체명으로 활동하면서 경복궁, 창경궁, 창덕궁, 경운궁(덕수궁), 종묘 등 안내 해설 프로그램을 운영하고 있다.

이밖에 (사)환경교육센터는 역사, 문화, 생태를 결합한 궁궐생태체험 프로그램으로 2002년부터 2009년까지 '궁궐의 우리나무 알기'를 운영한 바 있다.

성곽(城郭)은 옛날 도시나 마을을 지키기 위해 군사적이고 행정적 목적을 가지고 쌓은 울타리를 일컫는다. 일반적으로 전형적인 성곽의 모양은 네모꼴로 쌓은 성(城)에 다시 그 바깥에 네모꼴로 쌓은 곽(郭)을 세워 이중의 벽으로 이루어진다. 즉 안쪽에 있는 것을 성, 또는 내성(內城)이라 하고, 바깥쪽의 위치하는 것을 곽(郭) 혹은 외성(外城)이라고 한다. 우리나라의 대표적인 성곽으로는 서울성곽(한양도성), 수원성곽(수원화성), 남한산성, 북한산성, 순천 낙안읍성 등이 있다. 관련 프로그램 사례로는 종로구청과 서울시에서 운영하는 '한양도성 해설 프로그램'을 들 수 있다.

표18. 우리나라의 궁궐

명칭	홈페이지/주요 현황
경복궁	www.royalpalace.go.kr:8080 • 경복궁은 1395년 창건된 조선의 법궁으로 역사문화의 관광명소이자 교육과 여가의 문화공간이다. • 한국어, 영어, 일본어, 중국어로 경복궁문화해설사의 안내 프로그램을 운영하고 있다.
창경궁	cgg.cha.go.kr • 창경궁은 1483년(성종 14년)에 창건된 사적 제123호 문화재이다. • 창경궁은 창덕궁과 연계 관람이 가능하다. • 안내해설을 원하는 단체는 사전에 예약이 필요하며, 한국어, 영어, 일본어, 중국어 안내해설을 운영한다.
창덕궁	www.cdg.go.kr • 창덕궁은 1405년(태종 5년) 조선왕조의 이궁으로 지은 궁궐로 경복궁의 동쪽에 위치한다 하여 이웃한 창경궁과 더불어 동궐이라 불렸다. • 개별 자유 관람이 가능하며, 무료안내해설도 별도 예약 없이 관람이 가능하다.

• 자연휴양림

자연휴양림은 산림자원의 지속가능한 경영을 도모하면서 숙박시설, 편의시설 등 기본적인 휴양시설을 설치하여 국민의 보건 휴양, 정서 함양, 산림

교육 등을 위한 야외휴양공간을 제공함과 동시에 산림 소유자의 소득 향상에 이바지하기 위한 산림이다.[22]

산림에 대한, 휴양 기능에 대한 요구와 역할 비중이 높아지고 수요가 증가함에 따라 1980년대 후반 대관령 자연휴양림을 시작으로 자연휴양림, 산림욕장, 숲속수련장 등 다양한 휴양시설이 조성되기 시작했다. 자연휴양림은 국립자연휴양림(40개소), 지자체 자연휴양림(74개소), 개인 자연휴양림(14개소)이 운영되고 있다.

자연휴양림에 대한 다양한 정보는 국립자연휴양림관리소 홈페이지(www.huyang.go.kr)에서 제공하고 있다. 국립자연휴양림은 국립자연휴양림관리소 홈페이지에서 예약할 수 있으며, 휴양림에서 운영하는 교육 · 체험 프로그램과 해당 프로그램을 운영하는 해당 휴양림을 안내하고 있다. 지자체에서 운영하는 휴양림과 개인이 운영하는 자연 휴양림은 산림청 홈페이지(www.forest.go.kr)에 소재지, 전화번호, 휴양림사이트가 링크되어 있어 이곳에서 예약할 수 있다.

• 소각 · 매립 자원화시설

우리 생활에서 발생하는 쓰레기 중 재활용이 어려운 쓰레기는 소각 과정을 거쳐 매립하거나 바로 매립한다. 난지도 매립지는 대표적인 매립지로 1978~1993년까지 서울시에서 발생한 쓰레기를 이곳에 매립하였고 현재는 공원으로 조성되었다.

소각장에서는 생활폐기물 중 분리 수거되는 재사용 · 재활용품, 폐가구 · 폐가전제품 등의 대형 쓰레기와, 사료화 · 퇴비화의 원료용 음식물쓰레기 등을 제외한 가연성 폐기물을 주로 소각한다. 소각장은 생활폐기물의 운반 비용을 절감하고 소각열을 이용하기 위하여 보통 도시지역 인근에 건설된다. 소각할 때 생기는 열에너지로 증기터빈을 가동하여 발전을 하기도 하고 폐열은 인근 지역의 난방과 온수를 공급하는 열병합발전의 에너지원으로 사용되기도 한다.

쓰레기 매립장이나 소각장은 우리가 버리는 생활쓰레기가 어떻게 처리되는지, 자원순환의 개념 등을 배울 수 있는 환경교육장이다. 쓰레기 매립장이나 소각장을 환경교육장으로 활용하는 대표적인 사례로 수도권매립지관리공사와 화성시 에코센터를 들 수 있다. 이 기관에서는 폐기물 처리과정을 견학할 수 있고, 자원순환과 기후변화 등 다양한 환경교육과 체험 프로그램을 진행하고 있다.

• 하수처리장 · 정수장

하수처리장은 우리가 사용하고 버린 생활하수가 하수도를 거쳐 최종적으로 모아진 곳으로 하수를 처리하는 시설이고, 정수장은 댐이나 강물을 정화하여 우리가 사용하는 수돗물을 공급하기 위한 시설이다. 두 시설은 우리가 일상생활에서 먹고 사용하는 수돗물(상수)과 사용 후 발생하는 오수(하수)를 처리하는 시설로 방문과 견학을 통해 물 교육 프로그램을 운영할 수 있는 환경교육장이다.

• 텃밭

최근 도시농부, 도시텃밭이 유행이다. 텃밭 교육은 오감을 활용하여 자연과 접촉하고 생명을 다룬다는 의미에서 공감 능력과 공존을 배우고 환경감수성을 기를 수 있는 효과적인 체험교육장이다. 텃밭에서 직접 씨를 뿌리고, 가꾸고, 수확하고, 수확한 농작물로 직접 요리를 해서 먹는 농사 체험을 통해 계절과 자연의 흐름을 느낄 수 있다. 손수 건강하고 안전한 먹거리를 경작하여 얻는 즐거움을 통해 자연과 농부의 고마움을 깨닫게 된다. 텃밭은 도시의 옥상과 자투리 공간 그리고 학교의 작은 공간에서 환경교육과 농사 체험을 할 수 있는 매력적인 환경교육장이라고 할 수 있다.

대표적인 사례로는 은평구에서 지원하여 운영하고 있는 갈현 텃밭이 있다. 갈현 텃밭은 도시농업체험공원으로 약초밭, 토종 씨앗밭, 논, 습지, 생태 화장실, 퇴비장, 발효음식 재료를 기르는 발효텃밭, 빵과 피자를 구울 수 있는 화덕, 장애인을 위한 치유텃밭 등을 운영하고 있다. 또한 생명의 논 학교, 발효학교, 풀학교, 은평도시농부학교, 퍼머컬처 등 다양한 교육과 실습장으로 사용되고 있다.

도시농업네트워크, 전국귀농운동본부, 텃밭보급소 등 환경단체에서는 도시농부학교 등의 교육 프로그램을 운영하여 도시에서 농사를 지을 수 있는 교육과 경험을 제공하고 있으며 도시농업과 텃밭교육과 관련된 다양한 정보를 얻을 수 있다.

• 동물원 · 수족관

동물원은 현재 지구에 살고 있는 동물 중에서 극히 일부의 동물들을 모아 사육하고 번식시켜 일반시민들이 관람할 수 있게 만든 교육시설이다. 동물원은 동물들이 살아온 자연서식환경과 비슷하게 만들고 이들을 일정한 공간에 격리해 둔다. 동물원은 일반시민들이 접하기 어려운 살아 있는 동물들의 생태를 관찰하고 체험할 수 있도록 하여 동물에 대한 인식과 관심을 높이는 역할을 한다.

수족관은 아쿠아리움이라고도 하며 강이나 바다에서 서식하는 다양한 수생생물들을 길러 연구하고 동시에 보호하기 위한 목적으로 운영한다. 바다라는 자연생태계와 그곳에 서식하는 특이한 생물 종을 관람할 수 있게 한다. 동물원과 수족관은 학생들에게 책이나 시청각매체를 통해 본 동물과 수

생생물들을 관람을 통해 직접 보고, 감각적으로 체험할 수 있는 기회를 제공하는 환경교육장이다.

서울대공원에 소속되어 있는 서울동물원(grandpark.seoul.go.kr)은 1984년 5월 1일에 문을 열었다. 29개 동물사에 총 332종 2,700수의 동물이 살고 있다. 서울동물원은 동물들을 사육하고 전시하여 시민들을 대상으로 교육활동을 하며 동물종의 보전을 위해 연구 활동을 하고 있다. 동물원에서는 방문하는 관람객을 대상으로 각 동물의 생태와 특징을 해설하는 생태설명회를 진행하고 있다.

- 청소년 수련시설(자연권)

자연권 청소년 수련시설은 청소년들에게 수련, 교류, 문화 활동 등을 제공하기 위한 시설이다. 대표적인 자연권 청소년 수련시설인 '자연환경연수원'은 1980년 제5회 자연보호위원회에서 자연학습원 조성 계획이 채택됨에 따라 조성되기 시작하였다. 국립공원이나 도립공원 등 자연환경이 우수하고 주변경관이 수려한 지역에 위치한 자연환경연수원에는 숙박시설, 자연사박물관, 암석원, 식물원, 천문대, 야외교육장 등 환경교육에 필요한 교육시설을 갖추고 있으며 충북, 전남, 경북, 경남, 대전, 강원, 제주 등 전국 9개소에서 체험환경교육을 진행하고 있다. 이외에도 '청소년활동진흥법'에서 정하고 있는 청소년수련관, 청소년수련원, 청소년문화의집, 청소년특화시설, 청소년야영장 및 유스호스텔 등이 있다.

3) 사회 환경교육장으로서 환경교육 및 환경단체

지역사회에는 환경문제 해결을 위한 많은 환경단체들이 활동하고 있다. 전문적인 환경교육 프로그램을 운영하는 환경교육단체와 환경교육을 주요 활동의 하나로 추진하는 많은 환경단체들이 유아부터 어린이, 청소년, 일반 시민, 교사, 공무원, 기업 등 다양한 대상에게 환경교육 프로그램을 제공하고 있다. 이러한 환경교육을 실행하고 추진하고 있는 환경단체들은 새로운 환경교육장을 발굴하고 직접 계획에 참여하기도 하면서 만들어내는 적극적인 생산자라고 할 수 있다.

표19. 주요 환경단체

이름	홈페이지/주요현황
녹색연합	www.greenkorea.org • 1994년 배달녹색연합에서 시작되어 1996년 4월 녹색연합으로 변경하였다. • 백두대간, 연안 해양, DMZ 등 한반도 생태축 보전운동, 야생동식물 보호하는 자연생태계 보전운동을 중심으로 활동하고 있다.
에너지시민연대	www.enet.or.kr • 2000년에 전국 250여 개 환경, 소비자, 여성단체로 구성된 국내 최대 규모의 에너지 전문 NGO 연대기구이다. • 에너지절약 100만 가구 운동, 에너지·기후변화 교육, 에너지의 날 행사, 에너지절약 캠페인, 에너지실태조사, 에너지 법·제도 개선 등 활동을 하고 있다.
여성환경연대	ecofem.or.kr • 1999년 창립한 여성 환경운동 단체이다. • 여성건강, 어린이건강, 대안생활, 도시텃밭 등 다양한 교육과 체험 프로그램을 운영한다.
자원순환사회연대	www.waste21.or.kr • 1997년 10월 서울지역 31개 단체가 참여하여 창립되었고 180여 개 환경, 소비자, 여성, 시민단체가 참여하여 활동하고 있는 민간협력 기구이다. • 일회용품 사용 줄이기, 포장폐기물 저감 운동, 음식물 줄이기 시민운동, 자원순환교육 등의 활동을 하고 있다.
환경운동연합	www.kfem.or.kr • 1993년 창립한 아시아 최대 규모의 환경단체로 2002년 세계 3대 환경단체 중 하나인 '지구의 벗' 회원단체로 가입되어 '지구의 벗 한국'으로 협력하고 있다. • 핵/에너지, 물/하천, 국토/습지/해양, 생명안전, 국제연대, 환경정책 등 다양한 분야에 걸쳐 활동하고 있다.
환경정의	eco.or.kr • 1993년 창립하였다. • 다음지킴이운동본부, 환경정의연구소, 초록사회운동본부, 정책과 소통, 환경 책 큰 잔치 등 다양한 활동을 하고 있다.

표20. 주요 환경교육단체

이름	홈페이지/주요현황
녹색교육센터	greenedu.or.kr • 녹색교육센터는 민간 환경단체인 녹색연합의 환경교육전문기구이다. • 녹색시민교육, 녹색교사 양성, 사회녹색교육 협력사업 추진한다.
사단법인 환경교육센터	www.edutopia.or.kr • 2000년 창립한 국내 최초 환경교육 전문기관이다. • 환경교육 저변 확대, 환경교육 프로그램 운영, 교재 교구 개발 보급, 환경교육 연구 정책 사업, 국내외 네트워크 구축 및 활성화 등을 추진하고 있다.
생태보전시민모임 물푸레 환경교육센터	www.ecoclub.or.kr • 1998년 창립하여 자연환경 기초조사 및 모니터링, 도시 및 지역생태보전활동, 생태 교육활동 등을 하고 있다. • 물푸레환경교육센터는 숲속 자연학교와 풀뿌리단체 교육지원 활동을 하고 있다.
풀빛문화연대	gcnet.or.kr • 2004년에 창립하여 생태적 감수성에 기초한 문화운동, 생태주의적 네트워크형 시민사회운동, 환경생태문화운동을 목표로 활동하고 있다. • 생태교육, 녹색복지, 환경문화 등을 주제로 교육, 캠프, 자원봉사, 예술제 등 사업을 추진하고 있다.
한국환경 교육협회	www.greenvi.or.kr • 1981년 환경보호운동을 통해 한국환경교육회를 설립하였고, 1991년 한국환경교육 협회로 개명하였다. • 환경교육사업, 출판간행사업, 조사연구사업, 독후감공모사업 등을 추진하고 있다.
환경과 생명을 지키는 전국교사모임	konect.ktu.or.kr • 1995년에 창립하여 환경문제와 환경교육에 관심을 가진 전국의 유치원, 초중고 교사들의 사발적인 네트워크이나. • 학교 환경교육, 생태기행, 환경교육 프로그램 및 교재와 교구 제작 보급과 활용, 전국 환경교사 연수, 세계 각국의 환경교육현장 방문, 사회실천 등 다양한 활동을 하고 있다.
환경부 법정법인 환경보전협회	www.epa.or.kr • 1978년에 설립되어 2012년 국가환경교육센터로 지정되었다. • 환경기술지원, 환경기술인교육, 생태복원, 사회 환경교육 및 홍보위탁사업, 기업지원 등을 주요 사업으로 한다.
환경재단 어린이환경센터	www.ecochild.kr • 환경재단이 설립한 어린이 환경전문기관이다. • 어린이환경센터는 어린이 환경교육, 어린이환경지원, 어린이환경 캠페인이 주요사업이다. • 어린이 기후변화 리더십과정, 그린리더 빗물학교, 어린이 해양 리더십학교, 그린에너지 스쿨, 반짝반짝 에코스쿨 등의 다양한 프로그램을 운영하고 있다.

교육실천가를 위한 사회환경교육론 1

1 주제를 정해 20분 수업을 한다고 가정하고 '환경교육 자료' 중 2종 이상이 포함되도록 수업 순서와 내용을 A4 반 장 분량으로 정리해 보자.

2 내가 살고 있는 지역에 '환경교육장 · 시설'이 어떤 것들이 있는지 조사해 보고 목록을 작성해 보자.

추천 도서

▶ 최석진, 최경희, 김용근, 김이성(2014). 『환경교육론』. 교육과학사.
▶ (사)환경교육센터(2014). 『한국의 환경운동교육사』. 이담.

환경교육자원 이해

1 자원(資源, resources)이란 인간의 생활과 경제 생산에 바탕이 되는 지하 광물, 임산물, 수산물과 같은 물자와 노동력, 기술 등을 통틀어 이르는 말로 어떤 목적에 이용할 수 있는 물자나 인재의 의미를 포함한다.

2 환경교육자원은 '환경교육을 효과적으로 실행하는 데 있어 이용되는 환경교육 교수·학습 자료와 환경 교육장, 환경교육시설' 등을 의미하며, 환경교육의 목적을 달성하고 실행하는 교수자를 포함한다.

3 환경교육 자료는 자료의 형식에 따라 문서 자료와 비문서 자료로 구분한다. 문서 자료는 교과서, 교사용 지도서, 각종 지도, 학생용 참고도서, 각종 간행물, 연감, 통계자료, 여행기, 보도기사, 연구논문 등이 해당되며 각종 홈페이지, 블로그, 카페 등의 인터넷 읽기를 포함한다. 비문서 자료는 학습의 현장, 관찰 표본, 자원인사, 사진, 삽화, 슬라이드, 영화, 녹화테이프, 프로그램 교수용구, TV와 라디오 뉴스 등이 해당된다.

4 환경교육장은 활동목적에 따라 주위 자연관찰학습을 위한 환경교육장, 자연관찰과 답사 활동을 위한 환경교육장, 방문과 견학활동을 위한 환경교육장, 체험과 참여 학습을 위한 환경교육장, 역사와 문화학습을 위한 환경교육장 등 5가지 유형으로 분류한다.

5 우리나라 학교 환경교과서는 교육 당국의 심의를 받은 검정교과서와 인정교과서로 발행된다. 초등학교용은 환경부가 발간하여 보급하고 있으며, 교사용 지도서를 포함 8종을 발간하였다. 중학교 환경교과서는 2013년에 '환경과 녹색성장' 교과서 3종으로 발간되었다. 고등학교용 '환경과 녹색성장' 환경교과서는 생활·교양 교과의 한 과목으로 유치원, 초등학교, 중학교의 환경 과목과 연계되어 있다.

6 교재(敎材, teaching material)에는 교수 · 학습 자료라는 의미가 포함되어 있다. 정규교과서가 아닌 보조교재로서 환경교재는 환경부 등 기관과 환경관련 단체에서 개발하여 보급하고 있다. 사회 환경교육 교재는 다양한 대상을 위한 환경교육과 폭넓은 주제를 담아 개발되고 있다.

7 환경교재로 활용할 수 있는 것으로는 환경도서나 환경잡지 등이 있다. 신문을 활용한 NIE(Newspaper In Education)는 신문에 게재된 정보를 활용해 교육 효과를 높이고, 궁극적으로 스스로 책임질 수 있는 교양 있는 민주시민 양성을 목적으로 한다.

8 교구(敎具, teaching tools)는 학습을 보다 쉽고 구체적으로 전개시키기 위한 방법으로 사용되는 도구를 의미한다. 대표적인 환경교구로는 2009년 환경부와 환경보전협회가 개발한 '환경교육용 이동교구상자'가 있다.

9 환경교육 매체로는 환경영화, TV방송 프로그램, 유튜브, 테드 등 다양한 채널을 통해 환경관련 정보를 얻을 수 있다. 환경재단은 2004년부터 시작한 서울환경영화제를 통해 우수한 환경영상을 '그린 아카이브'를 통해 보급하고 있다. EBS, KBS, SBS 등 방송사에서는 환경문제와 이슈를 다큐멘터리로 제작하여 방영하고 있고, 방송사 홈페이지를 통해 무료로 다시보기를 제공하고 있다.

10 인터넷은 가장 간편하게 정보를 검색하고 얻을 수 있는 환경교육자원이다. 환경관련 뉴스, 용어, 행사 정보, 수업지도안, 디지털교재, 동영상, 연구논문 등 다양한 정보를 구할 수 있다. 개인이나 그룹이 만들고 운영하는 카페나 블로그에도 유용한 환경교육 정보를 제공한다.

11 학교교정 환경은 학생과 교사들이 접근이 용이하고, 이동에 따른 시간, 비용, 위험을 줄여주고 '가르칠 수 있는 순간'에 활용할 수 있는 유용한 대표적인 학교 환경교육장이다.

12 대표적인 사회 환경교육장 · 시설로는 환경교육센터, 생태공원, 수목원 · 식물원, 국립공원, 자연사박물관, 궁궐 · 성곽, 자연휴양림, 소각 · 매립 자원화시설, 하수처리장 및

정수장, 텃밭, 동물원 및 수족관, 청소년수련시설(자연권) 등이 있다.

13 환경교육센터는 '환경교육과 관련된 다양한 활동들이 일어날 수 있도록 인력과 자원, 프로그램 등을 보유하고 관리하고 지원하는 교육시설'이다. 환경교육센터는 장소 중심형, 시설 중심형, 프로그램 중심형, 종합형 등으로 구분한다. 주요 기능으로는 교육 · 홍보 기능, 연구 · 개발기능, 네트워크 기능 등을 들 수 있다.

14 생태공원은 다양한 소생물권을 형성하고, 서식처를 보호하고 도시민들에게 생태계를 관찰하고 학습할 수 있는 공간을 제공한다. 수목원과 식물원은 시민에게 아름다운 자연을 향유할 수 있는 휴양 공간으로 해설과 자연생태 프로그램 등 교육 프로그램을 제공한다. 국립공원은 국민들에게 휴식, 여가, 레크리에이션 장소로 한 나라를 대표하는 국제적인 관광지이다.

15 자연사박물관은 과학박물관의 하나로 자연계를 구성하는 자료 · 현상, 자연사 자료를 자연사과학과 자연교육의 입장에서 다루는 박물관이다. 현재와 과거, 역사와 문화가 공존하는 궁궐과 성곽이라는 공간은 일반시민들에게는 생태교육과 체험환경교육에 활용할 수 있는 매력적인 환경교육장이다. 자연휴양림은 국민의 보건휴양, 정서함양, 산림교육을 위해 야외휴양공간과 휴양시설(숙박 및 편의시설)을 제공하고 있으며, 교육과 체험 프로그램을 운영하고 있다.

16 쓰레기 자원화시설인 매립장과 소각장은 우리가 버리는 생활쓰레기가 어떻게 처리되고, 활용되며 자원순환이란 무엇인지 등을 현장체험을 통해 배울 수 있는 환경교육장이다. 하수처리장은 우리가 세척과 세탁 등에 사용된 생활하수를 처리하는 시설이며, 정수장은 댐이나 강물을 정화하여 우리에게 수돗물을 공급해 주는 시설이다.

17 텃밭은 오감을 활용하여 자연과 접촉하고, 생명을 기르는 체험을 제공한다. 동물원은 동물들의 생태를 관찰하고 체험할 수 있는 기회를 제공하고, 수족관은 바다라는 독특한 자연생태계와 서식하는 생물 종을 관람할 수 있는 곳이다. 자연권 청소년 수련시설은 청소년들에게 수련, 교류, 문화 활동 등을 제공하는 시설로 환경교육장으로 활용할 수 있다.

참고문헌

1, 5, 17. 최석진, 최경희, 김용근, 김이성(2014). 『환경교육론』. 교육과학사.

2. 박태윤, 정완호, 최석진, 최돈형, 이동엽, 노경임(2001). 『환경교육학개론』. 교육과학사.

3. 유네스코 편, 김귀곤 옮김(1980). 『환경교육의 세계적 동향』. 배영사.

4. 최석진(1996). "한국의 환경교육, '한국의 환경교육 교수 · 학습 자료 개발'"「환경교육학회」.

6. Iozzi, L. A.(1989). "What research says to the educator-Part One : Environmental Education and the Affective Domain" The Journal of Environmental Education. 20(3).

7. Chawla, L.(1998). "Significant Life Experiences Revisited : A Review of Research on Sources of Environmental Sensitivity" The Journal of Environmental Education. 29(3), p.11-21.

8. Lucko, B. J., John F. D., and Robert E. R.(1982). "Evaluation of Environmental Education Programs and Secondary School Levels" The Journal of Environmental Education. p.13(4).

9. 김인호(2001). 『환경교육의 교수 · 학습 시설』 박태윤 외(2001). 『환경교육개론』. 교육과학사.

10. 정수정(2008). "국내 환경교육장의 유형분류에 관한 연구" 한국환경교육학회 상반기 발표논문집. p.67~71.

11. 교육과학기술부고시 제2009-41호(2009.12.23.), 2009 개정 교육과정에 따른 교육과정 개정 내용 - 고등학교 '환경과 녹색성장'.

12. 장성준(2010). "환경교육용 이동교구 상자를 이용한 환경교육 프로그램 적용" 한국교원대학교 대학원 환경교육전공 석사논문.

13. Smaldino, S.E., Lowther, D. L., Russell, J. D.(2008). Instructional technology and media for learning (9th ed.). Upper Saddle River, NJ: Pearson Prentice Hall.

14, 15. 김인호(1998). "학교조경의 환경 교육적 활용 필요성"「녹색교육」.

16. Ford, P. M.(1981). Principles and Practies of Outdoor/ Environmental Education. New York : John Wiley & Sons.

18. 이재영, 이선경, 구수정, 김명수, 신지훈(2004). 경기도립환경교육센터 기본계획, 경기도.

19. 최돈형 외(2013). "국가환경교육센터 중장기 발전방안 연구 결과보고서" 환경보전협회 국가환경교육센터.

20. 이재영 외(2004). "경기도립 환경교육센터 기본계획 최종보고서" 공주대학교.

21. 서울교육대학교 산학협력단, (사)자연의벗연구소(2015). "환경교육센터의 위계와 역할에 다른 기능 및 운영방안연구 최종보고서" 환경보전협회, 국가환경교육센터.

22. 산림청 홈페이지 www.forest.go.kr

환경교육자원 교재 · 교구 · 매체 활용

1
―
환경교육 교재 활용 실습

1) 환경동화

동화(童話, fairy tale)는 어린이를 위하여 동심을 바탕으로 지은 이야기로 공상적, 서정적, 교육적인 내용으로 되어 있다. 환경동화는 특별히 환경의 소중함과 환경보호의 중요성을 알려 주고 오염된 환경을 보호하고 지키기 위한 실천방법을 알려 준다.

- 역할놀이와 스토리텔링을 통한 환경동화 활용

환경동화는 역할놀이(역할극)나 스토리텔링 기법을 이용해 환경교육에 활용할 수 있다. 두 기법 모두 학습자가 주인공이 되어 스스로 환경문제를 직접 이야기하고, 문제해결을 위한 해답을 찾는 수업의 능동적인 주체가 된다.

역할놀이는 집단 이익과 가치가 관련되어 있는 사회적 문제나 환경문제로서 윤리적이고 도덕적인 문제의 해결에 유용한 교수ㆍ학습 방법이다. 역할놀이를 통해 학습자는 다른 사람의 입장을 이해하게 되고 학생들이 수업에 적극 참여하도록 한다. 학생들이 배우로서 또는 관객으로서 실제 환경문제를 해결하는 과정에 적극적으로 참여하게 하 는 것이 역할 놀이의 핵심이라고 할 수 있다. 역할놀이를 활용할 경우 다른 사람의 입장에서 바라보기, 인터뷰하기, 역할 바꾸어 보기, 대본 읽기 등 다양한 방법을 적용할 수 있다.

표1. 역할극과 스토리텔링에 활용할 수 있는 환경동화 사례

도서명/저재[출판사]	주요 내용	비고
빨간 장화의 지구여행 필 커밍스 글 [주니어김영사]	아이들에게 나누어 쓰는 마음을 실천할 수 있는 계기를 심어 줄 수 있는 책이다. 다섯 살 생일에 빨간 장화를 선물받은 브리디가 그 장화를 정말 소중히 아끼고 좋아하는 마음과 일 년 뒤 발이 커져서 더는 맞지 않는 빨간 장화를 누군가에게 보낼 결심을 하게 되기까지의 과정을 잔잔하게 그리고 있다.	유아용
크리스토퍼의 특별한 자전거 샬럿 미들턴 글 [(주) 키즈엠]	재활용품으로 만든 자전거를 선물로 받은 크리스토퍼의 이야기이다. 크리스토퍼는 아빠, 엄마가 재활용품으로 만든 자전거를 선물로 받으면서 재활용에 대해 관심을 갖게 된다	유아용
쓰레기 반장과 지렁이 박사 신기해 글 [키위북스]	환경을 생각하는 동구네 집 모습을 통해 쓰레기와 분리수거, 물 부족 문제, 대체 에너지 등 환경 문제를 아이들이 함께 생각해 볼 수 있는 동화이다.	초등 저학년
7년 동안의 잠 박완서 글 [도서출판 작가정신]	7년여 동안 잠들어 있던 매미 애벌레를 발견한 개미들의 이야기를 그린 그림동화다. 매미가 감수하는 끈기와 인내의 결실뿐만 아니라 매미 애벌레를 둘러싸고 벌이는 개미들의 갈등과 고민을 통해 물질문명이 지배하는 오늘날, 우리가 진정 추구해야 할 목적과 올바른 가치에 관해서 담백한 어조로 이야기한다.	초등 저학년
조금만 불편하면 지구가 안 아파요 김경선 글 [팜파스]	이 책은 작은 불편함이 가져다주는 이로움에 대해 이야기하며 환경과 나의 연관성을 일러준다. 어린이들은 자신의 작고 사소한 행동 때문에 누군가가 아프고, 또 행복해질 수도 있다는 것을 느끼면서 작은 것이라도 먼저 시작하기로 마음먹게 될 것이다.	초등 저학년
초록빛 도시를 만든 에코 생쥐 삼형제 린다 메이슨헌터 글 [알라딘북스(영람카디널)]	이 이야기는 어린이들에게 지구에는 우리 인간뿐 아니라 다른 생명체도 살고 있으며, 그들과 균형을 이루고 살아갈 때 우리도 살고 지구도 살릴 수 있다는 것을 깨닫게 해주는 동화이다	초등 저학년
물발자국 이야기 이수정 글 [가교출판]	물발자국이라는 개념은 네덜란드의 아르옌 훅스트라 교수가 처음 만들어 사용했는데 공산품이나 먹을거리, 의복 등을 만들 때 사용하는 물의 양을'물발자국'이라 지칭한다. 이 책은 물 부족으로 힘들어하는 지구촌 이웃들의 생생하고도 혹독한 현실이 담겨 있다.	초등 중. 고학년

어린이를 위한 고릴라는 핸드폰을 미워해 박경화 글 [북센스]	사람들을 피해 숨어 버린 숲 속 동물, 고릴라와 핸드폰, 밤이 어두워야 하는 이유, 일회용품이 환경에 끼치는 영향, 꼭지만 틀면 쏟아지는 수돗물, 밥 한 그릇이 만들어지기 위해 어떤 과정을 거치는지, 페트병이 버려진 후에 어디에 쌓여 처량한 신세가 되는지 알려 준다.	초등 중, 고학년
환경지킴이 푸름이와 떠나는 지구별 환경여행 '환경아 놀자' 환경교육센터 글 [한울림어린이]	환경지킴이 푸름이가 방울이, 두더지, 반달이, 깃털이, 꼬마전구, 봄이의 고민을 함께 해결해가는 과정에서 환경오염의 원인, 현상, 대안과 실천방식까지 알아갈 수 있다. 교육용 기획동화로 스토리텔링을 물론이고, 그림, 사진, 놀이 등의 플레이북 기능이 포함되어 있다.	초등 중, 고학년
지구사용 설명서2 장미정, 김춘이, 염광희 글 [한솔수북]	지구 곳곳의 환경훼손 현장과 환경보전 현장을 찾아다니면서 미션을 수행한다. 이 과정에서 지구에서 살아가는 우리가 어떻게 하면 지구를 지키고 되살릴 수 있을지에 대해 깨달을 수 있다.	초등 중, 고학년

스토리텔링은 인류가 언어를 사용하기 시작한 이래 현재까지 이어져 오고 있는 구술적 전통의 담화 양식을 의미한다. 스토리텔링은 우리 자신이 직접 경험한 이야기이거나 전해들은 이야기, 지어낸 이야기를 자신의 음성을 통해 다른 사람들에게 들려주면서 구술자와 청강자 사이에 서로의 상상력과 감성을 자극하여 소통하는 방식이다. 따라서 이야기하는 화자가 누구인지, 듣는 대상이 어떤지에 따라 다양하게 변형될 수 있다. 어떤 장소, 어떤 상황에서 어떤 목적으로 누가 누구에게 이야기하느냐에 따라 그 방식도 달라질 수 있다.[1] 최근 들어 스토리텔링이 예술문화 분야 뿐 아니라 교육의 영역에서도 효과적인 교수학습 방법으로 활용도가 높아지고 있다. 특히 유아 환경교육 분야에서 다양한 내용의 스토리텔링을 활용하고 있다.

• 환경동화를 활용한 역할놀이 실습
① 학습주제의 선정
- 다양한 환경 이슈와 환경문제에서 학습 주제를 선정한다.

② 학습목표 설정

- 환경동화의 주제를 역할극을 통해 창의적으로 표현할 수 있도록 한다.
- 역할극을 통해 환경문제와 내용을 이해할 수 있도록 한다.
- 역할극을 통해 환경과 생명의 소중함을 이해하고 실천할 수 있도록 한다.

③ 학습자료(환경동화) 선정

- 환경을 주제로 한 환경동화나 스토리가 있는 환경도서를 선택하여 교재로 활용한다.
- 선정된 주제에 해당하는 환경동화를 조사하여 목록을 작성한다.
- 환경동화 목록을 학생들에게 사전학습활동으로 조사하도록 해도 좋다.

④ 학습문제 확인하기(도입)

- 선정된 학습 주제에 대한 기본적인 이해를 돕는 지식을 제공한다.
- 학습 주제와 관련된 짧은 동영상이나 읽기자료를 제공하여 학습동기를 유발한다.

⑤ 역할극 준비하기

- 주제를 효과적으로 표현하기 위한 역할극 소품의 제작해 본다.
- 모둠별로 토의를 통해 등장인물의 역할을 맡도록 안내한다.
- 등장인물들을 분류하고, 등장인물을 잘 표현할 수 있도록 성격과 특징을 정리한다.
- 등장인물의 특성을 잘 드러내는 소품을 정하고 학습자가 직접 또는 모둠별로 제작하도록 한다.

⑥ 역할극 실행하기

- 역할극을 실행하기 위한 배역과 소품을 확인한다.
- 역할극에서 등장인물들의 활동이 크고 정확히 표현될 수 있도록 지도한다.
- 역할극을 통해 환경문제에 대한 이해도를 높이도록 한다.

⑦ 학습내용 정리

- 역할극을 마친 후 참여자들 각자 역할극을 통해 새롭게 배운 점과 느낀 점을 발표하도록 한다.
- 역할극에서 다룬 환경문제의 해결과 환경을 지키고 개선하기 위해 어떤 노력과 실천이 필요한지에 대해 각자의 의견을 발표하도록 한다.

⑧ 지도상 유의할 점

- 역할극을 실행하기에 앞서 환경주제에 대한 사전학습 안내를 통해 환경문제에 대한 이해를 돕는다.
- 역할극은 학습자간에 협력활동을 통해 이루어지므로 역할극을 체험을 통해 공동체의식을 느낄 수 있도록 지도한다.
- 역할극에서 자신이 맡은 배역을 통해 학습자에게 잠재된 특기를 계발하는 과정이 되도록 한다.
- 역할극에서 학습자들이 빠짐없이 자신의 배역을 갖도록 한다.

▶ 활동1. 역할극과 스토리텔링을 활용한 환경교육에 활용할 수 있는 환경동화 사례를 조사하여 목록을 작성해 보자.

도서명	저자	출판사	주제 및 내용

▶ 활동2. 환경동화를 한 권 이상 선정하여 역할극에 활용할 수 있는 수업 지도안을 작성해 보자.

학습주제		
학습목표		
학습자료 선정		
학습과정	학습 활동	자료 및 유의점
도입		
역할극 도입		
역할극 실행		
학습내용 정리		
심화학습		

2

환경교육 교구 활용 실습

1) 프로젝트 웻(Project WET)

• 개요

Project WET(Water Education for Teachers)은 환경교육 지도자들이 현장에서 활용하기 위해 만들어진 물 교육 프로그램이다. 1984년 시작되어 세계 30여 국가에서 지구 상의 유한하고 소중한 물의 보존과 중요성을 알리기 위해 Project WET 프로그램을 실시하고 있다. Project WET은 전 세계의 아이들과 학부모, 교사 그리고 사회 구성원들을 대상으로 물 교육의 실행과 보급 활동을 하는 국제적인 비영리 기관명이기도 하고, 지속적으로 물 교육 과정을 개발하고 실행하는 것을 도와주는 프로그램이다.[2]

20년 이상 물 교육을 실시한 Project WET 재단은 네슬레 워터스(세계적 샘물기업)와 1994년 후원 계약 체결을 맺고 어린이, 청소년, 성인들을 위한 11가지 활동으로 구성된 물 교육 프로그램을 전 세계에 보급하고 있다. 어린이의 눈높이에 맞춘 91개의 창의적이고 과학적인 교재와 교구가 개발되었고 그 효과를 이미 세계 42개국에서 인정받고 있다.

우리나라에서는 2009년 5월 풀무원샘물이 정식으로 Project WET을 도입하여 전 세계에서 33번째로 Project WET 프로그램을 실시하게 되었다. 2012년부터 풀무원샘물의 후원으로 ㈜환경교육센터는 '찾아가는 물 환경 교실', 'Project WET 활용 물 환경교육지도자 양성 과정', '초등교사를 위한 Project WET 물 환경교육' 등의 프로그램을 진행하고 있다.

표2. Project WET 교육과정

교육과정	교육내용
1. 푸른 행성	• 학생들이 지구본 풍선을 던지고 받기 놀이를 하면서 지구 표면의 몇 퍼센트 정도가 물로 덮여 있는지 예측해 본다. 간단한 확률적 표본추출을 통해 학생들의 예측을 확인해 본다.
2. 생명의 상자	• 학생들의 생각을 자극하는 수업을 통해 생명을 유지하는데 꼭 필요한 4가지 요소를 배운다.
3. 몸속의 물	• 학생들이 자신의 몸 각 부분의 수분 함량에 따라 색칠을 해보도록 한다. 우리 몸속에는 선인장이나 양상추 또는 고래보다 수분이 더 많을까?
4. 놀라운 여행	• 주사위 놀이를 통해 물의 순환을 따라가 본다.
5. 양동이 속의 보물	• 지구 상에 존재하는 마실 수 있는 물의 양을 예측하고 계산해 봄으로써 학생들은 물이 무한한 것이 아니며 꼭 보존해야 할 자원이라는 것을 이해한다.
6. 모두를 위한 하나	• 여덟 명의 학생들이 각각 물 사용자가 되어 여러 물 관리 문제를 풀며 물을 다음 물 사용자들이 있는 강의 하류로 운반하는 과정을 통해 문제해결 전략을 세운다.
7. 하나의 힘	• 학생들은 물이 분수계 지역을 흘러가는 동안 사람들이 어떻게 강을 오염시키는지를 증명해 보고 오염을 줄이는데 기여할 수 있음을 알아본다.
8. 한 방울 한 방울 모두 소중해요	• 학생들은 물을 보존할 방법을 알아보고 실천해 봄으로써 소중한 자원인 물을 어떻게 현재와 미래의 모든 사람과 나누어 쓸 수 있는지를 배워본다.

• Project WET 활용 실습

Project WET은 위에서 살펴보았듯이 8개의 교육과정으로 이루어져 있다. 수업시간에 따라 8개의 과정 전체를 다룰 수도 있고, 2~3과정을 선정하여 1차시 혹은 2차시 수업을 구성할 수 있다. Project WET은 학습 안내서

를 제공하고 있어 수업에 활용하기 좋으며, 각 과정에는 수업을 역동적이게
하는 교구를 적절히 활용하고 있다. 8개 의 교육과정 중 '1. 푸른 행성'을 아
래와 같이 실습해 보자.

표3. '푸른행성' 활동 사례

푸른 행성	• 왜 우리는 이 지구를 푸른 행성이라고 부를까? • 지구본 풍선을 던지고 받기 놀이를 하면서 지구 표면의 몇 퍼센트 정도가 물로 덮여 있는 지 예측해 본다.
대상학년	초등학교 고학년, 중학생, 고등학생, 성인
주제분야	지구과학, 지리, 수학, 체육, 통계
소요시간	준비시간 5분, 학습시간 30분
장소	실내 또는 야외
필요역량	분석, 계산, 던지기, 받기, 평가, 데이터 수집, 예측, 표본조사
용어	지도제작자, 가능성, 예측, 지리학자, 예상, 퍼센트, 확률, 무작위, 표본
목표	• 지구 표면을 덮고 있는 물의 면적을 예측한다. • 확률적 표본이 바다와 육지의 상대적 면적에 대해 어떤 결과를 보여줄지 예상해 본다. • 확률적 표본추출을 진행하고 결과를 학생들의 예측 및 예상과 비교해본다.
푸른 행성 키트(교구)	• 바다와 육지가 그려진 지구본 풍선 • 파란색과 오렌지색 구슬이 들어 있는 병 • 연필, 공책, 계산기, 푸른 행성 스티커
배경	우주에서 바라본 지구의 모습은 지구 표면의 대부분은 물로 덮여 있다는 사실을 확인해 주었다. • 육지 면적 = 148,429,000㎢ • 물 면적 = 361,637,000㎢ 측정을 통해 지구 표면의 약 71%가 물로 덮여 있다는 것을 알고, 수학적 개념인 확률로 지구 본 풍선의 한 곳을 찍었을 때 어떤 결과가 나올지를 예상할 수 있다.
준비과정	• 파란색 구슬과 오렌지색 구슬이 들어 있는 플라스틱 병이 있다. • 무작위로 병 안에서 구슬을 꺼내어 보게 한다. • 통계적 표본 추출로 병 안의 구슬 중 몇 퍼센트가 파란색인지 예상해 보게 한다. • 이 표본추출 기법을 지구 표면의 비율을 알아보는 데 사용한다.

학습활동	활동1. 바람을 불어 넣은 지구본 풍선을 보여주고 아래의 질문을 한다.

활동1. 바람을 불어 넣은 지구본 풍선을 보여주고 아래의 질문을 한다.
- 이 지구본 풍선은 무엇을 나타낼까?
- 어떤 색깔들이 있으며, 그 색깔들은 각각 무엇을 나타낼까?
- 왜 사람들은 지구를 푸른 행성이라고 부를까?
- 지구 표면의 몇 퍼센트 정도가 물로 되어 있다고 예상하는가?
- 추측해서 한 대답인가 아니면 몇 퍼센트인지에 대해 알고 있었는가? 만약 알고 있었다면 어떻게 알았나? 누군가 이야기해 준 것인가? 책에서 읽은 것인가?

활동2. 학생들이 원의 중앙 쪽으로 둥글게 원으로 서도록 한다. 교사는 원의 중앙에 선다.

활동3. 학생들에게 "우리는 이 지구본 풍선을 던져서 주고 받으며 지구의 표면을 무작위로 선정할 거예요. 공을 잡을 때마다 오른손 엄지손가락이 물 위에 있는지 땅 위에 있는지 확인해서 적을 겁니다."라고 말해준다.

활동4. 학생들이 말한 예측치를 상기시켜 준다. 적어 놓은 리스트에서 하나를 선택하여 "만약 이 예측이 맞는다면 공을 주고받을 때 어떤 결과가 나올까요?"라고 묻는다.

활동5. 공을 던지는 규칙을 정한다. 둥글게 원으로 서도록 한다. 학생들은 서로에게 공을 던져도 되고 중앙에 있는 교사에게 던져도 된다. 교사는 공을 받으면 다시 학생에게 공을 던진다.

활동6. 공을 잡은 사람은 한번 잡을 때마다 오른손 엄지손가락이 물 위에 있는지 땅 위에 있는지를 말한다. 만약 엄지손가락이 물과 땅 모두 닿아 있다면 더 많이 닿은 부분을 선택한다. 북극의 만년설은 모두 물로 되어 있고, 남극의 만년설 밑에는 남극대륙이 묻혀 있다는 것을 잊지 말아야 한다.

활동7. 공을 잡을 때마다 공책이나 칠판 등에 써 놓은 "육지"와 "물" 제목 밑에 숫자를 적는다.

활동8. 최소한 30개 이상의 표본을 추출하고 모든 학생이 한번 이상 공을 잡을 때까지 주고받기를 계속한다.

활동9. 학생들에게 자리로 돌아가 앉으라고 한다. 기록을 보고 공을 받을 때 물에 닿은 횟수가 전체 횟수 대비 비율이 어떻게 되는지 쓰도록 한다. 그리고 그 비율을 퍼센트로 변경하도록 한다.

활동10. 표본의 퍼센트를 학생들이 예상했던 것과 비교해 본다. 학생들에게 과학자들과 지리학자들이 지구 표면을 측정해 보고 약 71%가 물로 덮여 있다는 것을 계산해 내었음을 알려준다. 만약 학생들의 표면이 71%와 많이 차이가 난다면 왜 그런지 학생들이 알아낼 수 있는가? 주고받기를 더 많이 해 본다면 71% 비율에 가깝게 나올 것인지 시도해 본다.

정리	학생들에게 왜 어떤 사람들은 지구를 푸른 행성이라고 부르는지 다시 물어본다. 어떤 사람들은 지구를 지구(地球)가 아닌 수구(水球)라고 불러야 한다고 생각한다는 것을 이야기해준다. 학생들이 동의하는지 물어보고 그 대답의 이유에 대해 설명하게 한다.
평가	• 학생들에게 지구 표면의 71%가 물로 덮여 있다는 것을 어떻게 아는지에 대해 최대 1페이지 분량의 논술을 쓰도록 한다. • 학생들에게 지구 표면의 71%는 물, 29%는 육지임을 나타내는 원그래프를 그리게 한다.
심화학습	학생들에게 대략 지구 표면의 어느 정도가 물로 되어 있는지 계산할 수 있는 다른 방법을 찾아낼 수 있는지 물어본다.

2) 환경교육교구 대여

• 개요

환경교육교구 대여사업은 다양한 환경주제에 대해 교육할 수 있는 놀이교구, 퍼즐, 관찰표본, 보드게임, 카드, 실험·실습 교구 등으로 구성되어 있다. 2007년 '이동교구상자'의 초등학교 시범대여로 시작하여 매년 300여개 기관, 7만여명 학생들에게 체험·놀이형·실험형으로 제작된 환경교육교구를 유치원·학교·기관에 무료로 대여 하는 환경부 위탁사업이다. 현장 환경교육이 원활하게 이루어 질 수 있도록 무료로 교구를 지원하고 이를 환경보전협회에서 위탁 운영하고 있다.

생태, 물, 자원순환, 기후변화, 에너지, 친환경소비 등의 8가지 주제로 유·초·중등 학생들이 사용할 수 있는 94여종 9,300여개의 환경교육교구를 보유하고 있다.

교구 대여 대상은 고유번호증 혹은 단체등록증이 있는 기관에 한하며 1년에 4번까지 신청할 수 있다. 대여신청은 환경교육포털사이트(www.keep.go.kr)에서 2월 초부터 온라인 선착순 신청이 가능하다.

표4. 주제별 환경교육교구 예시

주제	교구명	대상	교구형태	교구내용
생태	나무퍼즐 맞추기	초등	직소퍼즐	우리 주변에서 쉽게 찾아볼 수 있는 나무에 대해 배워보는 직소퍼즐
물	지켜야 할 우리나라 물고기	초등	스탬프	우리 주변에서 사라져가는 우리나라 물고기가 살고 있는 환경을 이해하고 그림으로 표현해보는 세밀화 스탬프
자원순환	자원순환 달리기	초등/중등	보드게임	다양한 종류의 쓰레기 카드를 자원순환판에 분리 배출하는 미션을 수행하는 뱀주사위놀이 형식의 보드게임
기후변화	기후변화 공굴리기	초등	놀이교구	대형 지구모양 공을 굴려서 기후변화를 막기위해 할 수 있는 방법 카드를 많이 붙여오게 하는 놀이교구
에너지	에너지플러스 마을만들기	초등/중등	보드게임	에너지 자립마을과 재생가능 에너지 생산, 이용에 대해 배우는 보드게임
적정기술	적정기술체험	중등	체험교구	적정기술 교구를 체험하고 나만의 적정기술 물건을 만들어 볼 수 있도록 돕는 체험교구
친환경소비	나는 친환경 소비왕	초등/중등	놀이교구	어떤 물건을 구입하는 것이 친환경적인 소비인지 환경 마크를 통해 배우는 놀이교구
쓰레기	내가 왕이야	유아	동극교구	쓰레기가 땅 속에서 분해되는 기간에 대한 내용을 동극으로 표현하는 인형극
환경진로	모의 환경창업 박람회	중등	조사/역할놀이	환경직업에 대해 알아보고, 자신의 비전과 관련된 환경 창업 아이템을 소개하는 모의 박람회

• 환경교육교구 활용 실습

환경교육교구는 위에서 살펴보았듯이 다양하게 구성되어있으며, 각 분야별로 다양한 교육과정 구성이 가능하다. 수업시간에 따라 한 교구 또는 여러 교구를 활용하거나 분야별 연계과정으로 다룰 수 있다. 또한 각 교구에는 교수학습지도안을 제공하고 있어 수업에 활용하기에 적합하다. 따라서 환경교육과정 속에 활력을 넣어주는 프로그램으로 적절히 활용할 수 있다.

앞에서 제시한 환경교육교구 목록 중 '나무퍼즐 맞추기', '지켜야 할 우리나라 물고기', '자원순환 달리기'를 소개한다.

▶ 활동1. 생태 직소퍼즐 '나무퍼즐 맞추기'

대상학년	초등 고학년
교육주제	생태
소요시간	30분
모둠구성	4~6인 이내 모둠 구성
장소	실내
교구구성	소나무, 감나무, 밤나무, 상수리나무, 은행나무, 단풍나무 퍼즐 6종
도입	• 우리 주변에서 쉽게 찾아볼 수 있는 나무에 대해 이야기한다. • 계절에 따라 눈에 띄는 나무, 자신이 좋아하는 나무에 대해 이야기해 본다. • 나무가 살아가기 위해 필요한 것들에 대해 이야기해 본다.
전개	• 조별로 나무 하나를 정하고 원 그림을 따라 퍼즐을 맞추어 본다. • 나무가 어떠한 부분들로 구성되어 있는지 협동하여 나무 퍼즐을 맞추어 가면서 각 나무 부분들의 특징에 대해 알아본다. • 각 조에 해당하는 나무들을 식물도감에서 찾아 세부적인 특징에 대해 알아본다. • 식물도감에서 찾은 내용을 활동지에 작성하도록 한다.
정리	• 점차 줄어드는 나무를 위해 우리가 할 수 있는 일에 대해 적어보고 발표해 본다.

▶ 활동2. 물고기 스탬프 '지켜야 할 우리나라 물고기'

대상학년	초등 저학년
교육주제	물
소요시간	20분
모둠구성	4~6인 이내 모둠 구성
장소	실내
교구구성	감돌고기, 묵납자루, 꼬치동자개, 잔가시고기, 산천어, 어름치, 베스, 블루길 8종 세밀화 스탬프
도입	• 우리나라 하천에 살고 있는 물고기 이름에 대해 이야기해 본다. 수족관에서 기르는 열대어, 금붕어, 바다에 사는 어류에 대해 이야기하는 경우엔 교사가 명확하게 답변해 준다. • 부모님을 따라 시장에 갔거나, 하천에서 낚시를 한 경험 등 물고기를 직접 본 경험에 대해 이야기한다.
전개	• 물고기 스탬프를 받고, 참고자료를 통해 몸의 구조, 먹이 관계, 사는 곳 등 해당 물고기의 특징에 대해 이야기한다. • 한 가지 기준을 정하여 물고기를 분류해 본다. 관련 지식이 많은 학생 중심으로 활동이 이루어질 수도 있으므로 모두 참여할 수 있도록 유도한다. • 정해진 종이 위에 우리나라 물고기가 살 수 있는 자연환경을 그림으로 표현한다. • 그린 그림 위에 다양한 물고기 스탬프를 찍는다. 이 때 베스, 블루길과 같이 빨간색 스탬프로 되어 있는 우리나라 물고기를 위협하는 물고기가 많으면 어떻게 될지 이야기한다.
정리	• 물고기를 위협하는 환경에 대해 나누어 보고, 물고기가 건강하게 살기 위해서 우리가 어떤 행동을 해야 할지 발표해 본다.

▶ 활동3. 자원순환 보드게임 '자원순환 달리기'

대상학년	초등 고학년/중등
교육주제	자원순환
소요시간	40분
모둠구성	4~6인 이내 모둠 구성
장소	실내
교구구성	게임보드판, 자원순환마당보드판, 미션카드 50개, 게임말, 주사위
도입	• 가정이나 학교에서 쓰레기 분리배출을 할 때 어려웠던 점이 있었는지 질문한다. • 쓰레기 분리배출을 어떤 방법으로, 어떤 생각으로 했는지 발표한다. 이 때 쓰레기 분리배출을 하는 이유에 대해 생각해 볼 수 있도록 유도한다.
전개	1. 환경교육포털사이트 내 동영상 자료인【녹색 지구를 지켜라】나, 【재활용 분리배출】애니메이션을 시청하고 분리배출 마크, 분리배출 방법 등에 대해 이야기를 나눈다. 분리배출 방법에 대해 이야기 나눌 때, 미션카드 중 분리배출 마크가 없는 물건들을 예를 들어 언급해 준다. 2. 자원순환 달리기 게임 실시 • 주사위를 굴려서 이동한 후 칸의 지시에 따라 실행한다는 기본 활동방법을 설명한다. • 미션칸에 걸리면 미션카드를 받아 분리배출 마크를 보거나 물건을 살펴보고【자원순환마당 보드판】의 해당 칸에 분리 배출한다. 문제 형태로 되어 있는 미션 카드는 분리배출 방법을 설명하고 해당되는 칸에 분리배출하거나 별도로 모아둔다. 분리배출 칸에 제대로 넣거나 설명을 제대로 하면 미션에 성공한 것이며, 붉은 화살표를 따라 위로 이동한다. • 숫자 칸에서는 해당 숫자만큼 이동한다. 자원순환에 방해가 되는 그림 칸에서는 별도의 미션 없이 바로 파란 화살표를 따라 아래로 이동하며 마지막 칸에 먼저 도착한 사람이 승리한다.
정리	• 쓰레기를 줄일 수 있는 방법에 대하여 모둠별로 토의를 한다. • 다양한 대답을 수용하고, 실천할 수 있도록 격려한다.

3
—
환경교육 매체 활용 실습

1) 환경영화

• 환경영화교실 '숲과 나'

환경재단 그린아카이브가 환경영화를 활용해 만든 온라인 환경교육 사이트인 환경영화교실 '숲과 나'(www.forestsandi.org)에서는 총 57편의 환경영화와 함께 학습지도안, 환경정보를 제공하고 있다. 환경영상교실에서는 숲과 환경, 숲과 경제, 숲과 문화, 숲과 사회 등 4개의 범주로 볼 수 있도록 영화를 분류해 놓았다. 환경공부방에서는 환경지도안, 숲 체험 학습실, 환경과 숫자 등 교육 관련 자료를 제공한다.

제목	지구를 살리는 동물 이야기 (The Animals Save the Planet)
감독	레스터 모듀 (Lester Mordue)
영화개요	영국, 2007년, 7분, 애니메이션
시놉시스	• 얼음집 안에 불을 밝히기 위해 애쓰던 펭귄은 절전형 전구의 소중함을 깨닫는다. 깊은 밤, 잠 못 이루던 강아지는 집안 가득한 가전 기구들의 전원을 끄고서야 눈을 붙일 수 있게 된다. • 〈지구를 살리는 동물 이야기〉는 여러 동물들의 모습을 통해 친환경적인 생활 방식을 가르쳐 주는 유쾌한 단편 애니메이션이다.

작품소개	• 찰흙 인형처럼 소박하고 귀여운 캐릭터들은 〈월레스 앤 그로밋〉〈치킨 런〉 등을 제작한 영국 애니메이션의 명가 아드만 스튜디오의 작품이다. • 각각 30~40초 안팎의 깜찍한 점토 애니메이션 11편에 등장하는 하마, 표범, 오랑우탄, 북극곰, 뱀장어, 미어캣 등이 지구를 구하기 위해 우리가 알아야 할 내용들, 이를테면 물 절약, 쓰레기 재활용, 균형 잡힌 식생활, 자전거 타기 등의 손쉬운 실천 방법을 알려준다.
관련 키워드	환경, 교통운송, 기후변화, 에너지, 쓰레기, 지속가능성, 재활용, 나무, 환경교육, 기후변화, 생산과 소비, 생태발자국, 지속가능자원이용
학습활동	활동1. 총 11편의 애니메이션을 처음부터 끝까지 보여준 후 가장 재미있던 장면이나 인상적인 장면에 대해 발표하도록 한다. 활동2. 1편씩 보여주고 애니메이션에서 이야기하고자 하는 환경 관련 주제가 무엇인지 간단히 발표하도록 하고 관련된 환경주제에 대한 용어설명과 실천방법에 대해 짚어 주도록 한다. • 1편 : 잠 못 드는 강아지와 대기전력 • 2편 : 어리석은 전기뱀장어와 에너지 낭비 • 3편 : 먹이를 놓친 표범과 쓰레기 • 4편 : 사자 가족의 분리수거와 재활용 • 5편 : 미어캣과 자동차 배기가스, 친환경 자전거 타기 • 6편 : 북극곰과 펭귄, 자전거 발전기 그리고 절전 전구 • 7편 : 오랑우탄의 슈퍼마켓, 친환경 장바구니 사용 • 8편 : 북극곰의 집, 난방 온도 조절과 단열이 필요해 • 9편 : 물 낭비하는 하마, 필요한 물만 사용해(절수) • 10편 : 고기섭취가 늘면 이산화탄소 배출도 늘어나요 • 11편 : 비닐봉지와 사랑에 빠진 문어, 생물분해성 제품 사용 활동3. 11편의 애니메이션을 보고 실천할 수 있는 행동 11가지를 각자 적어 발표하도록 한다.
정리	애니메이션에서 각 동물들이 보여준 환경 메시지와 실천 방안을 정리해서 설명하고, 실제 생활에서 실천할 수 있도록 다시 한 번 강조한다.

환경영상교실 '숲과 나'에 접속하여 영화 한 편을 정해 위의 표와 같이 내용을 정리해 보고 학습활동을 구상하여 작성해 보자.

2) 환경매체

• EBS 지식채널e

지식채널e는 'e'를 키워드로 한 자연(nature), 과학(science), 사회(society), 인물(people) 등을 소재로 하여, 단편적인 지식을 입체적으로 조명하여 '5분'이라는 짧은 시간에 강렬한 메시지와 영상으로 시청자들에게 화두를 던지는 방송 프로그램이다. 5분이라는 시간, 광고를 연상케 하는 강렬한 동영상, 시적이며 은유적이지만 사실적인 메시지를 통해 보는 이들에게 발상의 전환, 성찰적 사고를 넌지시 제안한다.

- 지식채널e 동영상 활용 수업의 예시

제목	웩, 우웩! (209화, 2006년 12월 18일, 5분 33초) 햄버거 커넥션 (28화, 2005년 11월 28일, 4분 8초)
내용분류	웩, 우웩! – 건강, 보건, 환경, 교육, 인물 햄버거 커넥션 – 사회, 환경, 국제, 동식물/자연
교육주제	건강, 먹을거리, 정크푸드, 슬로푸드, 로컬푸드
내용소개	〈웩, 우웩!〉 영국에서 축구선수 베컴 다음으로 인기가 높다는 제이미 올리버가 학교 급식에서 정크푸드를 몰아내는 급식개혁운동 이야기이다. 제이미 올리버의 급식개혁운동으로 토니 블레어 총리는 학교급식에 2억8천만 파운드(약 4,894억 원)를 지원하기로 약속했다. 2006년 9월, 영국에서는 감자튀김, 탄산음료 등 어린이 비만의 주범이 되는 정크푸드와 소금 및 지방 함량이 높은 음식들을 학교급식에서 금지시켰다. 〈햄버거 커넥션〉 우리가 즐겨먹는 햄버거에 들어가는 소고기를 얻기 위해서 얼마나 많은 자연과 지구환경이 파괴되는지를 보여준다. 지구에서 생산되는 곡식의 1/3을 소가 먹어치우고 있다. 1인분의 소고기와 우유를 먹기 위해 소에게 22인분의 곡식을 먹여야 한다. 소고기 100g당 산림 1.5평이 파괴된다.
학습활동	활동1. '웩, 우웩!' 동영상을 보여준다. 환경의 어떤 주제와 연관이 있는지에 대해서 물어보고, 각자 느낀 점이나 인상적인 소감을 발표하도록 한다. 활동2. 동영상에서 나온 패스트푸드(정크푸드)란 무엇이며, 어떤 종류가 있는지, 그 중 자신이 좋아하는 음식은 무엇이며, 얼마나 자주 먹는지, 먹으면 자신의 몸에 어떤 영향을 끼치는지 적어 보도록 한다. 2명이 1모둠이 되어 서로 인터뷰게임을 통해 적게 하고 발표하도록 한다. 활동3. 햄버거 커넥션 동영상을 보여준다. 패스트푸드가 지구 환경과 우리 몸의 건강에 미치는 영향에 대해 소개한다. 활동4. 두 동영상을 통해 패스트푸드가 환경과 우리 건강에 미치는 영향을 살펴보았다. 수업을 통해 느낀 점과 실천해야할 점에 대해서 2명이 1모둠이 되어 이야기를 나누고, 적게 하고 발표하도록 한다.
정리	수업을 통해 새로 알게 된 내용과 실천해야 할 점에 대해 다시 한 번 되짚어 주고 강조하고 마무리한다.
심화학습	패스트푸드와 다른 슬로푸드와 로컬푸드의 개념에 대해 조사해 오도록 한다.

참고문헌 및 사이트

1. 김영순(2011). 『스토리텔링의 사회문화적 확장과 변용』. 북코리아.
2. 프로젝트 WET 홈페이지 www.projectwet.org

환경교육자원 조사 계획

1
—
환경교육자원의 조사

환경교육자원의 조사는 크게 보면 환경교육을 실행하는 데 있어 이용되는 교수·학습 자료와 환경교육장, 환경교육시설, 환경교육 강사, 환경교육 프로그램, 생태지리적인 자원, 생물자원(생물 종) 등을 조사하는 것이다. 환경교육자원의 조사 과정을 통해서 얻은 자료는 환경교육의 목적과 목표를 효과적으로 이루기 위해 활용된다. 환경교육자원을 조사하여 적절하게 활용할 수 있다면 환경교육의 활성화에 기여할 수 있다.

1) 환경교육자원 조사의 필요성

환경교육자원을 조사하는 이유 중의 하나는 환경교육의 목적이 학습자에게 단순한 지식적 전달에 그치는 것이 아니라 생활방식의 변화를 이끌어 내기 위한 것이기 때문이다. 우리가 살고 있는 지역의 환경에 대한 관심과 이해에서 출발하여야 환경문제가 내 삶과 어떤 관계성을 가지고 있는지 인식하고 실천으로 옮길 수 있기 때문이다.

지역에 있는 환경교육자원을 적극적으로 활용한다면 학습자의 관심과 이해를 이끌어내기가 용이하며, 학습자 자 신이 피부로 느끼고 체험하는 공간이므로 환경교육이 효과적일 수 있다. 내가 살고 있는 지역에 미처 인지하지 못했던 환경오염 장소나 환경교육장, 시설과 같은 유형의 자원과 환경문제들에 대해 인식하는 과정을 통해 나의 생활방식과 행동이 우리 지역의 환경을 어떻게 변화시키고 있는지 이해하게 된다. 이러한 이해에서 출발하여야 환경교육에서 추구하는 목적의 달성과 함께 실질적인 생각과 행동의 변화를 이끌어 낼 수 있을 것이다.

현장에서 환경교육을 실행하기 위해서는 언제, 어디서, 어떤 주제와 내용으로, 어떻게, 누가, 할 것인가가 중요하며 어떤 자원을 이용할 것인가도 고려해야 한다. 환경교육자원을 조사한다는 것은 언제, 어디서, 어떤 자원을 활용해서 교육을 하는 것이 가장 효과적인지 파악하기 위해 진행하는 것이다.

2) 환경교육자원 조사 방법

환경교육자원을 조사하는 방법에는 문헌조사와 인터넷을 활용한 조사방법, 관련 현장에 직접 나가서 조사하는 방법이 있다. 조사하는 내용에 따라 하나의 조사 방법을 사용하기도 하지만, 여러 가지 방법을 복합적으로 활용하여 조사를 할 수 있다.

• 문헌조사

문헌조사는 책자로 된 도서뿐 아니라 여러 형태의 문서, 논문, 보고서 등을 포함하며 팸플릿, 시청각자료, 신문이나 잡지, 지도 등 다양한 자료를 조사한다. 문헌조사는 주로 도서관이나 연구소, 관련 단체나 정부 부처 등을 직접 방문하여 도서, 논문, 보고서 등을 조사한다. 또한 백과사전, 연감, 편람(총람, 요람 등), 주제지도, 지명사전, 여행안내서, 지역전화번호부 등 다양한 형태의 자료를 조사할 수 있다.

- 지역의 문헌자료 조사는 문화재단이나 문화원, 지역도서관, 박물관 등에서 역사와 문화 관련 자료를 포함하여 조사한다.
- 환경영화나 애니메이션 등은 정부 지원으로 제작한 자료나 시민사회단체에서 제작한 자료들을 활용할 수 있다. 정부자료는 환경부와 산하 공단 및 진흥회, 산림청, 산림과학원, 국립수목원 등에서 찾을 수 있다. 그 외 환경 재단이나 방송국 등의 자료를 조사한다.
- 문헌조사 자료는 대부분 시기적인 부분에서 현재와 다를 수 있기 때문에 현장조사를 통해서 객관성을 유지하는 것이 중요하다.

- 인터넷조사

인터넷 사이트 검색을 통한 자료 조사 방법으로 인터넷 포털사이트에서 기본 조사를 한다. 그리고 환경부 등 정부 부처 홈페이지나 지방자치단체의 홈페이지, 환경교육포털사이트(www.keep.go.kr), 환경교육 관련 시민사회단체 홈페이지 등을 검색한다. 국회도서관(www.nanet.go.kr)과 한국교육학술정보원(www.riss.kr) 등의 사이트에서는 공식적인 자료들을 검색할 수 있다. 공식 자료 이외에 카페와 블로그 등에 게재된 정보도 참고할 수 있다.

- 인터넷 조사는 쉽게 많은 정보를 얻을 수 있는 반면에 잘못된 정보, 오류나 조작에 의한 정보도 많기 때문에 조사 내용을 신뢰할 수 있는지 판단해야 한다. 또한 자료에 대한 추가적인 확인이 필요하다.
- 인터넷상의 자료도 활용에 동의절차를 거쳐야 하며, 저작권 침해 등의 문제가 발생하지 않도록 관리가 필요하다.

- 현장조사

현장조사는 조사지역의 범위를 정해서 현장에 나가 직접 조사하는 방법이다. 환경교육자원 중에서도 환경교육장, 환경교육시설, 생태지리적인 자원 등은 현장 조사가 필수적이다. 현장조사는 조사 시기나 날씨 등 외부의 요인에 의해서 조사 자료가 달라질 수 있기 때문에 현장을 조사할 때에는 변화 가능한 것과 변하지 않는 것을 구분하여 조사할 필요가 있다. 현장조사를 할 경우에는 문헌조사나 인터넷 검색에서 조사한 자료를 실제 현장조사 내용과 비교하고 자료의 정확도를 확인해야 한다.

- 현장 조사는 조사시기와 장소에 대한 정보를 사전에 파악하여 조사해야 한다. 특히 교통편의 연결이나 안전상의 문제점 등 다각적인 접근이 필요하다.
- 현장조사는 눈으로 확인하고 인터넷이나 문헌에서 확인할 수 없는 생생한 현장감을 느낄 수 있는 조사이기 때문에, 정확하고 많은 정보를 얻기 위해서는 현장에 대한 사전지식이 있고 잘 아는 분을 섭외해 현장조사를 하는 것이 좋다. 환경시설에 근무하시는 분이나, 지방자치단체 담당공무원이나 지역의 시민사회단체 활동가 등의 도움을 받는 것이 좋다. 사안에 따라 관련 연구를 진행한 전문가와 동행하는 것도 도움이 된다.

▶ 논의1. 환경교육자원 조사방법들 중에서 각각의 방법이 가지는 장단점에 대해서 생각해보고 적어보자. 각자 생각하는 장단점에 대하여 이야기를 나누며 다른 모둠원들의 생각도 들어보자.

구분	장점	단점
문헌조사		
인터넷조사		
현장조사		

2
—
환경교육자원 조사계획서 작성

환경교육자원을 조사하기 위해서 먼저 조사계획서를 작성하여야 한다. 이는 환경교육이 진행되는 지역의 특성과 조사내용의 효과를 극대화하기 위해서 꼭 필요한 사항이다. 특히 지역의 환경교육자원 중 중요한 부분을 놓치지 않기 위해서는 조사계획서를 통해서 조사대상, 조사일정, 조사방법, 조사내용을 정리하고, 조사양식을 개발하는 것이 중요하다.

1) 조사지역의 선정

우선 조사계획서에는 어느 지역을 조사지역으로 할 것인지 결정해야 한다. 보통 조사지역은 실제 환경교육을 진행할 곳이나, 진행하고 싶은 곳으로 정한다. 예를 들면 자연환경이 뛰어난 장소형 교육장으로 우포늪이나 생태공원 같은 곳이 있고, 시설이 잘 갖춰진 환경교육시설도 있다. 하지만 일반적으로 행정구역을 따라서 조사지역을 선정하기도 한다.

조사지역을 선정할 때는 몇 가지 유의해야 할 사항이 있다.

- 환경교육을 진행하기에 안전상의 문제는 없는지 확인한다.
- 장소나 시설의 경우 이동 방법과 시간에 대한 고려를 해야 한다.
- 시간의 흐름에 따라서 조사 지역의 특성을 확인한다.
  예를 들면 갯벌의 경우 아무 때나 조사를 할 수 없다.

▶ 논의2. 모둠원들이 함께 조사할 지역(시설/장소)을 선정하고 그 지역(시설/장소)을 선정한 사유를 적어본다.

선정된 지역(시설)	선정 사유

2) 조사방법 선정

조사할 지역과 내용이 결정되면 효과적인 조사방법을 정해야 한다. 조사방법으로는 앞서 소개한 문헌조사, 인터넷조사, 현장조사 등의 방법을 참고하도록 한다. 조사하고자 하는 주제나 내용에 따라서 현장을 확인하는 것이 필요하다면 현장조사를 실시하지만 사전에 인터넷이나 문헌자료를 통해서 충분한 정보를 조사하는 것이 현장조사를 효과적으로 할 수 있는 필수조건이 되기도 한다. 가능하면 다양한 자료와 정보를 조사하는 것이 좋다.

조사하고자 하는 주제나 내용과 관련해 이미 과거에 조사된 자료나 논문 등이 많다면 문헌이나 인터넷 조사만으로도 충분한 정보를 얻을 수 있다. 특히 우리가 살고 있는 지역을 벗어나 원거리의 다른 지역을 조사하거나 방문해야 할 경우, 여러 가지 이유로 현장에 접근하기 어렵다면 인터넷이나 문헌조사만으로 대체할 수 있다. 이처럼 조사 내용과 시기, 장소에 따라서 조사방법을 정하고 조사를 실시한다.

3) 조사내용 분석

현재 가지고 있는 환경교육자원을 먼저 정리하고 확인해야 한다. 가지고 있는 자원과 가지고 있지 않은 자원을 확인하기 위해서이다. 일반적으로 확보하고 있는 환경교육자원으로는 학습 자료인 미디어, 사진, 교구, 교재, 환경 교육 프로그램, 강사자원 등일 것이다. 만약 환경교육 강사나 환경교육 프로그램에 대한 추가적인 조사가 필요하다면 환경교육포털사이트(www.keep.go.kr)를 검색해 보자. 이 사이트에서는 환경부 인증 프로그램이나 지역에 활동하는 강사에 대해 주제별, 직업별 정보를 확인할 수 있다. 이러한 과정을 통해 조사해야 할 환경교육자원이 어떤 것들이 있는지 자원목록을 만들고 조사를 시작하도록 한다.

▶ 논의3. 조사할 환경교육자원 중에서 가지고 있는 자원과 조사해야 할 자원에 대하여 이야기하고 기록해 보자.

보유한 자원	
조사할 자원	

4) 조사양식 개발

조사해야 할 환경교육자원이 무엇인지 알았다면 조사방법을 정하여 조사를 시작한다. 조사방법에 따라서 조사양식은 달라질 수 있지만, 여기에서는 현장조사를 중심으로 한 조사양식 개발에 대해서 살펴보도록 한다. 현장조사를 할 때에는 몇 가지 주의할 점들도 있다. 현장의 여건에 따라서 다르지만 특별히 유의해야 할 점은 안전문제와 이동수단과 방법을 고려해야 한다.

현장을 조사할 때에는 필요한 내용을 조사표에 기록해야 한다. 조사표에는 언제, 누가, 어디서, 무엇을, 어떻게 했는지를 정확하게 기록해야 한다.

사례1. 생태조사 양식 (식생조사표)

다음 표를 보면 조사일시와 조사자, 조사지역과 조사지역의 특성, 살고 있는 식생을 적도록 되어 있다. 조사양식은 꼭 필요한 사항을 조사할 수 있도록 작성해야 한다.

사례2. 기관조사 양식

조사할 내용에 따라서 보유하고 있는 교구와 교재 현황을 조사하는 양식이다.

구 분	보유 교구 및 교재 관련 정보	
1	교구명	밧줄, 그네
	교구 이미지	
2	교구명	북극얼음을지켜라
	교구 이미지	
3	교구명	에너지플러스마을만들기
	교구 이미지	
4	교구명	지구촌 힘씨
	교구 이미지	
5	교구명	탄소사냥꾼놀이카드시리즈
	교구 이미지	

※ 보유 교구가 3개 이상일 경우 보유 교구 관련 정보란을 추가하여 작성

3

—

조사계획서 발표

1) 조사지역의 소개

조사할 지역에 대해 현재 알고 있는 정보와 조사지역 선정의 이유에 대하여 발표한다. 조사지역을 선정한 이유는 왜 우리가 조사를 하는지 목적을 밝히는 것이 중요하다.

- 조사지역 선정 사유 소개
- 조사지역에 대한 일반사항 및 특이사항 소개

2) 조사할 내용과 방법 소개

우리는 어떤 내용의 조사를 하고자 하는지와 조사할 범위에 대하여 발표한다. 조사지역에 대한 범위는 행정적인 범위이거나 지역의 생활공간을 중심으로 하는 공동체적인 범위로 한정할 수도 있다. 또한 시설이나 특정 공간을 선정할 수도 있다. 조사범위에 따라서 조사지역의 특성도 달라진다. 그리고 조사할 내용에 따라서 조사방법도 달라질 수 있다.

- 조사할 내용과 조사범위에 대한 소개
- 조사방법 및 조사도구에 대한 소개

▶ 논의4. 환경교육자원의 조사지역을 선정하고 육하원칙에 의해서 모둠별로 조사 계획서를 작성하여 발표해보자.

1 현재 내가 가지고 있는 혹은 동원가능한 환경교육자원은 무엇인가? 이외에 꼭 필요한
   환경교육자원은 무엇이 있는가? 어떻게 구할 수 있는지 동료들과 상의해 보자.

환경교육자원 조사 활동

1
—
환경교육자원의 활용

지역에서 조사한 환경교육자원(環境教育資源)은 그 유형과 상관없이 환경교육 현장에서 많이 활용되고 있으며 무궁무진하게 사용될 수 있는 보물이다. 환경교육이 강의실에서만 진행되는 것이 아니라 환경교육현장에서 체험 위주로 다양한 주제로 진행되고 있는 현실에 비추어볼 때 지역에 소재한 주요한 환경교육자원은 기획자나 교육자가 알아야 할 주요 정보이다.

최근 환경교육은 단순 체험을 넘어서 학습자가 직접 참여하여 계획하고 실행하는 프로젝트 학습이 주요 과제로 떠오르고 있다. 때문에 환경에 관한 지식적인 부분뿐만 아니라 학습이 이루어지는 환경교육장에 대한 부분이 중요해지고 있다.

또한 지역의 환경문제가 자연환경 보전에 그치는 것이 아니라 지속가능한 사회를 위한 다양한 문제들과 결합하여 함께 논의하고 해결하기 위한 융합형 교육으로 변화되고 있다. 이러한 상황에서 지역을 기반으로 한 환경교육 자원을 적절히 활용하는 것이 환경문제를 일상적으로 접하는 생활의 문제로 받아들이고 이해하는 데 유리한 것 또한 사실이다.

이번 장에서는 환경교육자원을 조사하는 활동으로 조사방법과 조사내용을 이해하고, 조사활동을 실행할 때에 유의해야 할 점들을 살펴보고자 한다. 이 과정을 통해 조사한 내용이 환경교육 활동에 필요한 정보로 분류되고, 정리되어 현장에서 유용하게 활용되는 것을 목적으로 한다.

지역에서 조사한 환경교육자원을 현장에서 적절하게 활용해야 할 필요성은 다음과 같다.

- 지역의 환경(생태) 현황을 이해하는 기회 제공
- 환경교육자원의 새로운 발굴
- 환경교육 프로그램의 활성화에 기여
- 환경교육 프로그램의 질적 향상에 기여
- 환경보전 활동의 활성화에 기여

2
—
환경교육자원 조사 실습

1) 환경교육자원 조사

　환경교육자원 조사 실습은 현장조사를 기본으로 한다. 이는 인터넷이나 문헌조사가 비용과 시간적인 면에서 효율적일 수 있지만 정보의 정확성과 현장에서 느끼는 현장성이 중요하기 때문이다.

　현장조사는 많은 장점에도 몇 가지 제한되는 사항이 있을 수 있다. 거리 및 이동 시간상의 문제점이나 조사기간과 조사장소의 한계성(야외일 경우 계절 변화, 갯벌일 경우 조수 간만의 차 등), 조사자들의 태도와 능력의 차이 등에 따라 조사내용과 조사 결과가 다를 수 있다. 현장조사는 이러한 문제점에도 현장의 환경을 이해할 수 있는 다양한 정보를 제공한다. 또한 현장의 생동감은 조사자에게 새로운 탐구의욕을 불러일으킨다는 점에서 중요하다.

　[조사계획서에 따른 조사 실습]

　현장조사를 실시하기 위한 준비를 하고, 선정된 조사지역을 조사계획서에 따라서 조사를 실시한다. 현장조사 과정은 다음과 같다.

　1. 조사 목적과 장소 결정 : 조사이유와 현장조사 범위 결정
　2. 사전조사 : 지도, 문헌자료 등을 통해 자료 수집

3. 조사방법과 준비물 준비 : 설문지, 지도 등 준비물

4. 현장조사 계획서 작성 : 육하원칙에 의해서 작성

5. 현장조사 실행 : 실제 조사활동 실행 (현장인터뷰 등)

6. 조사결과 정리 : 결과분석 및 보고서 작성 등 정리(녹취록 정리 등)

※ 조사방법은 녹음, 촬영, 설문지 작성 등 정보 수집을 위한 방법이 모두 가능하다.

▶ 활동1. 현장조사 계획서 작성하기(조사목적, 조사대상, 할 일 등)

- 조사일정
- 조사장소
- 조사자
- 준비물
- 조사내용
- 조사방법
- 조사시 유의사항

▶ 활동2. 현장조사 결과를 정리하여 어떤 방식으로 발표할지 준비를 한다. 발표 방식에 적합하도록 발표 자료를 만든다.

2) 조사한 환경교육자원 분류

조사계획서에 의해서 조사한 내용은 환경교육자원의 유형별 또는 기능별, 주제별 등 필요한 방식으로 분류하고 정리한다. 분류는 크게 유형별, 주제별, 기능별로 할 수 있고 같은 지역이나 행정 단위로 나눌 수도 있다. 조사목적에 맞게 분류하도록 한다.

환경교육자원 조사실습 활동을 통해 지역에 대한 이해가 높아지고, 환경교육 현장에서 활용 가능한 자원을 파악 할 수 있다. 또한 조사한 환경교육자원을 분류하는 과정을 통해 적절한 자원 배분이 가능하고 주제에 맞는 환경교육

프로그램에 적용할 수 있다.

구분	내용
유형별 분류	
주제별 분류	
기타 ( )	

3
—
환경교육자원 조사내용 발표

1) 환경교육자원의 조사내용 발표

환경교육자원 조사내용을 분류해서 정리했다면 조사결과를 공개하여 공유하는 과정이 필요하다. 커뮤니티 맵핑 같은 경우에는 조사자뿐만 아니라 지역의 구성원들이 함께 참여하여 조사하는 것으로 조사 결과가 자연스럽게 공유되기도 한다. 하지만 환경교육 활동의 목적을 이루기 위해서 더 많은 사람들이 함께 환경교육자원을 공유하고 활용할 필요가 있다.

조사내용을 발표하는 방법에는 다양한 방식을 선택할 수 있다. 예를 들면 포스터, 도감, 지도, 그림, 사진 등 시각적인 자료를 통해 발표할 수 있고, 노래나 게임, 연극 등의 형태로도 발표할 수 있다.

▶ 활동3. 앞에서 만든 발표 자료를 활용하여 조사결과를 모둠별로 발표한다.

2) 조사 자원 평가

현장조사를 실시한 후에 조사내용을 정리하면서 조사목적에 부합한 결과인지에 대한 평가를 진행하여야 한다. 특히 조사과정에서 느낀 점과 조사를 통해서 새롭게 알게 된 점 등에 대해서 기록하여 조사목적에 부합하는지 평가할 필요가 있다. 이때에 사전 조사한 내용과 예상한 결과를 실제 현장 조사 결과와 비교하면서 어떻게 환경교육에 활용할지에 대한 판단을 해야 한다.

▶ 활동4. 현장조사 계획서에서 예상한 조사 결과와 실제 현장조사 결과를 비교해서 상이한 점과 같은 점에 대해서 이야기하고, 다른 결과가 있다면 왜 다른 결과가 나왔는지에 대해서 발표해 보자.

1 환경교육자원에 다양한 분류가 있을 수 있지만 나만의 분류를 해보자. 내가 환경교육자
  원을 분류한다면 어떻게 분류할 수 있을지 작성해 보자.

2 이번 실습에서 다루지는 않았지만 환경교육 프로그램도 중요한 환경교육자원이다. 이번
  에 조사한 결과를 바탕으로 나만의 환경교육 프로그램을 기획해 보자.

추천도서

▶ 로버트 콕스(2013). 『환경 커뮤니케이션』. 커뮤니케이션북스.

▶ 초등학교 4학년 1학기 사회교과. 『우리지역 현장 답사』.

▶ 환경과생명을지키는전국교사모임(2007). 『21세기 생태평화를 위한 환경교과서: 교사들
  을 위한 통합 교과형 지도안』. 알마.

환경교육자원 활용

1

—

환경교육자원 지도 작성

환경교육자원(環境教育資源)을 지도에 표시하는 것은 지역의 자원을 시각화하여 누구나 쉽게 자원을 파악하고 이용할 수 있도록 하는 방법이다. 때문에 효과적인 환경교육자원의 활용을 위해서 많은 도움이 되는 작업이다. 그리고 환경교육자원을 분류하여 지도에 표시한다는 것은 환경교육자원을 분석하고 분류한 자료를 이용해 지역 주민이나 지역사회와 소통하고 교류하며 환경교육을 활성화하는 데 도움이 될 것이다.

1) 환경교육자원 목록 선정

지도에 표시할 환경교육자원을 선정하여야 한다. 조사한 자료들은 광범위할 수 있다. 지도상에 모든 조사내용을 표시하기는 어렵기 때문에 어떤 내용을 지도에 표시할지 선정하는 것이 먼저 선행되어야 한다. 조사 전에 선정할 수도 있지만, 자원 조사 후에 조사한 내용 중에서 중요한 자원을 선정해 지도에 표시할 수도 있다.

보통 환경교육자원은 환경교육장으로 활용 가능한 장소적인 자원과 견학 및 체험을 할 수 있는 시설적인 자원, 실제 프로그램에 활용할 수 있는 생물

자원 등으로 구분할 수 있다. 어떤 종류인지 분류한 후 지도상에 표시하도록 한다.

우선 환경교육장으로 활용 가능한 생태적인 장소들로는 국립공원, 습지보호지역, 생태경관보호지역, 철새도래지, 숲길, 생태탐방로 등과 같은 장소형 자원이 있다. 그리고 수질복원센터, 정수장, 하수처리장, 자원재활용시설, 자원재활용 선별장, 에코센터, 생태원, 생태학습원, 기후변화체험관 등과 같이 시설형 자원도 있다. 그리고 자전거 도로, 공원, 청소년센터 등과 같은 기타 자원도 있다.

- 환경교육자원 지도 1. 성남 ECOMAP

성남시는 성남지역에 자연환경을 보전할 지역과 개발 가능한 지역을 알아보기 위하여 조사하고 지도를 제작하였다. 이후 지역의 도시생태계를 새롭게 구성하고, 비오톱을 만들어 가는 데 기초자료로 활용하고 있다. 또한 성남시는 자연생태 모니터링단을 운영하며 생물 종 조사와 개체 수 변화 등 생태계의 변화를 알아보는 자료로도 활용하고 있다.

▶ 활동1. 성남에코맵[1]에서와 같이 다양한 자원조사를 할 수 있다. 내가 우리동네 에 코맵을 만든다고 한다면 지도에 표현할 수 있는 환경교육자원은 어떤 것이 있을까? 논의해 보자.

▶ 활동2. 위에서 논의한 환경교육자원 중에서 모둠별로 하나의 주제를 정하고 만들고자 하는 지도의 제목을 정한다. 그리고 필요한 자료를 조사해 적는다.

(1) 성남에코맵 https://www.ecosn.or.kr/ebook/ebook_201501/JBook.htm

참고1. '성남에코맵 비오톱지도'

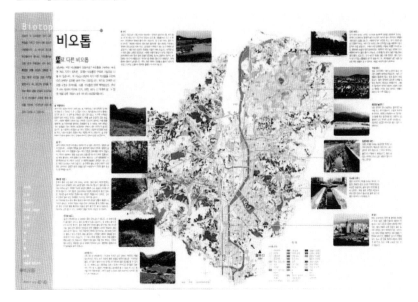

2) 환경교육자원을 표시할 아이콘 디자인하기

지도에 표시할 환경교육자원을 쉽게 표현할 수 있도록 아이콘을 디자인하거나 기존에 사용한 다양한 아이콘을 사용할 수 있다. 그 중에서 그린맵[2] 아이콘은 전 세계가 공용으로 사용하는 아이콘으로 새로 만들어 등록도 가능하고, 기존의 아이콘을 사용하기도 한다. 지도에 표시할 아이콘은 무엇을 표시하는지 쉽게 알 수 있는 것으로 쉬우면서도 눈에 잘 띄는 것이 좋다.

아래 샘플은 푸른경기21에서 운영하는 우리동네 그린맵에서 사용하는 아이콘과 이를 활용한 '수원 생태텃밭 그린맵'이다. 그린맵은 환경문제뿐만 아니라 빈곤이나 범죄 등 누구나 쉽게 정보를 나누기 위한 목적으로 만들어

---

(2) 그린맵 http://www.greenmap.kr

졌다. 이런 이유로 그린맵은 지속가능한 지구를 만들고 문제를 해결하는 데 필요한 해결방안을 살고 있는 지역에서부터 찾아보자는 공동체 운동의 하나로 볼 수 있다. 또한 환경교육에서 다룰 수 있는 문제를 지도를 통해서 해결해 보고자 하는 것이다.

참고2. 그린맵 아이콘과 지도샘플(http://www.greenmap.kr)

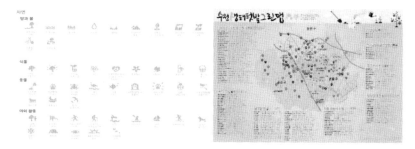

3) 환경교육자원 지도 작성

우리 동네 환경교육자원 지도를 만들기 위해서는 먼저 무엇을 조사할 지를 결정한다. 예를 들면 성남의 고목들을 조사하기로 결정하였다면 고목들이 어디에 있는지 조사를 하여야 한다. 특히 경기도와 성남시의 보호수가 어디에 있는지 조사를 한다. 보호수는 대부분 가장 오래된 나무들로 보통 200여년을 넘긴 고목들이다. 이때에 되도록 조사자들은 성남에 대해서 지리적으로나 정보를 많이 알고 있는 사람들을 중심으로 구성한다. 그리고 성남의 지도를 구해서 현장조사 계획을 세운다. 성남의 지도는 전체 지도를 구하는 것도 필요하지만 인터넷에서 고목이 있는 지역만을 출력할 수도 있다. 조사 시기는 겨울보다는 잎이 무성한 시기에 조사를 하는 것이 좋은 사진을 얻을 수 있을 뿐만 아니라 수목의 건강성 평가를 하는데 도움이 된다. 그리고 나무의 건강성을 파악하기 위해서 흉고직경, 수관폭 등을 측정할 줄자와 나무의 높이를 측정할 수고측정기 등을 준비한다. 기록을 남기기 위해서 사진기, 현장 조사 기록지를 준비하도록 한다. 그리고 그 지역에서 오래 사신 어르신들을 만나서 나무에 대한 설화나 전설 등을 듣는 것도 도움이 된다. 때문에 현장조사에서 지역에서 오래사신 분들과 만날 수 있도록 사전 조사를 하는 것이 필요하다.

① 성남지역의 오래된 나무(고목)들을 조사하기로 결정
② 성남지역의 고목에 위치 등을 파악할 지도 준비(성남시지도와 고목이 있는 지역의 지도)
③ 고목을 조사하기 위한 조사자 선정, 조사 시기 결정, 조사물품 준비 등을 한다.
④ 고목조사를 실시한다.(현장에서 고목에 대한 다양한 정보를 조사한다.)
⑤ 조사한 기록물들을 지도상에 표시하고 관련 내용을 정리한다.

참고3. 성남에코맵 중에서 '생태지도 만들기'

습지 모니터링에 참여해 볼까요?

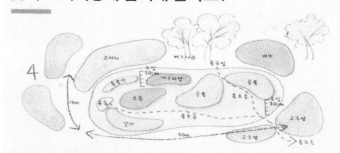

습지 모니터링에서 가장 먼저 습지의 기본 정보를 조사합니다.

- 습지의 가로, 세로 길이와 물이 차지한 면적을 기록하고 사진을 찍어둡니다.
- 물은 어디에서 흘러들거나 솟아나는지, 물의 깊이, 수질은 어떤지도 중요합니다.
- 습지 주변의 토지는 어떻게 이용되고 있는지, 오염원이나 인위적인 교란은 없는지 잘 살핍니다.
- 습지 주변과 습지 안에 살고 있는 나무와 풀들에는 어떤 것들이 있는지, 얼마만큼의 넓이를 차지하고 있는지 조사합니다.

2

—

환경교육자원 지도의 작성 목표와 활용

환경교육자원을 조사하기 위해서 먼저 조사계획서를 작성하여야 한다. 이는 환경교육을 진행하기 위해 지역의 특성을 살펴보고, 조사내용을 효과적으로 환경교육 과정에 활용하기 위해 필요한 작업이다. 특히 지역에 위치한 환경교육자원 중에서 중요한 자원이나 사이트를 빼놓지 않기 위해서 꼼꼼히 조사계획서를 작성하는 것이 필요하다. 조사계획서에는 조사대상, 조사시기, 조사방법, 조사내용 등을 정리해야 하고 이러한 내용을 포함한 조사지 양식을 개발하는 것이 중요하다.

1) 작성한 지도의 목적과 방향

환경교육자원 지도를 작성하는 데 참고할 다양한 주제의 지도들이 많다. 예를 들어 생태 지도, 비오톱 지도, 대기질 지도, 안전한 마을 지도, 자전거 지도 등이 있다. 비오톱 지도는 생태계의 보전가치를 등급으로 표시하여 개발할 곳과 보전할 곳을 선별하고, 해당 토지의 이용 방법 등을 규제하기 위한 목적으로 제작하고 있다. 반면에 생태지도는 그 지역에 서식하는 생물종에 대한 조사 등을 통해서 개체 수나 종에 따른 생태계의 가치를 판단하는 자료로 사용하는 경우가 많다.

지도는 사용 목적에 맞게 기획하고, 준비하여 제작해야 한다. 환경지도는 대기질, 수질 등을 표시하여 생물 종이 서식하기 좋은 조건인지 등을 파악하기 위한 목적으로 사용되거나 환경에 따른 주요하게 서식하는 생물 종을 확인하고 알리기 위해서 제작하는 경우가 있다. 기타 자전거도로를 표시하는 지도나 환경기초시설들의 위치를 표시하는 지도 등도 있다. 살펴본 예와 같이 환경교육자원 지도를 만드는 목적에 따라서 주제를 선정한 다음, 지도에 들어갈 자원을 정하여 지도에 표시한다.

- 환경교육자원 지도의 목적을 설정
- 설정된 목적에 맞는 환경교육자원 선정

2) 지도의 활용 방법

환경교육자원 지도는 기본적으로 환경교육 활동에 사용하기 위한 목적으로 작성하므로 환경교육 활동에 지도를 어떻게 활용할 것인지를 생각하여야 한다. 예를 들어 학교생태지도, 공원생태지도 등을 통하여 어디에 어떤 생물이 사는지 확인하고 학습자가 직접 찾아보도록 하는 수업에 활용하는 경우가 많다. 일반적으로 환경지도는 환경교육 프로그램을 진행하면서 교재로 활용하는 것이다. 하지만 반드시 이런 경우만 있는 것은 아니라 환경정책을 제안하거나 변화시키기 위해서 활용하기도 한다. 청소년들이 등하교 시 이용하는 주요 도로에 자전거도로가 어떻게 조성되어 있는지 조사하고 지방자치정부에 문제점들을 개선하도록 요구하는 등 문제 해결을 위한 목적으로 활용하기도 한다. 이는 문제해결 뿐만 아니라 참여자들의 교육적 효과 면에서도 좋은 프로그램으로 평가되고 있다.

- 커뮤니티 맵핑을 통한 사례

커뮤니티 맵핑이란 구성원들이 함께 지역이나 사회 공동의 관심사나 특정 주제에 대한 정보를 수집하여 지도에 표시하고 공유하는 과정을 말한다. 커뮤니티 맵핑은 환경교육자원 조사에서도 잘 활용될 수 있다. 다음에 소개하는 사례는 커뮤니티 맵핑센터[3]의 사례로 지역의 생태자원을 조사하고 공유한 사례이다.

사례1. 반딧불이 커뮤니티 맵핑(http://www.cmckorea.org)

반딧불이 맵핑 프로젝트는 커뮤니티 맵핑이 어떻게 학생들에게 지역 자연자원의 소중함을 일깨워 주고, 지속적인 관심을 갖도록 하는 계기가 될 수 있는지 보여준다. 반딧불이의 고장인 무주지역의 학생들은 반딧불이라는 소중한 자연자원을 갖고 있지만 실제로 관심을 갖고 관찰하는 경험이 없었다. 이에 무주 푸른꿈 고등학교에서는 2012년 3월에서부터 10월까지 약 8개월간 커뮤니티 맵핑을 활용하여 반딧불이가 어떻게 성장하고 활동하는지를 관찰하는 교육과정을 실행하였다. 교육과정에는 반딧불이의 생태에 대한 관찰과 함께 무주 지역의 역사가 어떻게 발전해왔는지도 포함되었다.

최종적으로 커뮤니티 맵핑에 참여하였던 푸른꿈 고등학교 학생들은 그동안 활동했던 소감을 다른 학생들과 공유하고, 이를 바탕으로 춤과 노래를 담은 동영상을 만들어 반딧불이의 소중함을 인터넷에 알리기도 하였다.

---

(3) 커뮤니티 맵핑센터 http://www.cmckorea.org

• 생태지도 사례

생태지도는 지역의 생물 종을 나타낸 지도이다. 현재 지방자치단체들은 관광자원과 함께 생태지도를 활용하는 곳들이 많다.

사례2. 고양시 생태공원 생태지도(ecopark.goyang.go.kr)

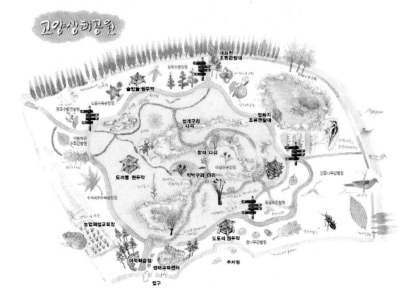

1 내가 알고 있는 환경지도(또는 생태지도)를 보고 어떤 환경교육자원이 활용되었는지 파악해서 분류해 보자. 그리고 나라면 어떻게 그 자원을 지도에 표시했을지 생각해 보고 재구성해 보자.

추선도서 및 사이트

▶ 송규봉(2011). 『지도, 세상을 읽는 생각의 프레임』. 21세기북스.

▶ 조용현(2002). 『환경지도 제작을 위한 시민참여 환경정보 수집 방안』. 서울시정개발연구원.

▶ 환경부(2009). 『사회환경교육지도사 자격제도 운영방안 연구 보고서』.

▶ 고양생태공원 홈페이지 http://ecopark.goyang.go.kr/index.do

▶ 국토지리정보원 www.ngii.go.kr

▶ 에코성남 홈페이지 http://www.ecosn.or.kr/main/index.asp

이대형 ─────────────────────────────────────

춘천교육대학교 교수, (사)환경교육센터 이사장 [환경교육론 공동집필 / 책임]

구도완 ─────────────────────────────────────

환경사회연구소 소장 [환경사회학과 환경담론, 환경운동과 녹색국가 집필]

김동현 ─────────────────────────────────────

(사)환경교육센터 이사 [환경교육자원 실습 공동집필]

민여경 ─────────────────────────────────────

농업법인 (유)선애마을 이사 [생태생활, 환경교육자원 공동집필]

유영초 ─────────────────────────────────────

풀빛문화연대 대표 [사회환경교육과 환경정책 공동집필]

윤용택 ─────────────────────────────────────

제주대학교 철학과 교수, (사)제주환경교육센터 이사장 [환경철학 집필]

임수정 ─────────────────────────────────────

(사)환경교육센터 모두를위한환경교육연구소 연구원 [사회환경교육과 환경정책 공동집필]

장미정 ─────────────────────────────────────

(사)환경교육센터 모두를위한환경교육연구소 대표 [환경교육론, 사회환경교육과 환경정책 공동집필]

주형선 ─────────────────────────────────────

한국방송통신대학교 원격교육연구소 연구원 [지속가능한 발전과 교육 집필]

차수철 ─────────────────────────────────────

광덕산환경교육센터 센터장 [사회환경교육과 환경정책 공동집필]